社会责任
对体育社团组织绩效的影响机制研究

汪 焱 著

重庆大学出版社

图书在版编目（CIP）数据

社会责任对体育社团组织绩效的影响机制研究 / 汪焱著. -- 重庆：重庆大学出版社, 2023.12
ISBN 978-7-5689-4200-3

Ⅰ. ①社… Ⅱ. ①汪… Ⅲ. ①社会责任—影响—体育组织—社会团体—研究—中国 Ⅳ. ①G812.1

中国国家版本馆CIP数据核字（2023）第211439号

社会责任对体育社团组织绩效的影响机制研究
SHEHUI ZEREN DUI TIYU SHETUAN ZUZHI JIXIAO DE YINGXIANG JIZHI YANJIU

汪 焱 著
策划编辑：刘雯娜 张菱芷
责任编辑：杨 扬　　版式设计：品木文化
责任校对：邹 忌　　责任印制：赵 晟
*
重庆大学出版社出版发行
出版人：陈晓阳
社址：重庆市沙坪坝区大学城西路 21 号
邮编：401331
电话：（023）88617190 88617185（中小学）
传真：（023）88617186 88617166
网址：http://www.cqup.com.cn
邮箱：fxk@cqup.com.cn（营销中心）
全国新华书店经销
重庆亘鑫印务有限公司印刷
*
开本：787mm × 1092mm　1/16　印张：15.25　字数：268 千
2023 年 12 月第 1 版　　2023 年 12 月第 1 次印刷
ISBN 978-7-5689-4200-3　定价：68.00 元

前 言
Preface

　　体育社团作为具有广泛社会影响力的社会组织，在促进群众健身健康、创新体育治理现代化、繁荣体育事业等方面发挥着积极作用。我国《体育发展"十三五"规划》《体育强国建设纲要》和《体育发展"十四五"规划》等都强调，体育社团不仅是参与体育治理的主体之一，也是体育强国建设与体育普惠的重要支柱。但是在现实中，体育社团在发展中过度依赖政府，呈现出社会责任意识淡薄、公益行为不够、滥用公共资源、变相分红、对活动参与者较为冷漠等"非社会责任"现象，导致社会公信度低、利益相关者萎缩、政府培育积极性不高，难以有效提升组织绩效。

　　随着国家全面深化体育社团的改革与发展，我国颁布的《社会责任指南》（GB/T 36000—2015）指出，我国社会组织必须承担与履行社会责任。2020年《社会责任管理体系要求及使用指南》（GB/T 39604—2020）的公布，从顶层治理视野出发，引领社会组织以社会责任为抓手，最大限度地促进有益的社会影响，同时改进组织绩效，实现高质量发展。党的十八大以来，政府对体育社团的要求进一步提高，党的十九大明确将"体育强国"作为思想文化建设的重要组成部分，同时肯定了体育社团对体育事业发展的促进作用。人民日益增长的美好生活需要和不平衡不充分发展之间的矛盾反映了我国体育社团从被动履行责任转向主动履行责任的发展转变，拓展了体育社团履行社会责任的空间，扩大了体育社团在社会中的影响力，让更多的利益相关者在参与体育活动中感到满意，得到群众与政府的一致支持，在履行责任过程中提高体育社团的组织绩效。新时代背景下，分析体育社团如何通过履行社会责任提升组织绩效不仅具有重要的理论意义，也具有一定的实践价值。为此，体育社团应树立社会责任战略意识，积极履行社会责任，认真服务利益相关者，以获得更好的发展。目前，我国学界对体育社团的研究重心仍在体育社团的基本现状、与政府和社区的关系、创新发展实践路径等方面，较少关注体育社团社会责任的理论探索与实践应用研究，导致体育社团社会责任指标体系的研究比较匮乏，未能形成体育社团如何通过履行社会责任提升组织绩效的导向型分析框架，制约了体育社团通过履行社会责任实现高质量发展的定位与思路，也鲜有从社会责任的视角探讨体育社团组织绩效的影响因素及作用机理。

　　基于此，本书基于治理理论、利益相关者理论、社会责任理论，采用专家访谈法、问卷调查法、探索性案例分析法、数理统计法。首先，构建完整的体育社团社会责任指标体系，对体育社团的高质量发展进行科学有效的评价，既是体育治理和社会组织治理领域研究的重要理论问题，也是体育社会组织提高治理力度与治理效能密切关注的重大实践议题。在高质量发展理念下，通过构建体育社团社会责任指标体系，从多个维度梳理体育社团社会责任的理念并形成完善的社会责任指标体系，不仅有助于体育社团更好地适应体育强国建设需要，构建更高水平的全民健身公共服务体系，满足人民日益增长的美好生活的体育需要，而且能够客观分析体育社团的建设成效与治理效益。其次，在探索性案例分析与理论框架的指导下，分别探析了"社会责任—体育社团组织绩效""社会责任—利益相关者满意""社会责任—政府培育""利益相关者满意—体育组织绩效""政府培育—体育组织绩效"等关系模型，提出并验证了相关假设，探讨了利益相关者满意、政府培育在体育社团社会责任影响其组织绩效过程中的中介作用。最后，本书的研究在一定程度上有利于揭开体育社团"社会责任—组织绩效"的"黑箱"，为完善社会责任对体育社团组织绩效的影响、促进体育组织治理现代化等研究提供有益的见解，为"十四五"时期体育社团高质量发展提供重要的理论借鉴与实践指导。所得结论不仅丰富和推进了体育社团社会责任的相关研究，明确了利益相关者满意、政府培育在体育社团社会责任与组织绩效关系的中介作用，同时为我国体育社团服务能力的提升提供了创新性的视角和切实可行的思路。

　　本书作为社会责任理论在体育社团领域内进行实证的尝试，希望起到抛砖引玉的作用，囿于水平限制，书中难免存在疏漏之处，恳请各位专家与读者批评指正。

目　录
Contents

绪　论

第一节　研究背景与问题提出

　　当前，我国正处在体制转轨、社会转型、政府职能转变的大环境中，国家对社会组织的要求越来越高。党的十八届三中全会提出要推进国家治理体系和治理能力现代化，进一步加强社会组织建设；十八届四中全会时提出将"社会责任立法"作为"加强重点领域立法"的任务。党的十九届二中、三中、四中全会提出，要进一步规范社会组织登记管理，推动我国社会组织高质量发展，建设"人人有责、人人尽责、人人享有"的社会治理共同体。我国"十四五"规划和2035年远景目标进一步指出要加强和创新社会治理方式，发挥群团组织和社会组织在社会治理中的重要作用。《"十四五"社会组织发展规划》中又把组织的"提质增效"与"履行社会责任"放到突出位置。显然，无论是推进科学发展、创建和谐社会、创新社会管理，还是加快转变社会组织发展方式，都需要更好地理解、倡导和推行社会责任。

一、研究背景

　　习近平总书记指出："建设体育强国，是全面建设社会主义现代化国家的一个重要目标。体育强国的基础在于群众体育。"体育社团作为一类具有广泛社会影响力的社会组织，在我国发展历史悠久，与政府协作时间长，有着广泛的群众基础。改革开放 40 多年来，我国的体育社团由少到多、由弱变强。2007 年民政部发布的《社会服务发展统计公报》首次公布了全国体育社团的数量。截至 2018 年底，全国体育社团的数量为 33 722 个，12 年增长了 3.16 倍，全国体育社团数量呈直线上升的趋势（图 0-1）。

数据来源：民政部2007—2018年《社会服务发展统计公报》

图0-1 2007—2018年全国体育社团数量增长情况

在我国，体育社团在竞技体育与群众体育工作中发挥了十分重要的作用，有力地促进了各类体育活动的开展，体育社团的辐射力和影响力持续增强，成为体育服务供给的重要主体和多元化全民健身公共服务体系的组织基础。2019 年 8 月，国务院颁布的《体育强国建设纲要》将"体育社会组织建设工程"作为九个重大工程之一。体育社团不仅是体育强国建设与体育普惠的重要支柱，而且在推进国家治理体系和治理能力现代化进程中具有越来越重要的作用，也成为推进体育治理体系现代化建设、实现共建共治共享体育治理新格局的重要力量。2021 年 10 月，国家体育总局颁布《"十四五"体育发展规划》，提出"构建更高水平的全民健身公共服务体系"。面对新形势、新要求，体育社团责任重大，需要树立责任意识，改革创新，推动自身高质量发展。

　　由于历史原因，我国体育社团发展的总体水平还比较低，依然存在比较突出的问题：一是"政社不分"，长期在政府的"怀抱"中生存，"官方"属性仍然明显，难以体现民间性；二是"经费不足"，过度依赖政府购买体育服务，经费来源单一；三是法规体系不健全，法律建设滞后，法律层次较低；四是自治能力不足，难以承担起政府和社会期望的责任，一些社团责任意识淡漠，滥用公共资源，为私人牟利，打着"公益"的旗号从事营利活动，将营利所得进行变相分红，还有的为了节省开支有意逃避履行社会责任，缺乏志愿与公益行为导致政府、社区、群众等核心利益相关者的满意度不高；五是组织绩效低下，活动经费不足，体育社团生存困难；六是政府管理理念滞后，对体育社团缺乏扶持和服务意识。为了解决这些问题，研究者们多从制度建设、管理体制、政策法规、支持引导等外部约束因素进行分析，得出了一些有价值的结论和对策，但较少从社会责任的角度进行更深入的研究。实践表明，加强体育社团树立社会责任意识，主动履行社会责任，有助于其提高组织内部活力，实现自组织驱动，实现可持续发展。

　　20世纪，社会责任作为一个专门术语出现在西方，最初聚焦于解决企业与社会共同发展的相关难题。随着社会责任涉及领域的不断扩展与社会组织的重要性不断提升，人们也意识到企业之外的各类社会组织都应当承担社会责任。2010年11月，国际标准化组织（International Standard Organization，ISO）向全球发布《社会责任指南标准》（ISO26000），以"社会责任"替代"企业社会责任"。社会责任成为所有组织需要深层理解的知识体系、思维方式、运行规则与话语体系。2015年，我国颁布了首部《社会责任指南》，不仅在操作层面上扩大了应用范围，而且对社会责任概念本土化、精细化，使其能够适应我国所有类型的社会组织，充分挖掘社会责任的作用机理，实现组织目标和组织绩效互动双赢。

　　当前，国外学者对社会组织的社会责任研究主要聚焦于非营利组织（Non-Profit Organization，NPO）和非政府组织（Non-Governmental Organization，NGO），内容涉及非营利组织/非政府组织内部治理、社会责任与组织品牌建设、社会责任与利益相关者关系、社会责任对组织绩效的影响等方面，得出了许多有价值的成果，不足的是较少关注社会责任与非营利组织/非政府组织发展之间的关系在不同的内部条件与外部环境下是否发生变化。随着体育社团的重要性不断提升，体育学界逐渐重视体育社团的社会责任问题，2004 年第一篇体育学科领域的社会责任在《体育文化导刊》发表，论文在 SA8000 体系下分析了社会责任国际标准对职工体育的影响，首次提出我国体育社团的社会责任在于员工福利与道义。2013 年北京体育大学刘润芝撰写了第一篇研究体育社团社会责任的博士论文。随着对社会责任认知的深入，越来越多的体育学者把社会责任的概念运用于体育组织治理的研究，讨论了体育社团社会责任的概念、作用与功能，构建了体育社团社会责任的体系，初步划分了体育社团社会责任的维度。但总的来看，我国对体育社团社会责任的研究相对较少也不够深入，且多以定性分析为主，缺乏深入的定量研究。当前的研究在指导我国体育社团在新时期高质量发展时缺乏战略性与可量化实施方案。

二、问题的提出

新时期，我国将致力于加快建成体育强国，推进体育治理体系现代化，因此体育社团的作用日益重要。在实践中有必要探讨体育社团提升组织绩效的影响因素及作用机理。近年来，社会责任作为影响体育社团可持续发展的重要因素，已得到国内外学者的广泛关注。研究表明，社会责任成为组织治理的良性力量，体育社团通过履行社会责任能获得更大的影响力。实际上，体育社团要顺利发展，离不开政府的支持和利益相关者的满意，在一定程度上是建立在体育社团重视和履行了相应的社会责任的基础之上。那么，体育社团需要履行哪些社会责任？体育社团履行社会责任进而提升组织绩效的机理是什么？如何实现这一机理？对这些问题的探讨将有助于思考如何完善体育社团的社会责任体系，促进体育社团的高质量发展。

通过对现实背景与理论背景的整理，本研究根据我国体育社团发展的现实情况，着眼于治理视角，探讨社会责任对体育社团组织绩效的影响机理，分析体育社团通过社会责任提高组织绩效的实现机理。具体研究包括以下三个方面：

子研究 1：分析体育社团社会责任的内涵、维度划分和测量指标。当前对社会责任的研究大多针对企业等营利组织，其结论不能完全套用于体育社团这一特殊类型的社会组织，因此本部分认为有必要厘清体育社团社会责任的内涵、结构与外延，并在此基础上提出体育社团社会责任的具体维度，建立相应的测量指标体系。

子研究 2：探讨履行社会责任对体育社团组织绩效的影响。本部分将结合文献分析、实际调研、专家访谈、问卷调查等，识别并验证利益相关者满意和政府培育在"社会责任—体育社团组织绩效"关系中的中介作用。具体研究分为两个方面：一方面，分析社会责任对体育社团组织绩效的影响效应，即二者是否具有直接因果关联？另一方面，分析社会责任影响体育社团组织绩效的中介效应，即体育社团履行社会责任是否通过影响利益相关者满意、政府培育进而提升了组织绩效？这两个问题是构成本研究的核心内容。

子研究 3：本部分从治理角度，围绕社会责任与体育社团的关系，提出现阶段提升我国体育社团履行社会责任的实现机理，以提高体育社团的社会效益与经济效益，满足群众对体育的需求。

第二节　研究意义、研究目标与整体思路

一、研究意义

（一）理论意义

本研究的理论意义主要体现在两个方面：

一方面，从社会责任的视角深化了体育社团发展的相关研究。本研究结合治理理论、社会责任理论、利益相关者理论等研究，基于我国体育社团在发展过程中遇到的新情况、面临的新问题，将社会责任作为影响体育社团提升组织绩效的重要影响因素，分析了二者之间关系的内在关联，划分了体育社团社会责任的四个维度并构建了相应的测量指标体系。这一研究既拓展了社会责任理论在体育社团发展中的应用，也深化了体育社团提升组织绩效的影响研究，具有一定理论意义。

另一方面，揭示了社会责任影响体育社团提升组织绩效的作用机理。本研究在文献

分析、案例研究和实际调研的基础上，提出并分析了利益相关者满意、政府培育在体育社团社会责任与组织绩效之间关系的中介作用，明确了社会责任影响体育社团组织绩效的机理。这一研究在一定程度上有助于揭开体育社团"社会责任—组织绩效"的黑箱，为完善社会责任对体育社团组织绩效的影响，促进体育组织治理现代化等研究提供了有益的见解。

（二）实践意义

首先，有利于推进我国体育社团建立社会责任战略意识。随着体育社团在人民群众的体育生活中具有越来越大的影响力，体育社团如何才能更好地服务人民群众的需求就显得日益重要。本研究将社会责任作为我国体育社团发展的重要影响因素，明晰了社会责任的内涵、特征，建立了社会责任的维度与指标体系，所得结论将有助于加强我国体育社团管理者对社会责任的理解和认知，建立起积极的社会责任使命感和战略意识，促进体育社团的可持续发展。

其次，有利于引导我国体育社团履行社会责任实践，提高组织绩效。体育社团的发展离不开政府的培育与利益相关者的支持，这些在很大程度上取决于体育社团是否积极地履行了其应承担的社会责任。体育社团的社会责任是一个包含政治、治理、服务和发展等多个维度的体系，各维度的社会责任对体育社团能否获得足够的政府培育和利益相关者满意都具有直接的影响，进而影响着体育社团的组织绩效。这一研究有助于引导体育社团管理者加强对社会责任的履行，积极承担社会责任，有效提升组织绩效。

最后，有利于提出更有针对性的体育社团发展的管理对策及公共政策。在加速推进国家治理体系和治理能力现代化的新时期，我国体育社团要重视运用社会力量协同参与治理以实现更好的发展。本研究认为，体育社团履行社会责任将能获得更多的政府培育，提高利益相关者的满意度，最终促进组织绩效的提升，这一结论不仅有助于体育社团从管理对策上思考如何有效提高组织运营的效率和效益，也有助于相关管理部门在规划、培育和发展体育社团中实施针对性的政策。

二、研究的整体思路与内容安排

（一）整体思路

本研究沿着"现实背景→文献回顾与综述→探索性案例分析→假设提出→实证研究→建立实现机理→结果分析与总结"的逻辑开展。在研究过程中紧扣"社会责任对组织绩效的影响"这一核心议题，拟分四步对社会责任与组织绩效的具体影响过程与方式进行科学探究：

第一步，以省级体育社团为研究对象，通过文献梳理与统计分析，从多个方面探讨体育社团社会责任的构成维度，运用数理统计方法，建立相应的维度指标体系。

第二步，构建社会责任对体育社团组织绩效影响的理论模型。在探索性案例分析的基础上，结合相关文献和实际调研，从理论上探究了社会责任对体育社团组织绩效的影响，提出相应假设，建立体育社团社会责任对组织绩效影响的理论模型。

第三步，采用问卷调查方法并结合结构方程模型验证理论模型。在第二步的基础上，通过结构方程模型验证履行社会责任对提升体育社团组织绩效的理论模型，进而解开履行社会责任与组织绩效关系的理论黑箱，揭示作用机理。

第四步，履行社会责任提升体育社团组织绩效的实现机理。在第二步与第三步的基础上，系统地分析社会责任对我国体育社团组织绩效的影响，提出推进体育社团增强社会责任以提升组织绩效的实现机理。

（二）内容安排

本研究各章节内容安排如下：

绪论。针对体育社团发展问题的紧迫性提出研究主题的意义和价值，清晰界定本文所要研究的具体问题，对理论基础进行简介并指出与本研究的契合之处，确定本文的核心研究目标和研究方法。

第一章，理论基础与文献综述。通过对体育社团、社会责任、利益相关者、政府培育、组织绩效概念的剖析；归纳社会责任和体育社团组织绩效的相关研究结论；回顾利益相关者满意与政府培育对体育社团履行社会责任的影响的相关研究，分析体育社团是否要承担社会责任的有关争议；然后，对体育社团社会责任、利益相关者满意度、政府培育程度、组织绩效之间关系的研究进行总结；最后，评述体育社团社会责任与组织绩效之间关系的发展趋势，为本文选题进行理论呼应。

第二章，体育社团社会责任维度与测量指标分析。运用相关研究方法，对省级体育社团社会责任的维度与指标进行初步拟订，通过理论梳理与调研初步拟订体育社团社会责任的维度与指标，再制订体育社团社会责任的维度与指标的专家问卷，发放专家问卷并获取建议，运用因子分析法确定体育社团社会责任的维度与指标。

第三章，体育社团社会责任对组织绩效影响的探索性案例分析。通过案例分析，围绕体育社团社会责任对其组织绩效的影响，详细梳理所研究变量之间的关联在实践中的反映，构建理论命题，为后续的理论分析提供初步根据。

第四章，体育社团社会责任影响组织绩效的作用机理。梳理出体育社团履行社会责任的路径，提出研究假设。首先，分析履行社会责任对体育社团组织绩效的直接影响；其次，探讨体育社团承担社会责任通过提高利益相关者满意度和政府培育程度进而提升其组织绩效的逻辑关系，分析利益相关者满意度和政府培育程度可能存在的中介作用；最后，提出本研究的假设汇总。

第五章，体育社团社会责任影响组织绩效的实证研究。首先，确定体育社团社会责任与组织绩效的关系问卷。向全国省级体育社团进行抽样调查，依照问卷数据构建结构方程模型，对研究假设进行检验，并对实证结果进行归纳和讨论，揭示社会责任影响体育社团组织绩效的机理。

第六章，推进体育社团履行社会责任提升组织绩效的实现机制。从治理视角提出体育社团履行社会责任以提升组织绩效的实现机制，分别从社团内部治理、外部治理、利益相关者参与、多元主体协同等方面分析体育社团在履行社会责任的过程中，驱动该行为的内外部因素以及完成该行为的具体过程。

第七章，研究结论与展望。根据研究的结论进一步提炼研究结果所蕴含的学术意义和实践价值，提出社会责任与体育社团组织绩效关系研究的不足，指出今后研究工作可以进一步深入的方向。

三、技术路线

本研究技术路线如图 0-2 所示：

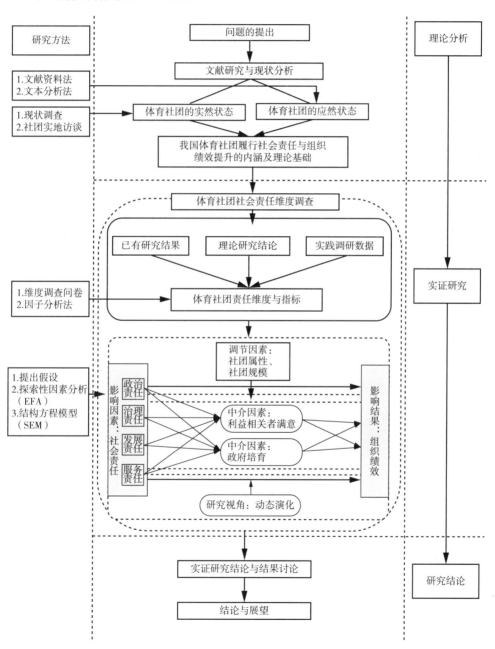

图0-2　技术路线

第三节　研究对象与研究方法

一、研究对象

本书研究体育社团履行社会责任对组织绩效的影响，研究对象定位为我国的省级体育社团。我国的体育社团按照地域划分为国家级体育社团、省级体育社团、市级体育社团、区级体育社团。省级体育社团是经省体育局批准，在省民政厅注册登记，按照其章程开展体育活动的非营利组织。在我国省级体育社团具有广泛的代表性、专业性和权威性。选择省级体育社团的原因是：首先，相比国家级体育社团，省级体育社团通过会员能够更多地接触到基层社会组织，可以更好地了解基层群众的体育需求，能够更好地成为政府与社会成员之间的桥梁和纽带，提高政府相关部门对群众体育需求的回应。其次，与地市（区）级体育社团相比，省级体育社团的运行较为规范，规章制度健全，各类数据齐备，能够及时公布年报，发展相对成熟，能够承接行政部门转移出来的部分服务职能，不仅能够开展丰富的群众体育活动，而且在高水平竞技训练、奥运争光计划、高水平比赛组织中发挥组织协调、指导服务的作用，促进了体育治理模式的转型和多元化公共体育服务体系的形成。

根据现代社会发展的需求与人民群众的需要，按照体育社团的活动性质分类，可以分成人群社团、项目社团（奥运项目与非奥运项目）与其他社团三类。本研究针对这三类省级体育社团进行研究。

二、研究方法

（一）文献资料法

从中国知网、维普期刊、万方数据库、超星数字图书馆 Springer Link 数据库、Open Access 开放存取资源数据库、Google 学术搜索等国内外学术资源数据库获取文献，从国家图书馆、网上书店等借阅或购买书籍，梳理有关体育社团、社会责任、利益相关者、组织绩效、政府培育与国家标准等相关实践和理论研究成果，为本研究提供理论支撑。

（二）调查和访谈方法

1. 问卷调查法

编制与发放《体育社团社会责任的维度与指标量表》44 份，实际回收 44 份，其中有效问卷 44 份，有效率 100%。了解我国体育社团履行社会责任的现状，分析体育社团社会责任的构成维度，构建相应的测量指标。在此基础上，设计与编制《体育社团社会责任与组织绩效的关系问卷》，并向全国 31 个省、自治区、直辖市（不含港澳台地区）的省级体育社团发放调查问卷，要求了解体育社团运行情况的会长、副会长、秘书长、副秘书长或办公室主任发放填写。受地域、疫情等因素的影响，问卷发放以网络形式为主，在网络上发放问卷的调研方式有较大的优势，其调研范围更广、收发时间更快、不受天气或地域的限制。本研究将体育社团分为三个类型：人群社团、项目社团（奥运项目与非奥运项目）与其他社团。每个省按照上述分类采用分层随机抽样的方法总共发放 30 份量表。共计回收问卷 548 份，经过严格筛查，有效问卷 228 份，有效率 41.6%，问卷数量符合本研究进行统计分析的样本数量要求。回收的问卷将用于证实该模型。

2. 访谈法

在实践调查中，选取国内社会责任研究专家与体育社会组织相关领域的专家 15 人、各体育社团负责人（正副会长、正副秘书长或办公室主任）20 人进行访谈，征求社会责任各层面与政府培育影响体育社团可持续发展的重、难点。选取两名国内社会学统计分析方面的专家，咨询其有关分层随机抽样方法、因子分析、结构方程模型对样本数量、变量类型、观测指标的要求，确保数据采集、整理、分析过程的正确性、严谨性。

（三）探索性案例分析法

根据我国现行的疫情防控实际情况，选取三个有代表性的省级体育社团，进行半结构式访谈，根据已有的提纲逐步提问；进一步解释体育社团履行社会责任深层次互动关系。对社团的实际运行机理进行调查，以期得出体育社团社会责任、政府培育程度、利益相关者满意度、组织绩效四者之间的互相关系，并多次在案例社团进行走访调研，了解真实的运营情况，获得丰富的一手资料。

（四）数理统计方法

1. 因子分析法

在建立体育社团社会责任指标体系时，本文不仅运用了理论逻辑归纳法，还运用了因子分析法，通过设计问卷、发放回收问卷，用SPSS25.0对问卷回收指标进行分析和测试，通过探索性因子分析与验证性因子分析，确定《体育社团社会责任的维度与指标量表》与《体育社团社会责任与组织绩效的关系问卷》内部指标的严谨性与关联性。

2. 结构方程模型

结构方程模型（Structural Equation Modeling，SEM）是一种融合了因素分析和路径分析的多元统计技术，是应用线性方程表示观测变量与潜变量之间，以及潜在变量之间关系的一种多元统计方法，其实质是一种广义的一般线性模型。它的强势在于对多变量间交互关系的定量研究。本研究设定了因变量、自变量与两个中介变量，运用结构方程模型能够更科学地验证评价指标体系中各类指标的交互关系、体育社团履行社会责任与组织绩效提升的理论模型，验证体育社团社会责任对组织绩效的影响机理的相关假设。

第四节　研究创新

构建了体育社团社会责任指标体系，诠释了社会责任影响体育社团组织绩效的作用机理；为推进体育社团高质量发展提供了新视角。当前，有关体育社团组织绩效的研究大多从体育社团的资源基础、组织结构、管理水平、活动开展、考核机制等方面展开；本研究创造性地从社会责任这一视角进行切入，构建四个维度22个测量指标；在充分剖析体育社团社会责任这一新概念的基础上，深入探究了社会责任对体育社团组织绩效的正向推动作用，解释了社会责任为什么以及如何影响体育社团组织绩效的关键性问题；对推进和完善体育社团高质量发展研究提供了新视角。

构建了体育社团社会责任影响组织绩效的理论模型，验证了体育社团履行社会责任提高组织绩效的直接影响、中介效应和实现机制，为履行社会责任提升体育社团组织绩效提供了新路径。本研究拓展了文献中关于体育社团社会责任的研究视域。体育社团履行社会责任提升组织绩效的影响是本研究的核心，在研究过程中验证了社会责任对体育社团组织绩效的直接影响、利益相关者满意度与政府培育程度在"社会责任影响组织绩效的关系里"存在中介作用；使社会责任的具体维度与指标能够指导体育社团的社会实践，创新了体育社团提升组织绩效的方法与路径。

构建了推进体育社团履行社会责任提升组织绩效的四条实现路径，为创新地解决体育社团组织绩效不高的问题提供了新思路。本研究在验证社会责任对体育社团组织绩效的影响机理的基础上，提出政府培育是体育社团开展社会责任的引导者与培育者；利益相关者是社会责任的推动者；体育社团是社会责任的决策与执行者。在解决社会主要矛盾的共同目标下，以政府培育为导向，利益相关者满意为动力，以体育社团自身为执行主体，建立社会责任与组织绩效提升的协同共治机制，促进利益相关者、政府、社会对体育社团的良性帮扶，实现协同共治发展模式，有效地提升体育社团的组织绩效。

第一章　理论基础与文献综述

本章主要对本研究的理论基础与基本核心概念进行分析与阐述，并对社会责任、组织绩效、政府培育、利益相关者等研究的成果与进展进行理论回顾，提出对已有文献的述评。

第一节　本研究的理论基础

一、治理理论

治理理论着重于反思政府与市场、政府与社会的关系，逐渐引领公共管理发展的潮流。多中心治理模式的提出，表达出多元主体在社会公共事务的管理过程中各自发挥作用；在社会的规制整合下，以混合形态共同行使各自的主体性权力。像这种权力主体多元、行权方式多样的体系被称为多中心体制；该体系需要多个中心共同参与，形成协作关系，建构出双向度或多维度的治理体系。多中心治理理论虽然可以弥补与调控政府、组织、个人在利益分配过程中的某些缺憾，但是也会出现难以抉择的困境。对于这一不足，有学者倡议建立善治（Good Governance）概念。善治的目标是使公共利益最大化的社会管理过程，突出政府、社会组织、个人的协作协同与社会组织与个人的主动参与。善治最基本的表现是政府机构与公民自己或社会团体对公共事务的协作治理，也是一种能够上下互动管理的新颖关系。在实际运转过程中，善治能够让部分管理的权力逐渐向社会回归的过程。善治理念表达出国家与社会、政府与公民、社会团体之间良好的多中心协作互动状态。体育社团的善治过程中，主要着眼于培育与完善功能体系，使其能够承担更多的社会职责，对公共事务进行公共利益最大化治理，进而自觉履行社会责任。

本研究中，治理理论不仅有利于充分发挥对体育社团治理的启蒙作用，有利于体育社团了解民情、反映民意，有利于政府科学地制定政策，更有利于构建政府与社会组织、个人之间的协作互动。此外，善治的目标是构建政府、市场、体育社团与群众多元共治的模式，本研究对各主体间的相互关系进行了案例分析。当下，体育社团承担了政府转移的部分职能，逐渐成为体育治理与政府培育的重点对象。所以，政府要把社会体育相关事务与体育公共服务的相关供给活动逐渐转让给体育社团，让体育社团重视并承担起相关社会责任，这是当前体育社团发展的重要方向。在第二章，治理责任维度的建立参考了治理理论的相关文献；第六章体育社团履行社会责任提升组织绩效的实现机制中，治理理论在建构激励机制、制度供给与竞争机制中起到理论支撑。

二、利益相关者理论

利益相关者理论较好地回复社会组织为什么必须承担社会责任的疑问，以及承担社会责任对组织竞争力的影响等问题。在企业层面，利益相关者不仅囊括了个体交易伙伴，也容纳了政府部门、本地居民群体、当地社区、媒体、环境保护主义者等社会团体，甚至还含有自然环境、其他物种等受到社会组织进行活动直接或间接影响的客体。按照利益相关者在社会组织中的性质，可以把其分为直接的和间接的、核心的和一般的、主要的和次要的等类别。普通的利益相关者可以代表社会大众公共需求，可能对社会组织产生十分深远的影响，也能代表群众对社会组织的部分看法。另外，在社会生产和社会交换的领域中，一般的利益相关者在转换一定条件时能够让自身变为核心的利益相关者。因此，社会组织管理者不能疏漏一般的利益相关者。如果一般的利益相关者是社区环境或社会团体，或许为"社会急需的"和"社会必需的"，从这个角度剖析社会组织对一般利益相关者的道义行为就是"社会责任"。

本研究中，体育社团的利益相关者不同于以往的股东获利原则，而是整体获利，并不是某一小部分群体的利益；同时，管理者必须从利益相关者的角度来运营体育社团，用心维护好利益相关者的各种关系。总体上，利益相关者理论能全面和客观地解答体育社团为何需要承担与履行社会责任，履行社会责任对社会组织的竞争力产生何种影响等问题。本研究运用该理论讨论体育社团的管理者能否处理好与利益相关者的多维联系，认为这将直接关系到体育社团的组织绩效。体育社团必须与利益相关者建立起互利联系，使利益相关者之间的利益趋于平衡，以顺利地履行社会责任。

三、社会责任理论

社会责任是《社会责任指南标准》中最重要和最核心的理论术语，是决定《社会责任指南标准》核心框架的主要概念。《社会责任指南标准》致力于可持续发展并与国际行为规范一致，在融入整个组织后履行社会责任的相关条款，强调社会组织要遵守法律规范、尊重劳动者、保护参与者、加强公益活动、志愿行为、爱护环境。2015 年，我国颁布了《社会责任指南》与《社会责任报告编写指南》（GB/T 36001—2015），认为社会责任表达的是一种主动意愿，是一种维护与服务社会的自觉行为，也是有效管理社会组织的一种机制。

本研究中，体育社团履行社会责任具有深刻的内在动因：第一，社会责任能够转化成为体育社团的一种天然道德动力，体育社团的自身特性与发展方式深深地刻上了社会责任的印记。第二，社会责任能够使体育社团及时回应社会期望。在体育社团的日常活动中，无论是志愿活动、公平运营、保护消费者权益等，都反映了社会在特定历史时期的一般性期望，能够收集与反映当时的社会民生。第三，社会责任能够协调体育社团与利益相关者之间的和谐关系，提升组织绩效。社会责任是体育社团发展壮大的最优化结果：一方面，当不良社会事件层出不穷的时候，民众对体育社团的作用与价值有很大的期待；另一方面，利益相关者对体育社团的关注与需求日益增加，对体育社团社会责任的要求会变得越来越高。这两方面的互相促进，要求体育社团要积极挖掘自身的优势与潜能，在最优化发展的同时努力服务社会。第四，履行社会责任符合体育社团自身的健康成长与可持续发展需求。体育社团的发展不仅仅是组织自身的发展，更重要的是带动区域的体育与文化发展。把自身的发展与社会需要、与民众需求主动结合起来，认真履行社会责任，体育社团才能可持续发展。

第二节　相关概念界定

一、体育社团社会责任

2016 年，新修订的《社会团体登记管理条例》把社会团体定义为是由中国公民自愿组成，为实现会员共同意愿，按照其章程开展活动的非营利社会组织。虽然卢元镇、顾渊彦、黄亚玲、刘国永、裴立新、张新蕾等著名学者分别对体育社团的定义进行探讨，但核心内容较为统一，认为体育社团在实现人们的共同体育愿望、维护争取体育权益、组织开展竞赛活动、普及推广体育运动、提高运动技术水平和提供专业化体育服务等方面具有独特功能和作用。结合文献研究，依据新版《社会团体登记管理条例》，本研究将体育社团界定为人们自愿组成，为实现共同的体育愿望，按照内部章程开展体育活动的非营利社会组织。由于我国的体育社团层级较多，包含各级单项协会、各类学校体育社团、各级各地人群协会。在本研究中，为了精准地开展研究，把本书的研究对象定位在省级体育社团。

最早提出的社会责任概念主要针对企业，也称企业社会责任，关注的是企业在致力于获得经济利润的同时，应该更加注重环境保护、员工发展、社会福利、服务对象等社会因素。随着社会责任涉及领域的不断拓展及参与者的多样性，人们越来越一致地认识到，并非仅有企业应当承担社会责任，各类组织都应当承担相应的社会责任。2010 年，国际标准化组织颁布《社会责任指南标准》，用 SR（社会责任）代替 CSR（企业社会责任），把指南标准拓宽到适用于除履行国家职能、行使立法、执行和司法权力的政府组织以外的所有组织。2015 年 6 月，我国颁布《社会责任指南》《社会责任报告编写指南》《社会责任绩效分类指引》（GB/T 36002—2015）三项国家标准，表明社会责任已经得到我国相关部门的认可。

然而，体育社团的社会责任在 2004 年前后才得到理论界的关注，研究的学者与成果都很少。部分学者以体育社团肩负的具体职责为视角对社会责任进行定义。如谢洪伟等认为非营利体育组织社会责任的具体形式包含道义责任、法律责任和社会公共责任。刘润芝把体育社团的社会责任概括为，社会在一定时期对体育社团在法律、经济、道义和公益方面的要求或期望以及体育社团对这种要求或期望的回应。如陈丛刊认为体育社会组织社会责任可概括为政治导向责任、经济发展责任、社会建设责任、文化繁荣责任和国际交流责任五个方面，具有体育治理和服务群众、刺激消费和创造价值、加强和创新社会治理、弘扬体育文化和精神、推动世界友好往来的重要作用。另有一些学者从治理视角入手对社会责任进行概括。如李理和黄亚玲把体育社团社会责任定义为体育社团通过透明和合乎道德的行为，为其决策和活动对社会和环境的影响而承担的责任。现有研究不仅把社会普遍认同的观念作为体育社团的道德或伦理在各种正式场合传播，也关注如何通过社会责任对体育社团形成一定的约束，使其按照预期的方向发展。实际上，体育社团成立的目的体现了体育社团在服务政府、满足群众体育需求过程中要不断提高与改进履行社会责任的方式，公益性要求体育社团不仅要考虑到维持自身运行的合理费用，更要完成对利益相关者的自觉行为与义务要求。由此，作为政府在体育普惠过程中的助手，体育社团必须承担起体育运动的普惠与全民健身普及等一系列社会责任。

本书根据体育社团成立目的、政府需要、社会与群众需求、实际运行过程中的效用，借鉴《社会责任指南标准》，把体育社团社会责任定义为体育社团通过透明和道德的行为，为其决策和活动对社会和环境的影响而承担的责任。这一概念并没有采用传统的"邻近属性＋种差"的方式，而是涵盖社会责任内涵、外延和实施方式的多层次体系。

二、政府培育

在《辞海》中，"培育"的释义为"培植、培养"，也指培养幼小生物，使其发育成长。2019 年颁布的脱钩改革方案再次厘清了社会组织的主体地位。体育社团的发展壮大离不开政府的培育与引导，体育主管部门与体育社团应该合作互补，明确自身的责、权、利，使体育社团形成良好的系统化运营机制，循序合理地发展。在本书中，政府培育是指政府采取行政手段、政策工具等方式系统地对体育社团进行帮扶的过程，政府应发挥政策的导向作用，分类别、分阶段、分问题对体育社团进行精准培育；发挥体制建设的牵引作用，进行政社分离、条块整合、部门协同，实施扶持保障培育。

三、利益相关者满意

利益相关者的概念最早出现在弗里曼的《战略管理：利益相关者方法》一书。研究表明，对利益相关者的识别不仅是社会责任的重要内容，也成为"真正负责任"组织的核心要求。利益相关者的出现与确认彻底解决了社会责任的对象问题，使得社会责任的内容和范围更加清晰。从体育社团提供的公共产品特性来看，必须满足社会群体的多层次、多元化的体育需求，促使体育社团的公益性得到最大化发展。根据我国体育社团的性质，利益相关者是指影响体育社团运营目标并受到体育社团决策和行动影响的群体或个人，涵盖社团员工、管理者、活动参与者、捐助者、志愿者、政府、社区、媒体等直接或间接体育社团运行参与者等。

体育社团在运营过程中应该重视并提高利益相关者满意，不仅要通过积极开展各种体育活动来获得更多的社会资助与支持，还要创新体育活动的内容和方式，满足利益相关者的不同需求。每一个利益相关者都会向体育社团投入不同类型的"专用性投资"，体育社团则希望用最小的投入来满足各自对体育锻炼的需求，这将为体育社团的组织绩效带来"边际效益"。尽管体育社团对利益相关者"专用性投资"的回报不是一次性的，可能持续一段时间甚至出现波折或干扰，但利益相关者满意从长期来看将显著影响体育社团的组织绩效。因此，本研究把利益相关者满意概括为在体育社团的运行过程中，利益相关者能够获得满足自身体育锻炼需求的主观反馈，反映了利益相关者对体育社团服务水平和责任履行的评价。

四、体育社团组织绩效

对于社会组织来说，衡量其发展情况的指标很多，但是组织绩效可能是较为综合的一个；提高组织绩效是组织生存与发展的关键问题。组织绩效（Organization Performance）是一个复杂的概念，不同类型的组织有不同的评价内容，组织绩效一直以来都是组织管理研究的热点与难点。但是，如何定义和衡量组织绩效的共识很少，大多数研究都使用传统方法对组织绩效及其有效性提出不同的观点。研究者之所以重视这个概念，主要是发端于20世纪80年代人们对"为什么有的组织绩效要比其他组织要好"这个问题的回答。从理论上来看，组织绩效是组织理论和战略管理研究的核心。卡梅伦认为，组织绩效必须成为社会组织理论研究的终极因变量，而且其评估模式随着社会组织的不同发展阶段而发生变化。从实践上看，邓国胜从绩效、公信度与能力三个方面构建了符合我国现阶段社会组织发展情况的"APC"评估理论。部分研究指出组织绩效是生产等活动过程中在效率和效益上所表现出来的效果，其变动可被视为社会组织变革的原动力。当组织绩效下降时，民众的满意降低，能够迫使其进行变革，通过组织结构或运转程序的变换更好地发展。当前对体育社团组织绩效的探讨还处于起步阶段，组织绩效是评估体育社团多重目标实现程度的标准。体育社团在履行社会责任的过程中，可以使用组织绩效这一特定概念来评估、优化组织的管理方式与运营策略，加强履行社会责任是体育社团发展的迫切需求，体育社团在履行社会责任的过程中已经意识到积极有效的履责有助于推进体育社团的长远发展。

由此，本研究将体育社团组织绩效定义为一段时间内体育社团在提供公共服务和公共产品的数量、效率与获得相关收益的情况，包括获得赞助和捐赠的数量、收支比、社团影响力大小、社会形象、服务网络建设等多个方面。

第三节　体育社团社会责任的相关研究

改革开放的逐渐深入加速了我国经济发展与社会发展的不平衡。利润与社会利益之间的矛盾凸显和社会期望的提升，使履行社会责任变得越来越重要。2010年，国际标准化组织颁布《社会责任指南标准》，用SR代替CSR，界定社会责任的内涵与外延，把社会责任拓宽到所有类型的社会组织。2015年，我国颁布了首部《社会责任指南》，不但在操作层面上扩大了应用范围，而且对社会责任概念精细化、本土化，使其能够适应我国所有类型的社会组织，能充分挖掘社会责任的作用机理，能够实现组织目标和组织绩效互动双赢。体育社团作为一种社会组织必然要履行社会责任。

随着时代的发展，人们对社会责任的认识越来越深刻，表面上看起来是各种组织自身的经营理念和经营行为管理体系，实际上社会责任需要社会多方主体的配合才能实现。当前，关于社会责任的内容所提出的模型有八种，各模型社会责任的侧重点不一致：卡罗尔对社会责任伦理的最终理解是提高企业的慈善与伦理责任；三重底线模型要企业逐渐注重三重底线中的环境责任和社会责任。"3+2"模型的核心落脚在自愿性社会责任上，突出的是自由决定的责任与发自内心的慈善；"利益相关者划分"模型着重指出要主动服务社会公众，对其承担社会公共服务；《社会责任指南标准》模型为了增加社会适应性，把重心扁平化为七大核心内容；而《社会责任报告编写指南》是在《社会责任指南标准》的基础上，做了中国化的适应性改编，把劳工实践转化为自身发展类责任；整个标准突出了社会责任对我国社会组织发展的核心支撑作用。

一、非营利组织的社会责任研究

在近20年时间里，不同研究者从不同视角探讨了非营利组织对社会的作用，但普遍认为非营利组织的主要职责是服务社会，社会责任是与生俱来的，也是其社会伦理价值的重要体现。然而，层出不穷的不良事件表明非营利组织的道德使命并不能保证其可靠性。如果非营利组织存在社会责任问题，可能会导致所谓的志愿失灵现象，也可能导致发展不平衡，缺乏统一性等情况，必然要面临生存与发展的"内外交困"。

此外，有部分学者从组织治理困境与相互竞争作用视角研究非营利组织的社会责任，探讨把社会责任理论引入非营利组织的可能性与必要性。在非营利组织治理过程中，强调外部的监管与内部的自我约束，达到由道德化自律转向制度化自律的目标，进而保障非营利组织能够切实履行社会责任。我国非营利组织的合法性强、自律性高、慈善服务充足、自律制度完备是其承担社会责任的关键，积极履行社会责任不但能够促进我国政府职能的转变，还能够克服市场失灵的难题，更能够唤醒广大参与群众的公民意识，拓展社会的民主氛围，同时履行社会责任也能够对社会救助与社会保障进行补充和完善。

二、国外体育组织的社会责任研究

20 世纪后半叶，发达国家主要通过非营利组织与非政府组织来开展、规范与管理体育活动，推动大众体育向全球纵深化发展。这两类组织在国外起步较早，发展历程长，发展成熟度较高，自治能力较强，管理较规范；具有组织性、私有性、非营利性、自治性与自愿性；其自身特性与我国的体育社团相近；并且都在"推动和完善公共服务"这一基础目标与理念上将非营利组织与政府相关联。这些组织善于积极探索有效途径谋求自身发展壮大，特别是在履行社会责任方面积累了不少成功的经验，对我国体育社团履行社会责任有较强的借鉴意义。这方面研究的观点主要包括：

（一）强调社会组织规范化管理，自觉履行社会责任

非营利组织与非政府组织的自主性相当强，是自给自足、自我管理的法人团体。在具体管理方面，多采取民主管理的模式，具有相当强的生存与发展能力。发达国家的非营利组织／非政府组织的组织机构比较健全，都建立了完善的组织体系，如董事会、监事会、委员会等职能部门，且职责分工比较明确。

非营利组织／非政府组织十分注重增强自觉履行社会责任的能力及委员会的建设与规范，且十分重视社会责任管理。以意大利奥委会为例，其在组织上独立、经济上自给，根据法律规定可以完全独立地行使对意大利体育的管理职能。志愿性也是一个主要特征，即组织成员（包括董事会成员）主要由志愿人员组成，这在很大程度上节约了非营利组织与

非政府组织的人力资源成本，也为自觉履行社会责任奠定了人员与思想基础。然而，阿利森等则认为非营利组织的管理目标是让组织社会效益最大化，自觉履行社会责任和经济责任以巩固其组织使命。但戴伦巴赫则认为非营利组织要自觉履行内部责任和外部责任，内部责任是指非营利组织对其内部成员所担负的责任，即保证内部管理规章制度得以实施，确保其工作人员认真履行职责，外在责任则指非营利组织对外应承担救援、公共意志形成等"责任"，并把非营利组织社会责任的概念引申为一个多维度的管理系统。由此，从管理学的角度来看，非营利组织／非政府组织自身的规范化管理能够自己履行社会责任，提高工作效率、提升发展能力、塑造良好形象是促进非营利组织与非政府组织可持续发展的根本所在。

（二）强调非营利组织／非政府组织履行社会责任的外部监管体系

法治的成熟程度对于任何一个行业的健康发展而言都是至关重要的，非营利组织与非政府组织发展也不例外。发达国家的政府部门对非营利组织／非政府组织主要实行依法治理的方略，采取法治化方式管理社会责任的承担与履行。国家相关机构对非营利组织／非政府组织的社会责任的行为进行登记、变更、注销、监管、处罚等各种制度严格规范。税收也成为对非营利组织／非政府组织进行促进履行社会责任有效监管的一种方式，有的国家还针对非营利组织／非政府组织采取了灵活的弹性税收制度。加强法治化建设的同时，发达国家对非营利组织／非政府组织进行的多元化评估，让评估作为非营利组织／非政府组织分级分流的一个重要手段。非营利组织／非政府组织的评价体系涵盖范围较为宽广，让其时刻处在规范化、法治化的轨道上运行。

（三）强调非营利组织／非政府组织品牌战略与利益相关者之间的关联

在发达国家，品牌氛围相当浓厚，不仅企业重视品牌建设，非营利组织／非政府组织也注重品牌塑造。品牌战略成为许多发达国家非营利组织／非政府组织战略管理的一个重要组成部分，而且引起了学术界的广泛关注。研究表明，非营利组织／非政府组织的品牌形象是影响会员忠诚度的关键因素之一，对品牌意识和品牌发展策略进行研究，突出品牌发展意识、创新品牌发展策略能够提升非营利组织／非政府组织的整体形象，促进其健康发展。

同时，非营利组织/非政府组织非常关注与利益相关者满意之间的内在关联。有研究者对非营利组织为何要承担责任进行了文献的归纳和综述，从"for what"角度提出了责任整合模型：提出非营利组织的使命导向与社会导向，非营利组织对利益相关者的影响。亚伦等人提出社会责任应该要求体育组织考虑所有利益相关者的利益，包括投资者、供应商、消费者、员工、社区和环境在利益导向活动中的利益并达到互助共赢的局面。例如，美国非营利体育组织十分注重将自身置身于社会网络中，形成与各个社会主体相互影响，进行资源和信息共享的发展格局，非常注重与政府、营利体育组织、非营利体育组织及社会公众之间的互动，积累了丰富的社会资源，有力地促进了自身的发展。国外还有研究指出，非营利组织相互之间伙伴关系的建立有助于资源共享，促进共同履行社会责任，扩大相互间的社会影响力。

（四）探讨履行社会责任与获得组织绩效提升的途径

发达国家的非营利组织/非政府组织作为独立于政府与企业之外的第三部门，履行社会责任成为非营利组织/非政府组织的职责范畴。虽然，经营化是其特征之一，但是真正目的并非为了"赚钱"，而是为了能顺利实现其发展目标，更好地履行社会责任、服务社会，更快地提升组织绩效。如英国单项体育协会采用"内部—网络—市场"的运作模式，即通过由内部辐射到外部，然后再衍生到社区，进而吸引更多的参与者；通过履行社会责任行为来服务社区与民众，得到了发展所需要的社会资源；非营利组织/非政府组织在运行过程中善于利用社会责任行为来进行危机公关，从而尽快获得社会与群众的认同。另外，社会赞助也成为非营利组织/非政府组织重要的经费来源渠道，也有不少国外学者专门研究履行社会责任与获得赞助的渠道之间的关系。在发达的经济环境中，非政府组织承担的社会责任对其财务目标有较大的影响，财务目标也对社会责任产生正面或负面的影响。可见，发达国家的非营利组织/非政府组织在发展过程中并不依赖于政府拨款或者单一的赞助，而是采用自觉履行社会责任的运作模式来拓宽资源渠道，多方位地筹集发展所需的社会资源，综合性地提升组织绩效。

（五）强调把社会责任思想渗入非营利组织/非政府组织的核心理念

履行社会责任能够为社会组织的核心业务发展提供支持，只有这样社会责任才是有价值的，同时，李和珍妮提出了识别的五个特点：中心性、前涉性、自愿性、专用性和可见性。赫斯特德和艾伦通过比较研究指出社会责任战略能够从社会问题中寻找发展机会，进行产品创新服务，进而实现价值创造。而巴比亚克和沃尔夫认为社会责任已经成为许多社会组织日益重要的领域。随着社会责任理论的扩散，社会责任在学术研究中逐渐受到重视。北美职业体育中建立社会责任概念，创建社会责任的核心理念，并在体育重大事件、体育联合会、校际体育中进行实际应用与测量，取得了很好的实际效果。同时，社会责任要求非营利组织/非政府组织考虑利益相关者的利益（包括投资者、供应商、消费者、员工、社区和环境）在利益导向活动中的利益并达到互助共赢的局面。还有研究指出发达国家与发展中国家非政府组织的组织目标相似，但在财政资源、发展战略方向、公众接受方式是完全不同的。

（六）强调非营利组织/非政府组织有责任帮助与监督其他组织履行社会责任

发达国家的非营利组织/非政府组织和政府之间建立伙伴关系对启动社会责任活动至关重要，履行社会责任活动将有助于青少年能力发展和健康成长。在意大利的调查证明了非营利组织/非政府组织发展与社会责任的相关性，揭示了顾客对非营利组织履行社会责任的感知与参与组织活动的关系。还有不少非政府组织通过志愿活动履行社会责任，以引起政府与民众对社会责任的关注，并运用媒体监督社会组织认真履行社会责任，积极推进社会责任由"公众程序转化为公共政策程序"，出台相关法规，保护利益相关者的合理权益。在美国，政府一直努力通过制定各种法规与政策来引导社会组织的社会行为，并监督社会组织在公平竞争、劳动保护、人权保护、环境保护等方面履行社会责任，规范与约束企业的行为。欧洲成立了社会责任协会，并与欧盟、欧洲议会等机构有深入的协作关系，联手举办了欧洲利益相关论坛，开始从法治层面上拟定社会责任的政策，并把社会责任塑造为社会主流，认真推动社会责任运动前行。非营利组织/非政府组织逐渐成为社会责任运动的核心推动力量，经常组织劳工、环保等运动，引起广大民众的重视，积极形成履责氛围，营造社会舆论，督促企业与政府承担社会责任。在社会治理较为完善的国家，非营利组织/非政府组织在社会责任实践中扮演管理主体、监督主体与评估主体的重要角色，成为政府在社会责任实践中不可或缺的重要合作伙伴。

总体来说，国外体育组织社会责任研究较早，对社会责任的实施与评价较为成熟，学者们不再满足于对宏观和中观变量间关系的了解，而是想要更深入地探索产业与组织变量关系背后的个体心理和行为机制，这使得个体水平研究的重要性越来越重要，会成长为该领域的最新趋势。同时，国外非营利组织/非政府组织的社会责任发展历程具有一定的借鉴意义。第一，非营利组织/非政府组织是民间力量自下而上自发创立的，具有广泛的社会认同性、社会合法性与自主性，在运行过程中自觉履行社会责任。第二，非营利组织/非政府组织在规范化管理社会责任履行方面积累了不少经验值得借鉴。第三，非营利组织/非政府组织具有完善的法制体系与多元化评估机制，与政府、社区进行合作时更有规范，对合作双方都有较强的约束；增加了履行社会责任的必要性与必然性。第四，组织通过履行社会责任来有机整合各种社会资源，重视建立包括政府、企业及第三部门在内的多元化的社会关系网络；善于利用利益相关者的赞助来提高自身的组织绩效。第五，发达国家非营利组织/非政府组织在运作时特别爱惜自身的名誉，善于通过履行社会责任来化解各种负面新闻。同时，在人力资源方面，通过履行社会责任行为来征集志愿者；志愿者成为发达国家非营利组织/非政府组织举行活动的主要基础性力量。志愿者服务减少了组织的内部经费开支，有利于提升非营利组织/非政府组织的组织绩效。

三、我国体育社团的社会责任研究

作为非营利组织的一部分，我国体育社团的社会属性决定其要承担社会责任。与国外的非营利组织/非政府组织相比，虽然两类体育组织的特点相似、功能相近，一直为群众体育的推广普及与满足群众的体育需求满负荷运行，但是相较于国外非营利组织/非政府组织的自下而上的形成过程，我国的体育社团在社会服务中更有"官方"背景，特别是国家级单项协会（体育社团）的官方属性较重。

成为负责任的体育社团，既是我国建设体育强国的要求，也是体育社团对自我社会价值的追求。但是，学界在 2004 年前后才逐渐关注体育社团的社会责任问题，在 SA8000体系下，提出职工体育发展有关的社会责任规定有工作时间、工资报酬、管理系统、健康与安全、结社自由和集体谈判权等，首次提出我国体育社团的社会责任在于员工福利与道义。2011 年，政府需要体育社团转变职能，使社会责任能够有效补充政府失灵与市场失灵带来的负面效应，建立了福利与道义的责任体系。随着研究的深入，"金字塔"模型责任体系为体育社团履行社会责任有了更明确的目标，项目推广、社会分享与公益责任等具体责任的落实，使体育社团在履行社会责任时有的放矢。党的十八大提出了现阶段的基本矛盾，党的十九大提出了"五位一体"的改革战略布局，对体育社团社会责任提出了更高的要求。对社会责任的研究不仅要满足人民的基本生活需求，更要符合"五位一体"的改革布局。

从已检索文献的研究主题统计频次高低可以分析出研究主要集中在职业体育组织、体育社团领域，其中对职业体育社会责任的研究相对全面，而研究体育项目协会与体育社团的社会责任的文献捉襟见肘。体育社团的社会责任具有较强的时代特征，体育社团社会责任内容的变迁与我国政府职能转变的时间节点相近，保持了与政府改革时间的一致性。社会责任金字塔模型的出现，使体育社团履行社会责任有了更明确的目标。例如，运动项目推广、社会分享与公益责任等具体责任的落实，使体育社团在履行社会责任时能够做到有的放矢。在民生体育背景下，我国奥运项目体育社团的社会责任有四个方面：项目推广、社会分享、精英培养、赛事运筹。但是，刘润芝认为体育社团的社会责任是社会在一定时期对体育社团在法律、经济、道义和公益方面的要求或期望以及体育社团对这种要求或期望的回应；包括法律责任、经济责任、道义责任和公益责任。随着体制改革进入深水区，有学者以微观视角入手对社区体育社团社会责任的履行和实践提出了改革完善管理机制，并建立有效的运行机制，构建了体育社团社会监督体系的三大措施，综合整理出体育社团实现社会责任的内部与外部路径，以及履行社会责任的三个内外部基础条件。党的十八大以来，政府对社团的要求进一步提高，体育社团的功能也随之发生改变，其职能朝着"民间体育文化传承、价值传递、集体利益聚集、表达和实现与族群认同等方面"发展，这一趋势对延续民族文化血脉与推进民间体育持续发展具有深远意义。同时，体育社团在生命质量改善、社会资本培育以及社会质量提升方面具有日益突出的作用。在这一时期，体育社团突破了强身健体的传统功能与价值，逐渐成为新时代社会多元福利主体中的重要组成部分，不断满足人民群众日益增长的体育文化需求。职能转变反映了我国体育社团从被动履责转向主动履责的发展历程，拓展了体育社团履行社会责任的空间，扩大了体育社团在社会中的影响力，让更多的利益相关者在参与体育活动中感到满意，得到群众与政府的一致支持，在履责过程中提高体育社团的组织绩效。2017 年，党的十九大明确提出我国现阶段的战略布局，将"体育强国"作为思想文化建设的重要组成部分，同时肯定了体育对市场经济的促进作用。体育社团在运营过程中对社会、环境和利益相关者的影响，能够为人民提供公共服务。时代的进步对体育社团的发展提出了更高要求：体育社团的发展不仅要满足人民的基本体育需求，更要符合"五位一体"的改革布局；体育社团履行社会责任逐渐成为体育治理的核心议题。李理和黄亚玲根据党的十八大提出的"五位一体"政策构建体育社团的社会责任体系，包括政治责任、经济责任、文化责任、社会建设责任、生态文明责任五个子系统。

总体来说，社会责任内容的与时俱进与我国体育社团的自律和他律属性决定了体育社团承担社会责任的合理性，其社会责任的具体形式包含三层意义：第一，为特定的社会福利和公共利益群体负责；第二，对组织成员或是支持者负责；第三，以积极的方式对社会进步负责，包含道义责任、法律责任和社会公共责任三个方面。但是，国内对体育社团的社会责任体系研究还不够深入，仅仅回答了体育社团社会责任是什么，缺乏对体育社团社会责任其他方面的深层次解读。特别是体育社团的社会责任与组织绩效的关系如何？体育社团的利益相关者到底是谁，该如何识别？体育社团如何履行社会责任的研究等，这些问题成为体育社团进行社会责任实践的研究短板。另外，体育社团履行社会责任缺乏完善的内外部监督机制，完善监督机制有利于规范体育社团社会责任的履行。

第四节　利益相关者满意的相关研究

1932 年，美国学者多德提出利益相关者构想，认为企业不仅需要服务股东利益，更需要服务其他与企业运行休戚相关的参与者（如员工、销售对象、社区等），并把传统的股东利益进行最大化扩展。1984 年，美国学者弗里曼在《战略管理：利益相关者方法》中构建了最具代表性的利益相关者概念：能够影响组织目标实现或者能够被组织所影响的任何个人和群体。该理论的核心是辨析出关键利益相关者，如果无法辨析出关键利益相关者，社会组织就没有办法采取有针对性的措施对其负责，而核心利益相关者的辨别使社会组织不会因为承担责任的数目太小从而影响到社会组织自身的发展，也不会因为肩负的责任过于宽广而对社会组织自身发展产生负面影响。

一、社会组织利益相关者的辨析

（一）按照与组织关联的紧密程度辨析

有研究依据参与者和社会组织的相互关联的紧密程度，把利益相关者划分为两类：一是直接利益相关者，涵盖了社会组织持续存在的必要因素，包含组织员工与服务对象；二是间接利益相关者，包含了与社会组织运行产生的间接关系，如行业专家、政府部门、志愿者、媒体、捐助者等。1991 年，萨维奇等学者重点关注社会组织的内部、外部利益相关者，也包含了其他与社会组织有关联的利益相关者。

（二）按照参与活动的个体性质进行辨析

非营利组织是我国的社会公益组织之一，主要目的是进行公益活动，实现社会公共利益的普及最大化，造成了其利益相关者呈现多元化趋势；涵盖了政府、管理者、志愿者、行业协会、社区、媒体与大众；有学者得出利益相关者包括员工、捐赠者、服务对象、政府、社会公众以及媒体等。另外，非营利组织的利益相关者还被看成是能够影响或被组织行为影响的个人和群体，涵盖了政府、股东、服务对象、志愿者、行业协会、媒体与群众。

二、体育社团利益相关者的辨析

在我国体育研究领域中，利益相关者的研究大部分集中在体育赛事与职业体育，而对体育社团、体育协会等非营利组织的利益相关者研究缺失。对利益相关者的认识与核心利益相关者的辨别可以在借鉴我国非营利组织研究成果的基础上，根据实际情况进行合理的修正，形成体育社团的核心利益相关者。一般来说，我国体育组织的影响力越高，利益相关者的获利相对就高，各利益相关者的利益获得量与体育组织的影响力呈正相关。据文献分析，能够总结出体育社团的利益相关者包括内部利益相关者、外部利益相关者与社会公众利益相关者三个方面。体育社团的内部利益相关者包括社团管理者与组织成员、会员等方面；体育社团的外部利益相关者包括捐助者、志愿者、服务对象等方面；社会公众利益相关者包括政府、群众、社区、新闻媒介与其他协作社团等方面。

三、社会责任与体育社团利益相关者满意度

社会责任的核心目的之一就是平衡利益相关者各方的社会关系与经济关联，利益相关者满意度是对企业履行社会责任的肯定。巴塔查亚认为积极履行社会责任的社会组织更有利于利益相关者对其服务产品产生认同感，可以为社会组织带来额外的较高的社会价值与经济利益，社会责任对利益相关者的购买行为和满意有正向相关影响。这个过程中不仅要关注核心股东利益，还要兼顾其他利益相关者的合法利益，并且应该从自身实际情况出发积极承担相应的社会责任，合理安排其他利益相关者的利益。

在体育社团的运行过程中，由于部分利益相关者向体育社团注入有形或无形资产（如资金投入、运动器材赞助、志愿服务等），使得利益相关者和体育社团之间具有互利互惠的特征。体育社团必须认真履行社会责任并获得利益相关者的认同，才能体现出自身的真正价值，得到政府的认同。在各个利益主体的博弈过程中，完善与体育社团的关系，努力创造和谐包容的社会环境，提高各利益相关者的满意程度，这样会给组织带来更好的发展软环境。这一构想在实际运行中得到了验证：履行社会责任能够让体育社团在今后的发展中得到足够的社会资源，让利益相关者能够得到有利于体育社团自身形象与提升自身价值的方法，提升履行社会责任的主动性。体育社团的社会责任行为对利益相关者有影响，各利益相关者的行为活动也可能对体育社团履行社会责任产生部分影响，造成两者之间的关联与互动较为密切。因此，体育社团履行社会责任需要利益相关者作为不同的供给主体来参与，多元供给主体包括政府、体育社会组织、体育市场组织等。如果供给主体间能够协同互动，就能够提供更好的社会资源给体育社团，社团能够提供丰富的高质量体育供给，提升利益相关者对体育社团履责的满意程度。

第五节 政府培育体育社团的相关研究

国内外研究和实践指出，政府培育社会组织通过两种模式：一是以政府为主导、以行政机制为主要资源配置机制的直接培育模式；二是政府主动赋权培育并配合社会机制和市场机制的间接培育模式。在我国，政府决定着社会资源配置的方向和程度，如何选择符合政策方向，满足社会需求的"好"体育社团，除了常规和正式的考核方式外，政府也倾向于优先扶持那些能更好地为政府解决群众体育需求、积极主动开展社会体育活动、认真服务群众的体育社团。是否重视履行社会责任成为政府培育体育社团的一个重要方向，有助于体育社团建立科学的社会责任实践体系。

一、政府培育体育社团的方法

有研究认为，政府对体育社团宏观管理的首要任务是培育和扶持体育社团，使它们尽快发展壮大起来，解决体育需求供给的难题。政府对体育社团的培育可从五个方面入手：第一，进行顶层设计，规划培育的路径；第二，利用社会组织孵化基地 NPI 孵化器进行孵化培育，为政府培育进行实践上的尝试；第三，提供资金、场地支持；第四，进行人力资源扶持；第五，进行事权职能的分配改革。

另有研究认为政府应该发挥政策的导向作用，发挥体制建设的牵引作用，进行政社分离、条块整合、部门协同，实施扶持保障培育。江苏省在培育体育社会组织时注意厘清政府与社团的职能界限，形成体育"职能清单"并构建配套帮扶策略，建立"政社共治、互动合作"的制度与科学综合的督查规则。我国现有国情下，体育社团社会责任的培育机制要在政府、社会、体育社团协同互动视角下进行。显然，政府的管理体制要进行相应的改革，管理部门要从单一行政化管理变为协同治理；积极改变利益分配格局，建立多方利益共享的驱动机制；在政府管理出现"越位""缺位""错位"的情况下，结合利益相关者建立综合治理模式；创建"政府、利益相关者、体育社团"三方相互依存互为支撑的新运行机制。政府逐渐加大政策支撑力度，逐渐增加试点数量，分层次、分阶段、分类别地精准培育，同时根据反馈对政府培育的政策与方法进行适度调整。

二、政府培育体育社团的政策

从我国现行行政体系看，体育社团的发展壮大与承担社会责任能力的提高离不开政府政策扶持。我国各地政府颁布的支持体育社团发展的文件分为三类：资金支持类、组织支持类与赛事支持类。但是，没有依据我国国情构建中国特色培育模式，优化体育社团发展政策环境，建立政府购买体育公共服务的长效机制，重视培育体育社团。

收集各省、市、区等行政部门颁布培育体育社团的文件有21个（表1-1）。这些文件的施行，极大地鼓励了体育社团积极开展工作并承担社会责任。通过梳理发现，颁布的文件大部分都是以资金支助为主，小部分文件对承办赛事、开展群体体育活动等方面开展专项扶持。资金来源是政府和体育彩票收入。这种资助形式并没有触及体育社团运营困难的核心难题，短期内直接资金输入效果较好，但容易产生依赖性，导致体育社团自身生存能力较差。在体育社团发展过程中，政府会不断更新、积极支持体育社团承担社会责任并积极探寻一种长效机制。

表1-1　各省市政府颁布的支持体育社团发展的文件

文件名称	文件类别
焦作市体育社团资金扶持办法（试行）	资金支持类文件
佛山市级体育类社会组织发展专项扶持资金申报评审细则	
洛阳市体育类社会团体扶持资金补助办法（试行）	
上海市体育类社会团体专项资金奖励意见	
南宁市本级体育类社会组织开展全民健身活动资金管理暂行办法	
江苏省健身俱乐部专项扶持资金管理暂行办法	
福建省全民健身运动会资金使用管理办法	
河北省省级体育类社会组织资助管理办法（试行）	
广东省省级体育彩票公益金资助省级体育社团开展全民健身公共服务暂行办法	

续表

文件名称	文件类别
武进区体育类社会团体扶持资金补助办法	资金支持类文件
福建省省属体育社团发展专项资金使用办法	
黑龙江省省级体育类社会组织评估与资助暂行办法	
衡水市体育类社会团体扶持办法（试行）	组织支持类文件
惠城区体育社会组织扶持办法（暂行）	
青岛市扶持市级体育社会组织管理暂行办法	
齐齐哈尔市市级体育社团考核扶持办法	
连云港市关于推进基层体育组织建设的指导意见	
福建省省属体育社团开展全民健身活动补助办法	
青海省体育局、青海省体育总会推进体育社会组织建设实施方案	
南京市体育单项协会群众性赛事（活动）经费补助办法（暂行）	
青岛市扶持市级体育社会组织管理暂行办法	
齐齐哈尔市市级体育社团承办重要赛事（活动）经费资助（试行）办法	赛事支持类文件
上海市民体育大联赛协会办赛经费补贴办法（试行）	

第六节 社会责任影响体育社团组织绩效的相关研究

组织绩效是指组织在某一时期内组织任务完成的数量、质量、效率及获利情况，以及获得政府、社会与群众的认可并得到资助。因此，可以使用组织绩效这一特定概念来评估、优化非营利组织的管理方式与运营策略。体育社团作为一种非营利组织，成立的目标与使命不是"赚取最大利润"，而是通过满足群众日益增长的体育需求来传递本社团的使命特征，通过社会服务交换获得自身发展所需的群众信任与社会资源，提升社会效益与经济效益，获得更多的发展资源。但是，有关体育社团组织绩效的文献较少，对组织绩效在体育社团发展的效用研究不够深入，导致体育社团难以高质量发展。

履行社会责任对组织绩效影响不仅在企业研究中得到验证，而且其他社会组织的相同研究中也得到了验证。非营利组织履行社会责任与组织绩效的关系一直备受关注，逐步成为非营利组织研究的核心支柱之一。从非营利组织的角度看，只要利益相关者对组织期望的满足与对自身需要满足基本一致，组织目标与组织绩效才能够达成一致。组织绩效体系能够使非营利组织的内部员工与外部服务对象、利益相关者之间形成统一的了解、评估和提升各种社会资源、组织行动和组织使命三者之间的协同性，也能够清晰地展现一个非营利组织怎样把各类社会资源与组织行动转变成合理合法的组织绩效，并且经得起社会监督。有研究把社会责任与非营利组织的管理相结合，验证了非营利组织的社会责任和利益相关者满足都能够显著地正向提升组织绩效，非营利组织的多重参与者对组织绩效也有显著的正向影响。另有研究指出，在运营过程中以激发与动员利益相关者主观能动性为主，以达到利益相关者与非营利组织的共赢。还有学者通过回归和相关方法验证了社会责任对改善组织绩效的重要性。此外，从综合的角度来看，与道德责任相关的社会责任活动强调与 MCS 的交互使用，进而间接改善了非营利组织的组织绩效。实践中，决策者应该在社会责任方面投入更多的精力，能够让他们的组织得到利益相关者的青睐和长期盈利能力的回报。因此，建议非营利组织在采取社会责任举措之前应确定其利益相关者的需求。

另外，与政府之间的和谐关系对社会组织的社会影响有显著的正向相关，部分学者发现组织影响力对政府培育意愿具有显著的积极影响。所有研究中利益相关者的满意是最一致的绩效决定因素。这些研究足以证明履行社会责任对非营利组织的进一步发展具有重要的现实意义。

组织绩效测量中，现有文献主要集中在建立测量体系，运用数学模型进行分析。国外的相关研究中，比较有代表性的是平衡积分卡理论，主要从四个维度来测量组织绩效：财务、服务对象、内部流程、学习与成长，突出了组织绩效的战略性、持久性与发展性。马蒂厄等通过组织系统理论对非营利体育组织（Non-Profit Sports Organizations，NPSO）的组织绩效维度进行整合，得出财务资源获取、规模、内部氛围、组织运营、财务独立性、实现精英体育成功和大众体育参与等宏观维度。诺维等通过产权理论建立四个维度

（财务、产品、客户、战略）的 22 个绩效指标回归模型。在衡量体育社团的组织绩效方面，一些学者认为，非营利体育组织绩效测评包括机构、社会内部、社会外部、财务、宣传、组织。国外学者对非营利体育组织绩效评价的维度包含利益相关者、稳定的组织董事会、关键利益相关者关联、内部流程控制、发展战略规划与新兴科学技术的运用。在国内，罗蓉从服务方式、经费、内容、质量、文化氛围这五个维度建立我国基层体育社团的绩效评价体系，韦伟和王家宏则依据"资源利用—效益"的逻辑框架建立公共体育服务的绩效评价体系，并通过实践验证测量体系的适用性。

第七节　现有文献的评述

《社会责任指南标准》把企业社会责任拓展为所有社会组织的社会责任，是社会责任发展的一个里程碑事件；企业与其他所有类型组织都应当承担社会责任已经成为全社会的共识。随着体育社团在体育强国战略与体育现代化治理中发挥的作用越来越重要，体育社团需要肩负更多的社会责任，这将引发更多的相关研究。

一、现有文献的局限性

通过现有文献的梳理发现，把体育社团的社会责任与组织绩效相结合的研究较少。虽然随着人们社会责任意识的增强，对于社会组织承担社会责任的支持性证据越来越多，但是体育社团在实际运行中出现的种种社会责任缺失的现象，使体育社团的可持续发展遭遇困境，体现在对体育社团履行社会责任的研究未形成专门性体系，较为零散、不系统。目前，学界对体育社团社会责任的探讨不够具体和深入，这与社会责任的研究已经在其他学科领域结出丰硕之果形成反差。那么，体育社团需要履行哪些社会责任？体育社团履行社会责任进而提升组织绩效的机理是什么？如何实现这一机理？这类研究在目前来说是很少有人问津的。追求卓越的组织绩效是社会组织发展的具体目标，组织绩效的高低能够体现出社会组织的运营情况。同样，体育社团也面临着绩效提升、高质量发展的紧迫问题。虽然部分文献对体育社团社会责任的概念、内涵作了分析与阐述，但对体育社团的社会责任核心内容仍存在分歧，没有建立适用性强的体育社团社会责任维度和指标体系。同时，相关研究中定量分析文献较少，对体育社团社会责任与组织绩效关系的中介机制的文献缺少，比如体育社团利益相关者满意度和政府培育程度在其中的作用，导致文献实践指导意义不强，也缺少社会责任与组织绩效之间关系的实证研究，更缺乏分析这一关系的作用机理的核心期刊文献。

相对于国外学者的相关研究，我国的体育社团社会责任研究在广度、深度上都存在不足。国外非营利组织/非政府组织在履行社会责任方面积累了不少成功经验，不再满足于对宏观和中观变量间的关系，而是非常关注与利益相关者满意度之间的内在关联，善于借鉴企业社会责任、组织绩效、利益相关者等理论探讨非营利组织/非政府组织履行社会责任与组织绩效提升的内在机制，这也成为该领域研究的新趋势。

二、对本研究的启示

体育社团履行社会责任是否以及如何影响组织绩效的提升是一个新兴且新颖的研究话题，在我国致力建设世界体育强国，构建更高水平的全民健身公共服务体系的时代背景下，这一研究具有尤为重要的理论意义和现实价值。从以往的研究来看，企业社会责任理论为本书提供了重要的思想基础，社会组织社会责任的相关研究则为本书的理论探讨带来了直接的理论根据。近年来，中外学者都广泛关注社会组织社会责任的内涵、评价、履行方式及其对社会组织发展绩效的影响，在许多问题上开展了初步探讨，得到了一些有价值的结论。尤其是针对体育社团（或类似组织）的一些研究结论，为本书分析体育社团这一类特定的社会组织的社会责任问题具有重要的理论指导。当前，一个普遍的共识是，社会组织重视和履行社会责任，不仅有利于社会进步，也有利于社会组织的发展，因此有必要分析体育社团履行社会责任影响其组织绩效提升的作用机理。本书整合以往研究的理论逻辑，结合探索性案例研究，进一步细化和深入体育社团社会责任对组织绩效的影响机理的核心问题，提出相关的对策建议，以推动这一领域相关研究和实践的开展。

第二章　体育社团社会责任维度与测量指标分析

社会责任与体育社团组织绩效的关系是本书研究的核心，由于可借鉴的研究较少，需要从体育社团在实际运营过程中探寻研究思路。基于此，本章在文献综述的基础上结合实际调研，从理论上分析适用于体育社团社会责任的维度与测量指标体系，为后面的探索性案例研究、理论分析和实证研究提供依据。

第一节　体育社团社会责任的维度分析

通过对相关文献的梳理，本书认为有关体育社团社会责任体系的研究较少，严重制约了体育社团社会责任的意识与能力的提升。建立一个完备的体育社团社会责任的指标体系，主要目标在于进一步提高体育社团理解社会责任的履行范畴与具体标准，使体育社团社会责任更加系统化、科学化、简易化，进而促使体育社团在履行社会责任的过程中不断提高自身参与体育公共服务供给的能力和水平，促进体育治理体系和治理能力现代化建设，促进社会的可持续发展。目前，体育社团社会责任的维度都较为宏观，能够落实到省级体育社团具体实施的维度与指标较为欠缺。为此，本节着重厘清省级体育社团社会责任的维度与指标，为后续研究奠定基础。根据社会责任产生、发展的时间先后顺序，首先找出企业的社会责任维度，再讨论非营利组织与非政府组织的社会责任维度，最后研究适合省级体育社团社会责任的维度。这种层层递进的总结、分析、归纳能够较全面地了解体育社团社会责任的维度与指标，充实与完善体育社团社会责任的基本理论。

一、社会责任的维度划分

（一）企业的社会责任维度

企业社会责任是企业在长期与社会各方面相互协调包容，共同进步的产物。强调企业必须超越"唯利是图"的传统理念，要对利益相关者进行关注与履行社会责任。2011年，毕马威公司发布《全球企业责任报告调查》，认为全球500强企业对外公布企业社会责任报告已成为世界潮流，社会责任行为越来越规范。

目前，有三个知名的企业社会责任体系：第一个是《DNV可持续发展报告（挪威船级社）》；第二个是《可持续发展报告G3（全球报告倡议组GRD）》；第三个是《润灵环球MCT社会责任报告评价体系》。在上述国际知名企业的社会责任维度体系中，除了对企业自身的治理非常重视外，还把维度的重点放在了社区参与和环境治理上。表2-1总结了国外较为经典的几种社会责任的维度。

表2-1 企业社会责任维度的梳理

社会责任	社会责任维度	重点责任提取	参考文献
DNV可持续发展报告（挪威船级社）	企业主要承担：策略及分析、组织构架、治理承诺及参与、经济绩效、环境绩效、劳工及尊严工作评价、产品责任绩效九个社会责任维度	人权评价、社会绩效、劳工及尊严工作评价	何芳（2015）
可持续发展报告G3（全球报告倡议组GRD）	企业要承担经济层面、环境层面、社会层面、产品责任四个维度的责任	环境层面、产品责任、经济层面	崔征（2006）
润灵环球MCT社会责任报告评价体系	把社会责任分为社会责任战略、治理责任、利益相关方责任、经济绩效责任、劳工与人权责任、环境责任、公平营运责任、消费者责任、社区参与及发展责任	组织治理、消费者责任、社区参与及发展责任、经济绩效责任	赵行梅（2014）
"三重底线"模型	包括经济责任、社会责任、与环境责任三个维度	社会责任、环境责任、经济责任	肖红军、许英杰（2014）

续表

社会责任	社会责任维度	重点责任提取	参考文献
"3+2"模型	把社会责任分为法律责任，道德责任，策略性责任，慈善性责任，对股东、管理人员和员工承担的责任五个维度	道德责任、慈善性责任	沈洪涛、沈艺峰（2007）

综上，企业社会责任在国外的发展较为迅速，并产生了较大的社会影响，积极推动了社会责任的全球普及，成为各种组织积极生存与发展的必要手段之一。通过分析，对社会责任的维度出现频率进行统计，发现国外企业社会责任主要集中在环境责任（3次）、利益相关者责任（3次）、经济责任（3次）、社区参与和发展（2次）、慈善责任（2次）这五个方面。

（二）社会组织的社会责任维度

2010年，国际标准化组织向全球发布《社会责任指南标准》，首次以"社会责任"替代"企业社会责任"，使社会责任成为所有组织决策和活动需要考虑的决策条件。《社会责任指南标准》致力于可持续发展并与国际行为规范一致。该标准包括七大核心主题和37个主要议题。

2015年6月，我国颁布了首部《社会责任标准》（GB/T 36000—2015）。该标准不但在操作层面上扩大了应用范围，而且对社会责任概念精细化、本土化，使其能够适应我国所有类型的社会组织。该国标为社会组织履行社会责任和实施相关活动提供指南，旨在帮助社会组织最大限度地致力于可持续发展。国家标准包含了七大核心主题：组织治理责任、公平运行责任、政治责任、慈善责任、自身发展类责任、消费者责任、社区参与与发展责任。

两个标准最大的区别在于，我国的社会责任标准增加了政治责任主题。政治责任在当前是重要的责任，对社会组织起到了引领、规范作用。

（三）体育组织的社会责任维度划分

"他山之石，可以攻玉"，国外对非营利组织/非政府组织社会责任的研究较早也较为系统。学习、借鉴与研究国外体育组织的社会责任不仅能够丰富我国的社会责任研究内容，还能够对探索我国体育社团的社会责任有巨大的益处。

1. 国外体育非营利组织/非政府组织的社会责任维度

（1）国外体育职业俱乐部的社会责任

赫拉与巴比亚克对美国的 NFL（32 支球队）、NBA（30 支球队）、NHL（30 支球队）和 MLB（30 支球队）的球队老板和社区关系负责人进行履行社会责任调查，发现被调查者普遍认同慈善责任与道德责任是体育组织最先履行也是必须遵守的两大社会责任，它们是体育组织存在与发展的基石（表2-2）。

表2-2　哪一项能够作为"社会责任"的一部分

CSR要素	是（%）	无（%）
向非营利组织和慈善机构捐款（慈善）	85.2	7.4
支持社会事业（慈善）	81.5	11.1
公平对待所有员工（道德）	77.8	14.8
保存资源、材料和减少浪费（环境）	74.1	18.5
遵守平等就业机会委员会政策（法律）	74.1	18.5
遵循证券交易委员会程序（法律）	37.0	55.6
赚取利润（经济）	14.8	77.8
向股东派发高额股息（经济）	3.7	88.9

数据来源：Hela Sheth，Kathy M. Babia（2010）

沃克和肯特指出美国体育组织的社会责任活动可分为四大类：慈善活动、社区参与、青年教育倡议、青年健康倡议。赫拉与巴比亚克在调研多家体育社会组织后认为，体育社会组织更加注重社会责任的道德责任、法律责任与慈善责任（表2-3）。

表2-3　国外体育组织履行社会责任的重点

社会责任优先事项	平均值	标准差
对我的组织来说，重要的是道德	4.96	0.19
我的组织必须符合所有的法律条例	4.96	0.19

续表

社会责任优先事项	平均值	标准差
拥有最高的道德标准对于我的组织来说非常重要	4.89	0.32
我的组织关心粉丝安全	4.89	0.32
我的组织有助于青少年体育项目	4.81	0.48
我的组织为教育行动和学校计划做出贡献	4.74	0.45
慈善事业对于我的组织来说很重要	4.67	0.55
我的组织为慈善基金会贡献	4.67	0.55
对于我的组织来说，重要的是要有一个战略性的慈善计划	4.65	0.56
我的组织关心公平的商业惯例和政策	4.63	0.49
企业社会责任对所有类型的企业都很重要	4.60	0.65
公众期望运动队对社会负责	4.56	0.75
我的组织关心前台员工安全	4.44	0.64
对于我的组织来说，重要的是经济上的可行	4.37	0.93

数据来源：Hela Sheth，Kathy M. Babiak（2010）

2015 年后，美国很多体育组织把社会责任作为一种发展战略，构建了有四个维度的职业体育组织的社会责任评价指标体系。发达国家的体育组织可以动员志愿者参加志愿活动，通过履行社会责任把社区、运动队与捐助者紧密联系起来，得到更多的发展资源。美国职业体育组织最普遍和最容易的量化评估方法是相关的基金会必须对体育社会组织的慈善活动进行审查。

（2）国外体育组织的社会责任维度

由于国外体育组织的类型与作用各不相同，在思考其社会责任时需要特别注重社会责任的内容与维度是多层次与多元化的。体育组织可以承担的社会责任大致可以分成组织责任、目标责任、利益相关者责任三类。也有研究者把体育组织的社会责任归纳为关系责任与身份责任两类，关系责任是对不同的利益相关者应尽的职责，身份责任类似于组织自身责任与组织发展责任。安德里亚与科斯塔则认为应该从"for who"与"for what"两个方面让非营利组织承担社会责任并提出了社会责任的维度：生存导向——维持其长期可持续生存的经济能力；使命导向——非营利组织存在的价值；社会导向——在一定的社会契约中非营利组织对利益相关者的响应。史密斯和韦斯特比克在利益相关者理论的基础上，揭示了体育组织在社会活动中隐含的社会责任并提出十条基本原则（表2-4）。

表2-4　国外体育非营利组织十条基本社会责任

原则	具体说明
1.公平竞争原则	平等准入，多样性原则。体育是为所有人提供平等参与的机会和一个公平竞争的环境。公平竞争的规则包括确保所有人平等享有体育运动的权利
2.安全原则	对社会负责的运动必须确保参与者和观众的人身安全
3.独立性原则	体育运动需要政策来确保不受外界的其他非体育因素干扰
4.治理原则	治理成为组织履行社会责任的工具，在组织中这个过程应该是透明的
5.场地的提供途径	体育组织有责任提供有效的体育活动场地与路径，包括初级和高级体育项目以及相关场地
6.社会关系	所有运动项目都嵌入社区环境中。体育组织与当地政府和社区的关系是互利的，体育组织要积极了解当地社会需求
7.健康和基础活动	鼓励群众积极参与体育运动，应该加强健身指导，让人们有合理的健身知识并认识到健身活动对社会健康的重要性
8.环境保护和可持续性原则	体育要求很高的物质环境基础。对社会负责的体育组织承认了这种负担并制定政策以避免环境破坏
9.利益相关者原则	体育社会影响的关键因素是它能够为个人提供发展机会。社会和个人发展与社会责任相关
10.科学原则	体育组织有义务提供合格的教练和指导员，以确保科学地进行体育运动锻炼

数据来源：Aaron C.T. Smith，Hans M. Westerbeek.（2007）

　　英国、法国、德国、西班牙等国家的足球产业发展深受社会责任的影响。自2011年起，欧足联每5年会甄别出一批俱乐部和国家足协，作为推进欧足联社会责任的战略合作伙伴，并且规定联盟内各国足协与会员要积极承担履行社会责任并要每年发布社会责任履行报告，有力地促进了社会责任推广、普及。

　　从表2-5可以看出，随着社会的进步，欧足联的社会责任也与时俱进。2018赛季，把社会责任的维度定位为多样性和包容性、环境、健康与福祉、儿童保护、人权、利益相关者关系六大维度；相比2014年，处理环境保护没有变化外，其他的社会责任变更为儿童保护、健康与福祉、多样性和包容性、利益相关者关系。

表2-5　欧足联社会责任报告相关指标

年度	责任维度指标	参考文献
2014年	青少年教育、环境保护、反对歧视、关爱员工与残疾人	柳鸣毅、佟岗、罗冰婷、张毅恒
2018年	多样性和包容性、环境保护、健康与福祉、儿童保护、人权保护、利益相关者关系	欧足联官网《2018—2019足球与社会责任报告》

通过总结上述文献，国外体育组织社会责任的维度主要集中于慈善责任（3次）、经济责任（3次）、社区服务责任（2次）、法律责任（2次）、治理责任（2次）等4项工作中，如为社区体育发展服务、对青少年人的培育。履行社会责任不仅可以成为体育组织与社会之间产生和谐发展的润滑剂，而且社会也能够提供充足的体育组织发展所需的资源（表2-6）。以上的这些维度与指标对我国体育社团社会责任的发展有较强的借鉴意义。

表2-6　国外体育社会组织社会责任维度的梳理

提出者	社会责任维度	核心责任	时间
沃克、肯特	慈善活动、社区参与、青年教育倡议、青年健康倡议	慈善活动、社区参与	2009
赫拉、巴比亚克	慈善责任、道德责任、环境责任、法律责任、经济责任	慈善责任、道德责任、法律责任、经济责任	2010
安德里亚、科斯塔	使命责任、利益相关者责任、治理责任、经济责任	使命责任、利益相关者责任、治理责任、经济责任	2014
陈信宪 陈美华 戴佩妮	慈善责任、社区服务、法律责任、经济责任、治理责任	慈善责任、社区服务、法律责任、治理责任、经济责任	2015
欧洲足球联合会	多样性和包容性、环境保护、健康与福祉、儿童保护、人权保护	多样性和包容性、健康与福祉、人权保护	2018

我国体育社团无论是承担社会责任的具体维度，还是实际承担的社会责任条目，都随着社会不断进步而逐步增加。考虑到社会的动态性与特殊性，我国在使用《社会责任指南标准》时要思量具体的社会环境与我国体育社团的具体发展情况。因此，我国体育社团在使用《社会责任指南标准》时需要一个"本土化"过程。2015年，我国颁布的社会责任系列国家标准，为我国社会组织的社会责任维度研究提供规范化的指引，也为社会组织找到适合自身需要的社会责任维度体系提供理论依据。

2017年10月，习近平总书记在党的十九大报告中提出"要强化社会责任意识、规则意识与奉献意识"。虽然我国体育社团对社会责任的认识较晚，但是随着社会的快速进步，体育社团发展迅速。习近平新时代中国特色社会主义思想使我国体育社团的社会责任发展在继承的基础上创新，具有中国特色。

2.体育社团的社会责任维度选取

由于多种历史与社会原因，人们对体育社团社会责任缺少系统与全面的研究，这导致体育社团的社会责任认知与评价缺失，不能够指导体育社团进一步履行社会责任。因此，体育社团需要建立适合自己的社会责任体系（表2-7）。

表2-7　我国体育社团社会责任维度的梳理

提出者	社会责任维度	核心责任
卢从飞、戴慧莉	经济建设责任、文化传承责任、社会治理责任、公共服务、生态健康责任	经济建设责任、文化传承责任、社会治理责任、公共服务、生态健康责任
李理、黄亚玲	政治责任、经济责任、文化责任、社会发展责任、生态文明责任	政治责任、经济责任、文化责任、社会发展责任、生态文明责任
刘润芝	法律责任、经济责任、道义责任、公益责任	法律责任、经济责任、道义责任、公益责任
陈丛刊、纪彦伶	政治导向责任、经济发展责任、社会建设责任、文化繁荣责任、国际交流责任	政治导向责任、经济发展责任、社会建设责任、文化繁荣责任、国际交流责任
《社会责任报告编写指南》（GB/T 36001—2015）	包含七大主题：组织治理责任、公平运行责任、政治责任、慈善责任、自身发展类责任、社区参与和发展	组织治理责任、政治责任、慈善责任、消费者责任、社区参与和发展

通过认真梳理和细致分析，根据社会责任维度出现的频数分辨出各维度的重要性，经济责任（4次）、社会发展（4次）、政治责任（3次）、文化传承（3次）、道德慈善责任（2次）、生态责任（2次）、组织治理（2次）。与国外非营利组织／非政府组织的社会责任相比，我国体育社会组织的社会责任中经济责任成为首选维度，这与我国现在所处的社会主义初级阶段相适应，发达国家的社会组织在建立初期时也存在类似状况。但是，我国缺少对利益相关者维度的关注，表明利益相关者未得到体育社团的重视。另外，政治责任成为高频词汇，共出现3次，表明讲政治是我国体育社团主要责任之一，值得关注。

二、体育社团社会责任维度与指标的理论探讨

虽然，前人的研究为本书打下了坚实的理论基础，但应注意的是，我国的政体与国外发达国家存在差异，导致在社会责任的维度上会出现特殊性。根据表2-1、表2-6、表2-7得出的重要维度进行综合，得出各维度的出现频数：慈善道德责任3次、经济责任3次、发展责任2次、法律责任2次、服务责任2次、治理责任2次、利益相关者责任1次、环境责任1次、政治责任1次。综合三种类型社会组织的社会责任维度（表2-8），选择频数2次以上的维度作为主要维度。

表2-8　社会责任维度的频数统计

	社会责任维度	各维度的频次统计
企业社会责任	环境责任、利益相关者责任、经济责任、社区参与和发展、慈善责任	慈善道德责任3次 经济责任3次 发展责任2次 法律责任1次 服务责任1次 治理责任2次 利益相关者责任1次 环境责任1次 政治责任1次
国外体育组织社会责任	慈善责任、社区服务责任、法律责任、治理责任、经济责任	
我国体育社团的社会责任	经济责任、社会发展、文化传承、道德责任、生态责任、政治责任、组织治理	

通过进一步分析，政治责任对我国体育社团非常重要，在我国体育社团社会责任维度中出现1次。在我国，政治责任规定着体育社团的发展方向，体育治理现代化建设需要

体育社团和政府的分工协作，在体育社团享受更多政治权利的同时，体育社团必须承担一定的政治责任。我国省级体育社团的非生产性质与公益性特征，相对企业对于环境的影响来说，环境责任对其约束性很小，在本研究中可以删除。慈善道德责任对于体育社团来说主要是主动为各利益相关者提供更优质的体育服务与发自内心的公益服务，与服务责任在功能上与对象上存在重叠，就此可以将慈善道德与服务责任合并为服务责任。组织治理责任与治理责任也可以合并成为治理责任。综上，在文献回顾的基础上，初步得到政治责任、治理责任、发展责任、服务责任、经济责任、法律责任六个方面的体育社团社会责任维度。下面进行简要的分析。

（一）体育社团的政治责任

体育社团是连接政府和体育运动参与者的纽带，承担着国家和社会赋予的重要政治职责。首先，体育社团承接政府转移的职能。体育社团通过向政府提供各类公共体育服务，为群众提供丰富多彩的体育活动，提高群众的幸福感、获得感和社会生活满意度。其次，体育社团起到"下达上传"的纽带作用。为了加快政府体育政策的制定和落地，体育社团要及时"下达"政府的意愿，也要社团及时反馈群众的体育需求，扮演"上传角色"，推动政府出台更加符合群众需要的政策。第三，体育社团需要维护群众的体育权益，满足群众日益增长的体育需求，提供更优质的体育服务产品，在维护群众基本体育权利的实践中夯实政府执政的群众基础。消减各种社会矛盾，增进社会内部的和谐与稳定。

（二）体育社团的治理责任

良好的社团治理能够保证体育社团的战略、目标和任务的完成；能够保证体育社团有效地利用各种资源；能够平衡体育社团与利益相关方的需要，保证社团与利益相关者的双向沟通，创建和谐的合作关系；能够营造并培育良好的体育社团的环境和文化。

体育社团治理责任的着眼点是促进多方参与，落脚点在增进群众福祉，着力点要激发社会活力。第一，在治理过程中，体育社团要进行自身治理，强化社团内部管控。激发内部人员的办事热情，提升社团的治理能力，公开年度预算等方式，公平公正运营，积极进行治理。不仅要积极创新多渠道参与机制、多方面筹措运营资金、规范各类资金的用途，而且还要积极动员与动用多类型的社会群体参与到社团治理中。第二，要合理地制定相关的政策，提升社团在多方主体参与下的合理合法性。相关政策的建立为体育社团合理合法地开展工作提供了重要的保证，也为保护群众的体育权益提供了坚实的政策基础。相关法规的出台进一步理顺了政府"简政放权"与体育社团"促进参与"的关系，让体育社团做自己擅长的事情，政府在宏观上进行调控，既减轻了政府的行政负担，又激活了体育社团的主动性与积极性。第三，治理责任需要体育社团"依法治体"，依照相关法律制定出体育社团自身规则，遵循法律与规则开展体育活动。

（三）体育社团的发展责任

第一，开展丰富多彩的体育活动繁荣群众体育。体育社团在脱钩后政府拨款减少，利益相关者将成为体育社团发展的基石。体育社团只有通过发动利益相关者积极参与到体育活动中去，增加会员数量，更好地为群众健康服务，增加自身获得社会资源的渠道与数量。第二，政府通过购买体育公共服务，激发体育社团组织的活力，持续地为参与者提供众多的参与机会，确保群众的体育权利不受侵犯，让全社会共享体育发展的成果，提高群众的体育运动参与度，对生活充满热情。第三，体育社团成为传播体育文化与体育精神的载体，并通过体育运动交流传承与传播中华传统体育文化，为社会提供体育正能量。各种类型的体育社团长期举办多种健身活动与民族传统性运动，将传统的体育文化展现在现代群众的面前，为其送来精彩纷呈的传统体育文化体验，让他们体验我国民族传统文化的精髓与内涵。通过代代相传的文化活动，让体育文化得到传承，规范人们的体育行为。第四，传递与弘扬新时代的体育精神。在参与体育活动的过程中弘扬遵纪守法、团结拼搏、相互尊重等体育精神，发扬光大，增强民族凝聚力。

（四）体育社团的服务责任

体育社团的公益性、非营利性使其必将成为体育公共服务供给的重要助推器。第一，体育社团增加体育服务供给，提升供给服务质量，能够完善我国社会公共服务供给体系。第二，体育社团提供的服务主要以公益性为主。公益精神有利于发挥体育社团的主观能动性，能够使履行社会责任内化为自身的自觉性，使体育社团缩减组织结构，优化运行机制，保证体育社团在开展各类活动中对社会责任的践行力度，并能够做到以责提质、以质增效，切实提高体育社团的公益服务与志愿服务的能力。第三，所提供的服务是一种以知识与技能相结合的非物质形态服务，通过组织者对体育相关理论、健身技术进行有针对性的科学讲授，规范与保护人们的体育活动行为，这类知识产权类型的服务是服务责任中的核心组成部分。第四，体育社团对举办体育赛事的服务指导，能够让体育赛事更加顺利，能够为举办方、参赛方提供更为专业高效的赛事服务，提升赛事的品质。

（五）体育社团的经济责任

体育社团在社会中生存与发展必须要有经济基础，合理合法地利用社会资源，通过向政府提供体育公共服务获得发展资源来保障社团的正常运行。第一，实现自负盈亏。体育社团的正常运营与功能发挥都需要经济基础，如果失去经济保证，体育社团公益性的实现将是海市蜃楼。第二，体育社团在运营中需要得到合法合理的个人捐赠，举办相关比赛赚取利润，收取一定的会员费，多种形式的收入能够让体育社团的运营状态实现自给自足，满足体育社团自身发展的基本需求。第三，发展与优化体育产业发展。体育社团开展各类运动项目，扩大体育消费群体，推动体育消费增长，走出适合自身发展与提升体育产业内涵相结合的新路径，繁荣当地经济。

（六）体育社团的法律责任

体育社团要加强法治意识需做好以下工作。第一，加速制定体育社团履行社会责任的政策。目前，我国对非营利组织履行社会责任缺少配套政策，必须在体育发展战略与社团行动企划上制定与体育社团履行社会责任相关的政策。第二，体育社团必须参与到政策的制定过程中，把社团履行的权利与义务及其发展诉求清晰地表达在相关法规政策上，这样更能够表现出体育社团在体育发展中的地位与担当。第三，健全体育社团履责的法律法规。在结合社会实际情况的前提下，针对体育社团履行社会责任的实际掣肘，健全相关的软法与硬法体系保障体育社团履责后的相关权益，以便平衡、协调、规制体育社团的利益相关主体。

第二节 体育社团社会责任维度与指标的收集和识别

金等认为通过采取深度案例研究、问卷调查等多种方法进行调研并提取测量指标是一种严谨的科学态度。测量指标的质量可以直接影响假设检验的效果，因此，确定社会责任的测量维度与指标时必须科学客观。当前对社会责任的研究大多针对企业等营利组织，其结论不能完全套用于体育社团这一特殊类型的社会组织，因此本部分认为有必要厘清体育社团社会责任的内涵、结构与外延，并在此基础上提出体育社团社会责任的具体维度，建立相应的测量指标体系。

一、访谈调研

根据第一节理论分析得出社会责任的六个维度，本研究设计了省级体育社团社会责任的访谈提纲（表2-9）。考虑到被访谈者对"社会责任"这样的学术词语了解程度不同，在开始访谈时对被访谈者进行了详细的解释。

表2-9 半结构访谈提纲

访谈问题	主要目标
总体层面： 一、组织及其负责人情况 1.请简要描述体育社团的宗旨和从事社会服务的范畴。 2.内部人员是否认同社团需要履行社会责任？结合重点事例进行描述。 二、对体育社团社会责任的理解 1.在具体实践过程中，您如何理解社会责任？ 2.体育社团履行社会责任的表现应该在什么方面？ 3.您觉得哪些因素会对体育社团履行社会责任产生影响？	部分相关研究专家与省级体育社团负责人对社会责任的理解
具体层面： *体育社团是否始终贯彻党的方针政策？ 是否设立基层党组织？ 是否在维护社会安定祥和中发挥积极作用？ 是否能够保障参与群众的体育权益？ 在全民健身战略中是否发挥了引导与导向作用？ 是否向政府提供优质体育服务？ 政治责任包含什么具体维度与指标？	政治责任

续表

访谈问题	主要目标
*体育社团对组织治理的认知程度，体育社团对组织战略以及项目运行有怎样的见解？ 进行体育人力资源培养方面有哪些保障和激励机理？ 体育社团对资源的获取是否进行有效的管理和运作，与同行之间是否存在竞争？ 是否有严格的财务制度与管理制度？ 是否在组办的活动中积极维护生态环境？ 治理责任包含什么具体维度与指标？	治理责任
*体育社团如何动员和充分发挥志愿者的能力？ 志愿者在体育社团中的普及程度？ 在大型赛事中与志愿者之间的关系如何？ 如何通过开展体育活动改善体育社团与社区的关系？ 怎样协助弱势群体开展体育活动？ 体育社团从服务社会需求的角度，还能提供哪些行之有效的社会服务？ 服务责任包含什么具体维度与指标？	服务责任
*如何促进体育文化的传承与发展？ 是否进行跨区域体育文化交流？ 体育社团在体育项目推广方面的发展与创新？ 通过体育项目促进全民健身运动的发展？ 如何扩大本社团的社会影响力？ 对本社团的发展是否有清晰的规划，有没有制定发展战略？ 发展责任包含什么具体维度与指标？	发展责任
*体育社团能够自负盈亏吗？ 您认为体育社团在履行社会责任的同时能够推动体育产业的发展吗？ 您认为贵社团组织的体育锻炼活动属于体育产业经济活动吗？ 经济责任包含什么具体维度与指标？	经济责任
*您认为体育社团的外部法规环境怎么样？ 体育社团的软硬法规建设是否必要并举例说明？ 体育社团在运行过程中是如何保障自身权益与参与者的体育权利的？ 法律责任包含什么具体维度与指标	法律责任

　　为了获取全面、客观的实际调研资料，选取北京、上海、河南、福建、安徽、重庆、陕西7个省、直辖市的10个省级体育社团进行访谈：分别是空竹协会、风筝协会、社区体育协会、龙狮协会、排球协会、老年体育协会、武术协会、篮球协会、足球协会、龙舟协会；体育社团的选择兼顾了非奥运项目社团、奥运项目社团与其他类型社团，详细了解各类社团发展现状、对社会责任的理解等情况。选择对每个体育社团的1～2位负责人进

行半结构访谈，深入了解履行社会责任的现状及影响。访谈后，参观部分社团的办公地点与活动站点、探究工作方式、观看网站建设；征得同意后，收集包括内部文件资料、新闻报道材料、社团背景资料等。为了获得权威、有建设性的意见，选取 12 位体育社会组织研究专家与社会责任研究专家进行访谈。整个访谈时间持续近 5 个月，从 2020 年 5 月 10 日开始至 2020 年 9 月 10 日结束。每次访谈均采用半结构访谈，根据已经拟定好的提纲逐一提问，着重关注体育社团社会责任的构成，体育社团绩效提高与履行社会责任的情况。为保证访谈质量，时间一般控制在 40 ~ 60 分钟；在征得同意后对采访过程进行录音与文字重点记录，以便后期更好地整理，梳理出有价值的线索。

二、调查资料的处理

科学细致地处理获取的各种调研资料，为后续的定量研究打下基础。调研资料整理是否充分直接影响社会责任维度与指标调研结构的系统性、科学性。因此，本研究拟定三个研究步骤：第一步，把音频通过软件转换成文字，并与文字记录重点逐一核对，建立健全初始资料库；第二步，运用内容效度指数方法，在 5 名维度与指标内容的判定专家与 1 名工具建构专家指导下，对调研得到的体育社团社会责任相关内容进行分类，将同类主题整理合并为一大类，接着在大类中又将其细分为性质不同的子类和测量项目；第三步，将所有受调查的体育社团的分类资料分别进行汇总，统计出测量题项的出现频数，并将其汇编成《体育社团社会责任的维度与指标评价表》，请专家进行内容效度的等级化评价；然后把回收的有效问卷的数据录入 SPSS.25 软件中，统计每个子类和测量项目被提及的频数与评价的得分，为后续分析做充分的准备。

三、维度与指标的初步形成

对所收集文字资料整理的结果表明，较多的专家与体育社团负责人对社会责任的理解与原有的理论分析结果存在差异。综合体育社团社会责任理论维度的汇总与实际调研的结果，在尊重事实的前提下把理论维度与实际访谈得到的维度进行融合。实际访谈过程中，虽然有专家仍旧强调政治责任、治理责任、服务责任、发展责任、经济责任、法律责任等对体育社团发展所起的巨大作用,但是绝大部分社团负责人与大部分专家均表示体育社团社会责任的重心出现较大转变,经济责任主要集中在自负盈亏上而不是在发展体育产业上。由于体育社团是非营利组织,只能够通过服务获得发展资源,所以本研究未将经济责任纳入体育社团社会责任的维度。在法律责任上,体育社团作为独立的法人主体,遵纪守法在其治理过程中就有明确规定,是必须履行的义务和遵守的责任底线,不履行法律责任,体育社团就无法生存,而社会责任是超越责任底线之外的较高层次的责任,为了避免责任泛化带来的困惑,本研究也未将法律责任纳入体育社团社会责任的范畴。根据访谈结果,大部分社团负责人和部分专家更加强调政治责任、治理责任、服务责任、发展责任这四个维度。专家们认为体育社团社会责任维度的确立,不仅要关注体育社团自身的发展和利益相关者的需求,还应从国家体育治理体系现代化的要求出发。较为一致地认为随着体育治理现代化进程的加快,政府与体育社团的合作越来越紧密,体育社团承接的政府职能越来越多,体育社团必然承担一定的政治责任,包括制定符合民意的公共体育政策、保障群众的体育权益、服务国家体育发展战略等。在推进体育治理体系和治理能力的建设中,体育社团也要承担治理责任,提升治理水平。体育社团是群众体育的重要载体,是公共体育服务的重要力量。为了实现社会责任,体育社团应承担服务责任,组织公益性活动,提高群众满意度。独特的体育文化可以促进人的全面发展,体育社团是体育文化的积极传播者,应承担发展责任,推广更多的体育项目,促进地区体育发展(表2-10)。

表2-10 体育社团社会责任的维度与指标的初步整合

维度	指标
发展责任	1.开展活动时本社团积极传播体育文化
	2.开展活动时本社团积极弘扬体育精神
	3.开展活动时本社团很注重与服务对象加强体育文化交流
	4.开展活动时本社团积极推进地区体育项目发展
	5.本社团积极举办区域性体育赛事
	6.开展活动时本社团积极提升了社会影响力
	7.本社团创造区域性体育就业岗位

续表

维度	指标
发展责任	8.本社团积极实施可持续发展策略
	9.本社团积极加强培养青少年的体育精神
	10.本社团经常组织高水平专业技能培训
	11.本社团积极实施可持续发展策略
	12.本社团积极扩大各类会员的数量
治理责任	13.每年向社会公开年度工作报告与财务预决算
	14.本社团实现自负盈亏
	15.在管理中本社团认真规范资金来源与支出
	16.本社团认真遵守国家颁布的法律、法规和相关政策
	17.本社团有严格的财务制度与规定
	18.在运行过程中本社团制定了社会责任战略规划
	19.本社团积极维护体育生态环境
治理责任	20.开展活动过程中提升本社团的治理能力
	21.开展活动过程中加强推进公共服务的均等化
	22.本社团履行社会监督职责
	23.开展活动过程中提升体育社团服务人员的业务水平
政治责任	24.在体育社团中建立党组织
	25.在社团内部树立了正确的社会责任价值观
	26.开展活动时本社团积极服务政府的体育发展战略
	27.开展活动时本社团认真服务各类社团群体
	28.开展活动时本社团积极维护与保障群众的体育权益
	29.积极向政府提供政策建言的数量
	30.本社团积极向政府提供优质的体育公共服务
	31.本社团积极维护社会稳定
	32.开展活动过程中引领人民积极参加体育活动

续表

维度	指标
服务责任	33.本社团在运营过程中经常协助社会弱势群体开展体育活动
	34.经常资助贫困地区开展体育活动
	35.社团在运营过程中经常开展公益体育宣讲活动
	36.经常为大型赛事提供志愿服务
	37.本社团主动在社区组织群众进行公益性体育健身活动
	38.主动在社区组织群众进行公益性体育健身活动
	39.开展活动时主动在中小学开展体育公益活动
	40.开展活动时主动帮扶其他相关体育社团发展
	41.本社团在运营过程中主动配送体育服务到社区
	42.本社团在运营过程中注重提高参与群众的满意度

四、体育社团社会责任维度与指标的厘定

将被调查的体育社团的分类资料进行汇总，形成《体育社团社会责任维度与指标评定表》，运用内容效度指数方法，计算每个题项的内容效度指数，衡量该题项是否能够成为关键指标。

（一）内容效度指数方法

内容效度指数（Content Validity Index，CVI）是指选取 5 名体育社会组织相关领域专家作为评定专家。所选专家要具备很高的实践经验和研究素养，发表过高水平论文，职称为教授。5 名专家独立对每条题项进行评分。内容效度指数分为两类：条目水平的内容效度指数，对各个条目的内容效度作出评价；量表水平的内容效度指数，对整个量表的内容效度进行评估。

I-CVI 值：在内容效度评价的专家评定表中要求 5 名专家对每一题项与相应维度的关联性作出选择。评分划分为 4 个等级：1= 不相关；2= 弱相关；3= 较强相关；4= 非常相关。能够算出评分高的专家人数除以参评的专家总数的值即为每一题项的 I-CVI 值。全部

专家均认为该条目与所要测量的概念内容有较好的关联性，才认为这个条目的内容效度很好；当专家人数是 6 人或更多时，标准可以降低，但要求 I-CVI 不低于 0.78。

有时专家对题项与相应维度的关联性评价一致的得分不是经过审慎的考量，而是出于应付，分析数据时，必须对随意性数据进行校正。波利特等给出 kappa 值（记为 K*）的计算方法，用以弥补随意打分的不足。

设计随机一致性概率值（Pc）来弥补随意打分带来的偏差：记 EU-BX 为参评专家人数，A 为给予 3 或 4 分即认为条目与相应的内容维度相关的专家人数。对某一条目，假设每位专家随机选择相关或不相关，概率均为 0.5，按照二项分布的原理，在 n 名专家中 A 人均认为相关的概率为：

$$Pc = \left[\frac{n!}{A!\ (n-A)} \right] \times 0.5$$

K* 的计算：结合专家一致认为相关的构成比（即 I-CVI）和随机一致性概率可得到 K*：

$$K* = \frac{(I-CVI) - Pc}{1 - Pc}$$

波利特与林恩认为，K* 值一般，取值区间在 0.40 ~ 0.59；K* 值良好，取值区间在 0.60 ~ 0.74；K* 的值大于 0.74 为优秀。这个算法把 CVI 值和校正过的 K* 值相关联；一般情况下专家意见一致性越高，I-CVI 越大，K* 值也越高，表示出内容效度越优秀。

邀请 5 位专家对本研究的《体育社团社会责任维度与指标评定表》进行独立评定，并根据其评定结果对 I-CVI 值、Pc 值与 kappa 值进行计算，得到科学的体育社团社会责任的维度与指标，其结果见表 2-11。

表2-11　体育社团社会责任的维度与指标内容效度的I-CVI评估

维度	指标	专家数量/人	评分3、4的专家数量/人	I-CVI	Pc	K*	等级
发展责任	1.开展活动时本社团积极传播体育文化	5	5	1	0.041	1	优
	2.开展活动时本社团积极弘扬体育精神	5	3	1	0.375	0.47	差
	3.开展活动时本社团注重与服务对象加强体育文化交流	5	5	0.6	0.041	1	优

续表

维度	指标	专家数量/人	评分3、4的专家数量/人	I-CVI	Pc	K*	等级
发展责任	4.开展活动时本社团积极推进地区体育项目发展	5	5	1	0.041	1	优
	5.本社团积极举办区域性体育赛事	5	4	1	0.156	0.76	良
	6.开展活动时本社团积极提升社会影响力	5	5	0.8	0.041	1	优
	7.本社团创造区域性体育就业岗位	5	3	0.6	0.375	0.47	良
	8.开展活动时本社团推广普及体育运动项目	5	4	0.8	0.156	0.76	良
	9.本社团积极加强培养青少年的体育精神	5	3	0.6	0.375	0.47	差
	10.本社团经常组织高水平专业技能培训	5	3	0.6	0.375	0.47	差
	11.本社团积极实施可持续发展策略	5	5	0.8	0.156	0.76	良
	12.本社团积极扩大各类会员的数量	5	5	1	0.041	1	优
治理责任	13.每年向社会公开年度工作报告与财务预决算	5	5	1	0.04	1	优
	14.本社团实现自负盈亏	5	2	0.4	0.416	0.03	差
	15.在管理中本社团认真规范资金来源与支出	5	5	1	0.041	1	优
	16.本社团认真遵守国家颁布的法律、法规和相关政策	5	5	1	0.041	1	优
	17.本社团有严格的财务制度与规定	5	5	1	0.041	1	优
	18.在运行过程中本社团制订了社会责任战略规划	5	5	1	0.041	1	优
	19.本社团积极维护体育生态环境	5	2	0.4	0.416	0.03	差
	20.开展活动过程中提升本社团治理能力	5	4	0.8	0.156	0.76	良
	21.开展活动过程中加强推进公共服务的均等化	5	3	0.6	0.375	0.47	差
	22.本社团履行社会监督职责	5	3	0.6	0.375	0.47	差
	23.开展活动过程中提升体育社团服务人员的业务水平	5	5	1	0.041	1	优

续表

维度	指标	专家数量/人	评分3、4的专家数量/人	I-CVI	Pc	K*	等级
政治责任	24.在体育社团中建立党组织	5	3	0.6	0.375	0.47	差
	25.在社团内部树立了正确的社会责任价值观	5	5	1	0.041	1	优
	26.开展活动时本社团积极服务政府的体育发展战略	5	5	1	0.041	1	优
	27.开展活动时本社团认真服务各类社团群体	5	5	1	0.041	1	优
	28.开展活动时本社团积极维护与保障群众的体育权益	5	5	1	0.041	1	优
	29.积极向政府提供政策建言的数量	5	3	0.6	0.375	0.47	差
	30.本社团积极向政府提供优质的体育公共服务	5	5	1	1	1	优
	31.本社团积极维护社会稳定	5	2	0.4	0.416	0.03	差
	32.开展活动过程中引领群众积极参加体育活动	5	5	1	0.041	1	优
服务责任	33.本社团在活动中经常协助社会弱势群体开展体育活动	5	5	1	0.041	1	优
	34.经常资助贫困地区开展体育活动	5	4	0.8	0.156	0.76	良
	35.本社团在运营过程中经常开展公益体育宣讲活动	5	5	1	0.041	1	优
	36.经常为大型赛事提供志愿服务	5	4	0.8	0.156	0.76	良
	37.本社团主动在社区开展公益性体育健身活动	5	4	0.8	0.156	0.76	良
	38.主动在社区组织群众进行公益性体育健身活动	5	5	1	0.041	1	优
	39.开展活动时主动在中小学开展体育公益活动	5	4	0.8	0.156	0.76	良
	40.开展活动时主动帮扶其他相关体育社团发展	5	4	0.8	0.156	0.76	良
	41.本社团在运营过程中主动配送体育服务到社区	5	5	1	0.041	1	优
	42.本社团在运营过程中注重提高参与群众的满意度	5	5	1	0.041	1	优

（二）维度与指标的确定

以表 2-11 为基础，通过专家对每一项测量题项的等级评分汇总，算出 I-CVI 值、Pc 值与 kappa 值，并判定出等级，遵循专家的建议，保留优秀等级的指标形成体育社团社会责任的 4 个维度与 22 个指标（表 2-12）。

表 2-12　评定后的体育社团社会责任的维度与指标

维度	指标	专家数量/人	评分3、4的专家数量/人	Pc	K*	等级
发展责任	1.开展活动时本社团积极传播体育文化	5	5	0.041	1	优
	3.开展活动时本社团注重与服务对象加强体育文化交流	5	5	0.041	1	优
	4.开展活动时本社团积极推进地区体育项目发展	5	5	0.041	1	优
	6.开展活动时本社团积极提升社会影响力	5	5	0.041	1	优
	12.本社团积极扩大各类会员的数量	5	5	0.041	1	优
治理责任	13.每年向社会公开年度工作报告与财务预决算	5	5	0.041	1	优
	15.在管理中本社团认真规范资金来源与支出	5	5	0.041	1	优
	16.本社团认真遵守国家颁布的法律、法规和相关政策	5	5	0.041	1	优
	18.在运行过程中本社团制订了社会责任战略规划	5	5	0.041	1	优
	20.开展活动过程中提升本社团治理能力	5	5	0.041	1	优
	23.开展活动过程中提升体育社团服务人员的业务水平	5	5	0.041	1	优
政治责任	25.在社团内部树立了正确的社会责任价值观	5	5	0.041	1	优
	26.开展活动时本社团积极服务政府的体育发展战略	5	5	0.041	1	优
	27.开展活动时本社团认真服务各类社团群体	5	5	0.041	1	优
	28.开展活动时本社团积极维护与保障群众的体育权益	5	5	0.041	1	优
	30.本社团积极向政府提供优质的体育公共服务	5	5	0.041	1	优
	32.开展活动过程中引领群众积极参加体育活动	5	5	0.041	1	优

维度	指标	专家数量/人	评分3、4的专家数量/人	Pc	K*	等级
服务责任	33.本社团在活动中经常协助社会弱势群体开展体育活动	5	5	0.041	1	优
	35.本社团在运营过程中经常开展公益体育宣讲活动	5	5	0.041	1	优
	38.主动在社区组织群众进行公益性体育健身活动	5	5	0.041	1	优
	41.本社团在运营过程中主动配送体育服务到社区	5	5	0.041	1	优
	42.本社团在运营过程中注重提高参与群众的满意度	5	5	0.041	1	优

（三）维度与指标的信度与效度检验

根据表 2-12 所得的结果，形成《体育社团社会责任的维度与指标量表》，并进行信度与效度的分析检验。在量表中，按照"5""4""3""2""1"五个等级评分方法评价各个指标与各自维度的效度，并根据相关性等级在相应的得分栏中打"√"；设定"1=无相关；2=弱相关；3=一般；4=较强相关；5=强相关"；将该评价表通过"问卷星"发放电子问卷给 44 位相关领域研究专家，实际回收 44 份，其中有效问卷 44 份，有效率 100%。对回收的问卷进行初步统计与分析。

1. 信度检验

为了解体育社团社会责任的维度与指标是否真实地反映了相对应的结构变量，把问卷里面的测量题项整理到 SPSS25.0 系统中，运用内部一致性系数（Cronbach α 系数）来检验结构变量的信度（表 2-13）。

表2-13　体育社团社会责任的指标量表信度分析

维度	名称	校正项总计相关性（CITC）	项已删除的 α 系数	Cronbach α 系数
发展责任	1.开展活动时本社团积极传播体育文化	0.683	0.971	
	2.开展活动时本社团很注重与服务对象加强体育文化交流	0.707	0.971	0.972
	3.开展活动时本社团积极推进地区体育项目发展	0.756	0.971	

续表

维度	名称	校正项总计相关性（CITC）	项已删除的 α 系数	Cronbach α 系数
发展责任	4.积极开展活动提升本社团社会影响力	0.736	0.971	
	5.开展活动时本社团扩大各类会员的数量	0.644	0.971	
治理责任	6.本社团每年都公开年度工作报告与财务预决算情况	0.703	0.971	
	7.在管理中本社团认真规范资金来源与支出	0.722	0.971	
	8.本社团认真遵守国家颁布的法律、法规和相关政策	0.665	0.971	
	9.在运行过程中本社团制订了社会责任战略规划	0.695	0.971	
	10.开展活动过程中提升本社团的治理能力	0.365	0.871	
	11.在管理中本社团积极提升服务人员的业务水平	0.585	0.971	
政治责任	12.在社团内部树立了正确的社会责任价值观	0.737	0.971	0.972
	13.本社团积极服务政府的体育发展战略	0.844	0.972	
	14.开展活动时本社团认真服务各类社团群体	0.685	0.971	
	15.开展活动时本社团积极维护与保障群众的体育权益	0.830	0.971	
	16.本社团积极向政府提供优质的体育公共服务	0.699	0.971	
	17.引领群众积极参加体育活动	0.390	0.882	
服务责任	18.本社团经常协助社会弱势群体开展体育活动	0.663	0.972	
	19.本社团在社区主动组织群众进行公益体育健身活动	0.685	0.971	
	20.主动在社区组织群众进行公益性体育健身活动	0.655	0.971	
	21.本社团在运营过程中主动配送体育服务到社区	0.567	0.971	
	22.本社团在运营过程中注重提高参与群众的满意度	0.733	0.971	

由表 2-13 可知，针对 CITC 值，第 11 题项开展活动过程中提升本社团治理能力与第 18 题项引领群众积极参加体育活动对应的 CITC 值均＜0.4，信度较低，删除此项。删除

第10题项与第17题项后，再做一次信度分析，其Cronbach α 系数为0.973，比第一次的0.972有提升，具体详见表2-14。

表2-14　体育社团社会责任指标的Cronbach信度第二次分析

名称	校正项总计相关性（CITC）	项已删除的α系数	Cronbach α系数
1.开展活动时本社团积极传播体育文化	0.680	0.973	
2.开展活动时本社团很注重与服务对象加强体育文化交流	0.708	0.972	
3.开展活动时本社团积极推进地区体育项目发展	0.767	0.972	
4.开展活动时本社团积极提升社会影响力	0.745	0.972	
5.开展活动时本社团扩大各类会员的数量	0.705	0.972	
6.本社团每年都公开年度工作报告与财务预决算情况	0.696	0.972	
7.在管理中本社团认真规范资金来源与支出	0.660	0.973	
8.本社团认真遵守国家颁布的法律、法规和相关政策	0.706	0.972	
9.在运行过程中本社团制订了社会责任战略规划	0.663	0.973	
10.开展活动过程中提升本社团的治理能力	0.736	0.972	0.973
11.在管理中本社团积极提升服务人员的业务水平	0.674	0.973	
12.在社团内部树立了正确的社会责任价值观	0.829	0.972	
13.开展活动时本社团积极服务政府的体育发展战略	0.694	0.972	
14.开展活动时本社团认真服务各类社团群体	0.845	0.972	
15.开展活动时本社团积极维护与保障群众的体育权益	0.680	0.972	
16.本社团积极向政府提供优质的体育公共服务	0.576	0.973	
17.本社团经常协助弱势群体开展体育活动	0.720	0.972	
18.本社团在社区主动开展公益体育健身活动	0.709	0.972	
19.主动在社区组织群众进行公益性体育健身活动	0.791	0.972	
20.本社团在运营过程中主动配送体育服务到社区	0.586	0.973	

注：标准化Cronbach α系数为0.974

由表 2-13 与表 2-14 可知，《体育社团社会责任的维度与指标量表》可信度较高，下一步将进行量表的效度分析。

2. 问卷的效度分析

效度主要用来反映测量工具内容的有效性，一般常用的指标分为内容效度与结构效度。经过内容效度与结构效度的分析，对问卷的合理性与科学性进行深度检验。

（1）内容效度分析

内容效度在前面进行了详细的阐述，具体见表 2-11 与表 2-12。经过内容效度检验后，形成了《体育社团社会责任的维度与指标问卷》的维度与指标。

（2）结构效度检验

表 2-15 显示：KMO 值为 0.762，介于 0.7 ~ 0.8；通过 Bartlett 球形度检验，表明各潜变量之间具有较高的区分有效性。

表2-15　KMO 值与 Bartlett 球形度检验

KMO值		0.762
Bartlett 球形度检验	卡方值	708.373
	自由度	231
	显著性概率	0.000

对问卷的内容效度与结构效度分析后，认为问卷较为合理。可以用体育社团社会责任的维度与指标进行下一步分析。

（3）探索性因子分析

表 2-15 显示：KMO 值为 0.762，处于 $0.7 \leq 0.762 \leq 0.8$，达到因子分析的要求，数据可以进行因子分析研究。数据通过 Bartlett 球形度检验（$p < 0.05$），表明研究数据适合进行因子分析。

表 2-16 针对因子提取情况，仅第 30 题项积极协助政府提供优质的体育公共服务因子载荷系数为 $0.493 < 0.5$；但是公因子方值差为 $0.546 > 0.5$，仍在合理范围。根据探索性因子分析提取信息量情况进行判别，维度与指标之间的关系较为紧密。

表2-16 《体育社团社会责任的维度与指标量表》探索性因子分析结果

维度	名称	因子载荷系数				共同度（公因子方差）
		因子1	因子2	因子3	因子4	
发展责任	DR1开展活动时本社团积极传播体育文化		0.725			0.794
	DR2开展活动时本社团很注重与服务对象加强体育文化交流		0.787			0.833
	DR3开展活动时本社团积极推进地区体育项目发展		0.822			0.856
	DR4开展活动时本社团积极提升社会影响力		0.787			0.774
	DR5开展活动时本社团扩大各类会员的数量		0.797			0.830
治理责任	GR1本社团每年向社会公开年度工作报告与财务预决算情况			0.701		0.795
	GR2在日常运营过程中本社团认真规范资金来源与支出			0.650		0.657
	GR3在日常运营过程中本社团制订了社会责任战略规划			0.645		0.834
	GR4在日常运营过程中本社团认真遵守法律、法规和相关政策			0.566		0.793
	GR5在日常运营过程中本社团积极提升服务人员的业务水平			0.574		0.684
政治责任	PR1在社团内部树立了正确的社会责任价值观	0.608				0.717
	PR2在日常运营过程中本社团积极服务政府的体育发展战略	0.687				0.781
	PR3在日常运营过程中本社团认真服务各类社团群体	0.711				0.586
	PR4在日常运营过程中本社团积极维护与保障群众的体育权益	0.676				0.822
	PR5本社团积极协助政府提供优质的体育公共服务	0.493				0.546

续表

维度	名称	因子载荷系数				共同度（公因子方差）
		因子1	因子2	因子3	因子4	
服务责任	SR1在日常运营过程中经常协助社会弱势群体开展体育活动				0.850	0.860
	SR2在日常运营过程中经常开展公益体育宣讲活动				0.768	0.813
	SR3本社团主动在社区组织群众进行公益性体育健身活动				0.628	0.850
	SR4在日常运营过程中主动配送体育服务到社区				0.704	0.844
	SR5在日常运营过程中注重提高参与群众的满意度				0.560	0.649

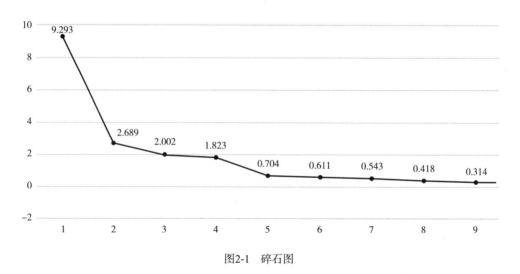

图2-1　碎石图

（四）维度与指标的确定

根据以上的分析，可以科学地得到体育社团社会责任的4个维度与20个指标（表2-17）。

表2-17　体育社团社会责任的维度与指标

维度	指标
政治责任	PR1在社团内部树立了正确的社会责任价值观
	PR2开展活动时本社团积极服务政府的体育发展战略
	PR3开展活动时本社团认真服务各类社团群体
	PR4开展活动时本社团积极维护与保障群众的体育权益
	PR5本社团积极协助政府提供优质的体育公共服务
治理责任	GR1本社团每年都公开年度工作报告与财务预决算情况
	GR2在管理中本社团认真规范资金来源与支出
	GR3在运行过程中本社团制订了社会责任战略规划
	GR4开展活动时本社团认真遵守国家颁布的法律、法规和相关政策
	GR5在管理中本社团积极提升服务人员的业务水平
服务责任	SR1本社团在运营过程中经常协助社会弱势群体开展体育活动
	SR2社团在运营过程中经常开展公益体育宣讲活动
	SR3本社团主动在社区开展公益性体育健身活动
	SR4本社团在运营过程中主动配送体育服务到社区
	SR5本社团在运营过程中注重提高参与群众的满意度
发展责任	DR1开展活动时本社团积极传播体育文化
	DR2开展活动时本社团很注重与服务对象加强体育文化交流
	DR3开展活动时本社团积极推进地区体育项目发展
	DR4开展活动时本社团积极提升社会影响力
	DR5开展活动时本社团扩大各类会员的数量

第三章　体育社团社会责任对组织绩效影响的探索性案例分析

　　探索性案例分析方法的一般步骤是，在对案例的访谈与文献研究的基础上，提炼出相关理论，运用发展视角阐述所研究的现象。该方法适用于研究对象的因果关系不够明显或过于复杂的情况，偏重于在现有理论框架下的研究。本书的主要研究问题围绕体育社团社会责任对其组织绩效的影响，认为利益相关者满意度、政府培育在其中是起着中介作用的因素。由于这些问题在以往的研究中无法找到系统和直接的理论证据，而探索性案例分析在社会学科学研究中被广泛认为是构建理论命题的有效路径，因此，本章结合对体育社团的实际调研、访谈等，运用规范的探索性案例分析工具，详细梳理所研究变量之间的关联在实践中的反映，为后续的理论研究提供初步根据。

第一节　案例分析简介

　　这一节主要介绍本研究需要调研案例的样本选择依据、数据收集与分析等方式进行说明，以体现案例研究的效度和信度。

一、案例选择

根据国际非营利组织分类法，非营利组织可分为 12 类：文化和娱乐、教育和研究、健康、社会服务、环境、发展和住房、公民和倡导、慈善中介、国际、宗教活动、商业和专业联合会等，体育被归入第一类。美国现行的分类是将非营利组织分为会员制组织和非会员制组织，再将后者分为服务性组织和资助性组织。

然而，我国学者对体育社团的分类主要包括：按照体育社团性质与体制进行分类；按照合法性进行分类；按照组织功能进行分类。此外，还有学者按照服务对象分类，将体育社团分为互益性体育社团与公益性体育社团。在中华全国体育总会与其他个别省市体育总会的网页里，把体育社团分为奥运项目、非奥项目、其他项目三类。这种分类带来的好处就是便于国家实施垂直管理，能够更好地服务"奥运战略"。随着社会主义市场经济的发展，体育社团的职能不断延伸，逐渐承担起协助政府完成体育治理、社团成员自身发展、维护成员和集体利益、环保等责任，同时受到风俗与法律的约束。本研究在汲取了以上文献精髓的基础上，根据现代社会发展的需求与人民群众的需要，按照体育社团的活动性质分类，可以分成人群社团、项目协会与其他社团三类。不同类型的体育社团在运行过程中存在不同的方式，在履行社会责任时也会有不同的方法，但是对组织绩效的促进与提高是一致的。

本研究案例的选择思路包括：①研究样本定位在省级体育社团。××市社区体育协会作为该市体育的一张名片，积极履行社会责任，创新体育工作理念，在我国首创"社区体育配送服务"，通过"六边"与"六感"工程统筹与整合政府、高校、单项体育协会、民办体育的社会资源，满足广大群众的体育需求，成为我国知名的社区体育示范基地，政府机构的认同度高，有很好的群众基础，组织绩效很高。××省排球协会日常活动中，社会责任履行情况较好，各类排球活动的开展较为普遍，是我国气排球运动推广的主要发起者，较其他省份，开展气排球活动积极性较高，积累了较多的社会资源，政府认同度较高，社会影响力较大，组织绩效较好。××市空竹协会是传统项目协会，成立时间较短，虽然努力履行社会责任，开展各种空竹活动，但活动人群覆盖面较小，普及面较小，社会认同度不高，组织绩效不理想，发展较为缓慢。②研究多种类型的体育社团，避免调研对象的单一性，使本研究更具有广泛的代表性，结论更有针对性，研究的启示能够更好地指导体育社团更好的发展。同时，案例社团的选择也不是随机的，而是兼顾了数据和信息的可获得性以及代表性。在案例选择上还要兼顾社团的地域分布。所选取的三个体育社团在行业分类、规模、所在地、履行社会责任情况与组织绩效等主要因素都具有一定的差异性。根据以上的条件，奥运项目社团选择了××省排球协会，非奥项目社团选择了××市空竹运动协会，综合型体育社团选择了××市社区体育协会。

二、资料收集过程

进行案例分析时，采用有效的多种方式获得研究所需材料，实现所需材料之间的相互验证与互为补充。访谈时，资料的收集遵循：第一，使用多种方式收集数据，建立资料库。一要认真收集一手访谈资料，包含现场的对话记录、现有的访谈对象分析的文本资料、采访过程的体验与记录等。二要大范围收集二手文字材料，包括访谈对象的网络资讯、年度总结、新闻报道等文字与视频材料。第二，建立论证的证据体系。沿着"邀请→访谈→转换成文字→逻辑梳理→推导结论"链条，有效提升所收集数据的可信度，保障案例分析的建构效度，提升案例研究的整体质量。

访谈过程中，根据半开放式的访谈提纲与体育社团负责人沟通交流。在访谈过程中，征得访谈对象同意后对访谈过程进行录音，每次时间在40～70分钟，整个访谈调研过程持续6个月，从2020年5月10日开始至2020年10月20日结束。在整理访谈内容的过程中发现不足，通过电话、微信的方式再次沟通。为确保访谈资料完整，访谈录音完结后立即把谈话录音转化为Word文本，同时进行梳理。最后，所有的资料都必须标明来源与出处，增强引用文献的科学性与合理性，增加探索性案例分析的信度与效度。

三、资料分析过程

探索性案例分析中，对数据的探析是关键步骤。本书首先依照罗伯特·K.殷的意见。首先，根据理论假设模型所需，把数据划分为四类，分别是自变量、因变量、中介变量、控制变量；接着，分析变量间的关系；最后提出命题。具体步骤如下：第一，根据研究需要，明确研究对象；第二，理论预设与方案设计；第三，分析案例情况，探索变量间的关系；第四，提出命题。

四、案例分析的信度与效度

罗伯特·K.殷认为必须保障在案例调查过程中的信度与效度。一个完整的案例分析应该包含研究方案、资料收集、资料分析与撰写分析报告四个步骤，其中前面三个步骤是提升案例分析严谨性的关键，也是最重要的环节。

表3-1 案例分析的效度与信度保证措施与实施进度安排

指标	保证措施	实施进度安排
信度	制订案例分析前期规划	研究设计阶段
	构建信息资料库	数据收集阶段
	检验数据的信度	数据收集阶段
建构效度	数据的多渠道来源	数据收集阶段
	对二手资料的核实	数据收集、分析阶段
	印证资料间的因果证据链	分析报告撰写
外部效度	理论文献指导案例研究	研究设计阶段
	通过重复方法进行多个案例研究	数据分析阶段
内部效度	研究模型与研究假设的匹配	数据分析阶段
	分析与之对立的竞争性解释	数据分析阶段

资源来源：姜贺.供应链关系质量对新创企业成长绩效的影响机制研究［D］. 杭州：浙江大学，2019.

按照表3-1的步骤，首先收集资料（包括文献、访谈、问卷、参与式观察、年报），逻辑分析，形成证据链条。其次在定制分析方案的基础上，对收集的资料进行核实与分析，印证资料间的因果证据链。在分析阶段，案例内研究可以进行观察资料与访谈资料的对比，以验证案例材料的可靠性，并对每个案例进行单独的内部分析；在案例间的跨案例研究时，为了能够建构模型，把变量概念化、分析变量间的互联影响；在多案例分析中，需要用多次的印证收集材料，探讨案例的实证结果与理论假设是否一致。再次，通过重复方法的多个案例研究对外部效度进行验证；最后建立研究模型并探讨与验证模型与研究假设的匹配程度，分析案例间的内在关联（具体的形式见表2-17）。尽管环节较为复杂，但能够保证结果具有较高的信度与效度，利于从简约性、逻辑一致性、可验证性这三个方面对多案例分析结果进行评价。

第二节　理论预设与方案设计

通过文献梳理，发现国内大部分研究虽然专注于体育社团社会责任的理论效用，但对生成机理、具体影响、结构框架等仍缺少研究成果的一致性。在此，本书将通过案例的探索性研究与理论推演，探究社会责任对体育社团的组织绩效的实际影响，并对政府培育与利益相关者满意度的中介效应进行理论构建，搭好分析构架。具体的研究问题包括：社会责任对体育社团的组织绩效可能存在直接影响，社会责任对体育社团的组织绩效的关系除了直接影响，还有没有其他的影响路径。

在探索性案例分析之前，罗伯特·k.殷认为有必要对相关理论进行梳理，并预设假设，这样可以进一步提升案例分析的效度。以下研究需要遵照探索性案例分析的严谨步骤，分别从预立假设和案例分析两部分进行思考与探究，进一步提出相对应的研究命题，在此基础上构建适合本研究的总体框架。

一、案例分析的理论预设

对现有文献进行搜索，发现社会组织社会责任与组织绩效关系的文献较丰富，但以企业为研究对象的居多。通过文献梳理，发现三类极具代表性的观点：第一类认为社会责任正向作用于组织绩效，这类研究结果较多。持这类观点的研究者认为社会组织履行社会责任满足多方利益相关者的合理要求，为组织带来更多的发展资源，提高组织绩效。2010—2019年发表了39篇关于社会责任与组织绩效的相关研究论文，其中31篇文献探究了社会责任与组织绩效之间存在正相关关系（如邱梅花、张远凤等）。赞同社会责任正向作用于组织绩效的研究居多。第二类是社会组织履行社会责任与组织绩效相关性比较复杂，容易引起社会组织的绩效下降。有学者证实社会组织承担社会责任会消耗部分本属于利益相关者的利益，增加其发展成本，导致组织绩效出现复杂性曲线，造成社会组织在激烈竞争中处于不利的位置，造成组织绩效下滑。第三类观点提出两者的关系不确定：有研究认为在实际生产与生活中可造成社会组织承担社会责任与组织绩效关联的变量层出不穷，认为二者的相互关联不会太大；也有研究认为社会组织履行社会责任是组织的自我意识与社会要求相结合的产物，与组织绩效毫无关联。通过文献梳理，发现社会责任与体育社团组织绩效关系的文献缺失。但是，可以利用同性质社会组织的研究成果对其进行佐证（即利用非营利组织社会责任与组织绩效的研究结果）。

在展开案例研究前，对社会责任与体育社团组织绩效的关系进行理论预设：社会责任对体育社团组织绩效产生正向影响；社会责任与体育社团组织绩效产生正向影响的过程中，政府培育与利益相关者满意度存在正向中介效应（图3-1）。经过探索性案例分析，对二者间的机理进行探析、研判，并确立研究假设。

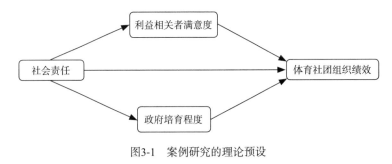

图3-1 案例研究的理论预设

二、案例分析方案

在进行案例研究设计时，首先，应该明确研究问题的性质，厘清问题的研究范围。其次，要展示理论假设，探索性研究没有办法提前给出假设，但先入为主的方式在一定程度上会影响探索性研究方法的开展。在实际操作过程中把是否能提出具体的研究假设当成研究成功的准则。最后，确定分析主体。本次案例分析的主体是三个省级体育社团，分别是××省排球协会、××市空竹运动协会、××市社区体育协会。

第三节 案例的基本概况

一、××省排球协会

××省排球协会是中国排球协会及福建省体育总会的团体会员，是具有独立法人资格的全省性、公益性的非营利社团组织。组织构架以协会主席为主；单独设置了党支部。内部成员不仅包含在职与退休的官员、大学教授，还包含退役运动员、企业家等热心排球运动人士，具有广泛的代表性。重视党建工作，协会党支部严格按照党章开展党务工作，进行党组活动，开展党的路线、方针学习，发展党员与外出交流，积极发挥党员的模范作用，号召协会全体工作人员努力工作把××省排球协会办成全国最好的省级排球协会。

在省体育局的指导下，该社团每年均举办全国性气排球赛事1次，省级气排球联赛3次。体育服务工作中，丰富群众的业余文化生活，开展排球交流活动。政府咨询工作中，为排球运动发展建言献策；科研咨询工作中，组织专项技术理论、训练科研、教学等专题调查研究，发挥积极咨询作用。组织治理中，加强各类排球协会的联系，积极交流经验，成为广泛联系和团结社会各界人士的桥梁。市场培育中，开拓排球与气排球运动市场、开发无形资产、筹集发展本项目的基金，已经与三个企业签订了长期的战略合作协议，能够为排球运动的开展提供物质保障。

二、××市空竹运动协会

××市空竹运动协会成立于2011年11月，属于非营利社会民间组织，具有独立法人资格，在北京市民政局注册登记，业务指导单位为北京市体育总会。××市空竹运动协会技术力量雄厚，集比赛、表演、教学、培训于一身，协会下设双轮技巧、单轮技巧、中长杆技巧、空竹舞龙和空竹球委员会及多支各具特色的表演团队，是北京市唯一将抖空竹列为体育运动项目的市级民间群众社团组织。协会致力于发展民间民族传统体育项目，积极组织群众性全民健身运动，指导和推动全市发展民间抖空竹，开展教学和裁判的培训、普及工作。

党建工作扎实，认真开展党务活动，日常党小组学习按时进行，重大活动中发挥党员的积极主动性，积极宣传普及空竹运动。经过10多年的发展，空竹协会从小到大，年均举办活动25场以上，主要活动以开展交流赛为主，同时承担北京市市民健身大会的空竹比赛、空竹花样挑战赛、省级交流赛等大型比赛，赢得了空竹爱好者的一致称赞。作为市重点发展的市级非遗组织，空竹运动已成为中小学的校本课程。组织治理上，重视服务会员，满足会员需求，推进全民健身；促进国际交往，将持续推动全市群众抖空竹的开展和普及活动，促进全市抖空竹水平的提高。为传承和弘扬民间民族传统体育，推进全民健身运动的普及而服务。

三、××市社区体育协会

××市社区体育协会（以下简称"社区体协"）成立于2014年，包括164家社会组织。积极开展各类体育活动，协会2015—2018年主办116场社区体育联盟赛，赛事项目包括各种球类活动与民族传统体育运动等，2017—2018年举办36场广场舞比赛，上海市214个社区街道、镇、乡及工业园区，4万支健身团队参加联盟赛和业余联赛，对推进上海市群众体育的普及和发展具有重大意义，并且有5个长期战略合作赞助伙伴。无论是规模与会员数量都是上海市最大的体育社团。

在治理过程中，××市社区体育协会首先通过承接上海市体育局的体育协会购买服务，完成社区体育服务配送、社区体育赛事等任务，并对上海市的社区体育健身俱乐部进行组织建设和业务工作的评估审核，对其进行业务指导，完善社区体育指导工作。其次，大力提升工作人员专业性，努力完善项目保障体系与人员激励体制，调动管理人员的主动性与积极性，与政府协同培养、吸纳与用好体育专业人才。再次，从2018年开始，配合体育体制改革，促进体育社团与政府"脱钩"，增强体育社团的独立性和自主性。经过市场化与社会化运作，以提升体育社团自我生存能力为突破口，增强体育社团的工作效率与自我创新能力。通过寻找群众喜闻乐见与积极参与的体育项目为突破口，提高收益成本比，提高组织绩效。最后，把社会责任战略作为体育社团的发展战略之一。建立适合自身的社会责任体系，把握好社会责任履行的量与度，社会责任战略的实施意味着社区体协在为人民服务上做好了思想与行为的准备。在服务过程中，开展社区体育服务配送业务；承担社会体育指导员日常的事务性工作；开展会员服务，不断满足会员和市民多样化、多层次健身需求；开展全民健身宣传和培训，组织体育赛事、活动，创编健身项目，开展交流与研究。在全体理事和所有会员的共同努力下，不断开拓创新社区体育服务内容和形式，不断探索体育社会组织发展新模式，积极推动社区体育发展。

第四节　履行社会责任对体育社团组织绩效的影响

本节着重对案例在社会责任、组织绩效、政府培育与利益相关者满意的关系进行定性分析，为厘清各变量之间的关系做铺垫并提出本研究的命题。

一、履行社会责任对组织绩效的影响

（一）××社区体育协会履行社会责任对组织绩效的影响

1.履行政治责任对组织绩效的影响

改革开放40多年来全民健身取得较大成就，人民生活发生变化，对体育锻炼的需求越来越大，对运动品质的要求越来越高，社区体协正是在这种情况下迅速成长成才的。具有广泛代表性的××市社区体育协会在建设上海著名体育城市中作出了巨大的贡献，积极与市政府体育规划相结合，找准发展方向。社区体协在党建上主要抓各社区主任与书记的党建工作，增强"四个意识"，坚定"四个自信"，做到"两个维护"，贯彻"不忘初心、牢记使命"主题教育。在进行主题教育活动中要建立体育长远战略，抓好为民服务；杨浦区社体中心党支部与徐家汇、四平等体育俱乐部主任从不同角度谈了对社区体协党建的感受和体会，表示坚持党建引领，做好社区体育服务工作，树立社会主义核心价值观；

积极服务政府的体育发展战略；需要社区体协提供更多更好的体育公共服务项目，满足群众日常锻炼的需要。开展卓有成效的体育工作，服务好广大社区民众，认真履行社区体协的社会责任，是 ×× 社区体协发展的首要条件。

辅助维权是社区体协合理运用法律手段维护体育锻炼参与者与会员的合法体育权利。为了做好工作，社区体育协会和法律工作者一起研究相关法规，找出不足之处，然后给政府部门写建议建言，切实维护他们的合法权益。同时，重点保护青少年的合法锻炼时间。社区体育活动的开展过程中，进校园是协会的重点工作之一。

社区体协积极向政府提供优质的体育公共服务，得到政府相关机构的重视与支持。政府配套相关文件，如上海市体育局关于印发《各类社区公共体育健身设施建设标准与经费扶持办法》和《上海市市民体育健身条例》，保护社区体协的发展壮大，同时，还要根据这些条例增强群众参与体育运动的信心。社区体协的黄 ×× 介绍，以后的工作中社区体协要不忘初心、牢记使命，认真做好社区体育服务工作：一是工作要围绕群众，满足群众的体育新需求，把全民健身服务作为协会工作的出发点和落脚点；二是积极维护与保障群众的体育权益，发动群众积极参与全民健身，在与群众的互动中不仅保护了参与群众的体育基本权利，也使协会得到长足发展；三是积极服务政府的体育发展战略，积极探索新时代社区体育的新经验、新方式，开拓性地进行体育工作。这些工作的开展，社区体协付出很多的时间与经费，有时经费入不敷出。随着参与人群的增加，政府对体育健身的重视，志愿者与社会资源的投入逐渐增加，特别是政府的支持更加稳定，显著提高了社区体协的组织绩效，为协会开展体育活动奠定了坚实的基础。但是，从访谈中与内部文件里发现社区体协还未建立社会责任战略，管理者对社会责任的具体内涵有一定认识，能够履行社会责任。协会对社会责任有一定的认识，但不是很清晰，一个是没有书本明确写出要履行什么社会责任，另一个就是履行社会责任时要耗费很多的时间与经费。在条件允许的情况下，继续努力履行社会责任，得到社会的认可。先在发展理念上树立社会责任价值观，为后续发展指明方向。

2. 履行治理责任对提高组织绩效的影响

×× 社区体协在治理方面成为全国社区体协的典范。通过社区体育服务配送创新活动，进一步扩大了社区体协的影响力与参加群众的满意度。良好的工作让社区体协的经济效益、社会效益齐步并进，并得到了政府的大力支持，社区体协成为上海市体育的一张闪亮名片。

社区体协的巨大规模引起了众多公司的兴趣，现有 5 家公司与社区体协签订了长期赞助协议。每逢社区比赛时，还会有小型赞助商对比赛进行专项赞助，减轻了协会的办赛负担与组织群众进行健身活动的资金压力，让活动的主办方不会因为资金问题造成赛事流产。资金的增加使协会必须认真规范资金来源与支出。由于进入体协的资金量较大，社区体协专门建立了一系列财务管理规定，每年都公开年度工作报告与财务预决算情况，严格财务制度，始终贯彻"三重一大"原则与"八项规定"，严把审计关，做到三公开一监督，把资金用于满足群众的体育需求中去，只有严格的财务秩序才能够实现更有效的财务绩效。社区体协的大力发展得到了社会资本的支持，对于协会来说是相当重要的。一方面可以解决协会资金缺乏的困境，另一方面能够扩大协会举办活动数量，提升社会影响力。在体育配送中要求所有配送都必须按照规范进行配送，方案中严格规定了配送经费、每课时费、路程补贴、服务配送申请等标准，在规范管理的同时进行精确化监督，防范不规范的事件发生。在合理利用社会资本时，协会严格审核赞助方的资质与目的，只有志同道合的社会资本才能够与协会进行合作。在业务输出的同时，社区体协也经常举办各种业务活动，提高社区体协工作人员的业务水平，增进服务水平。

3.履行服务责任对提高组织绩效的影响

截至 2020 年 1 月，社区体协拥有 164 家会员俱乐部，协会负责协调社区体育事务，承接政府公共体育服务项目，开展体育宣传、培训、组织体育竞赛，经常开展公益性体育宣讲活动，进行社区体育交流和研究。每年协会主办多场次赛事项目，包括多种球类活动与民族传统体育运动等，仅 2017—2018 年就举办 36 场广场舞比赛。在上海市辖区内，协会的练习点遍布 214 个社区街道、镇、乡及工业园区，发展了近 4 万支健身团队参加联盟赛和业余联赛，长时间、大面积地进行社区体育赛事，注重提高群众参与体育活动的满意度与参与度，对构建世界体育著名城市有积极的推进作用。

社区体协与上海市知名高校建立了专家指导机制，邀请上海交通大学、上海体育学院、华东师范大学等 12 所高校的 15 名专家学者与 30 多位资深教师参与协会的工作，对会员进行实质性辅导，对配送的项目与健身方法进行培训与指导，增加社区体协指导员的知识体系，完善他们自身的技术，提升体育服务的质量。依据这些优良的体育资源，社区体协在全国首创了"社区体育服务配送"方式，并制定了《××市社区体育服务配送方案》（2015 年）、《××市社区体育服务配送系统介绍及操作流程》（2017 年）。配送服务的开展还得到了周边区县社区的认可，距离上海市区较远的崇明、浦东也邀请社区体协的专家"配送"体育服务，进一步扩大了社区体协的协同能力与配送能力，把社区体协的影响力传达到全市范围。2017 年，社区体协举办了 107 次的科普健身讲座，主要针对群众在锻炼过程中急需的科学健身、体能提升、合理膳食、运动损伤治疗与防病保健等方面进行重点讲解，收到了很多群众的点赞，让不少体育弱势群众从家中慢慢走到户外，通过参加户外科学锻炼收到了良好的健身效果，让更多的群众成为忠实会员。2018 年，开展了 80 场健身科普讲座，有的放矢地加强组织，发动更多群众参与健身活动，真正把社区体协办成老百姓身边的体育帮手。协会在成立初期就基本实现自负盈亏。目前，社区体协主要的目标是服务好群众，服务好政府，为上述两方面提供充足的体育公共产品。这一系列活动增加了不少的团体会员与个人会员，在促进会员对社区体协的忠诚度上有很大的帮助，对组织绩效的提升有较大帮助。

4. 履行发展责任对提高组织绩效的影响

社区体协的负责人认识到，体育文化的传承是构建体育著名城市的必要条件，良好的体育文化传承能够体现一个城市的悠久历史与人文气息，通过更多的参与途径让市民从参与体育活动中获得快乐、体验文化之旅，传承与传播体育文化，让整座城市因体育而更富有文化气息与蓬勃生机，从而提升社区体协的社会影响力与群众认可度，得到了利益相关者的认可，获得较好的社会效益。

社区体协虽然付出的时间、精力与经费较多，但得到的回报更多，协会与 6 个不同类型的大型企业签订了赞助协议，得到了社会有识之士的钱财物的资助。特别是政府采购体育公共服务数量的稳定增加，为协会的进一步发展打下了人力与物力的基础，扩大了会员数量。然而，对社会责任的理解不深入影响了社区体协进一步履行社会责任。

社区体协在与学校的沟通中，发现了学校学生的课外锻炼项目少，形式单一，学生的课余活动时间难以保证。因此，在与学校协商后主动送项目进学校，帮助学校课余活动的开展，把他们发展成为单位会员，拓展社区体协在社区的影响力与辐射力。在拓展项目发展活动过程中，社区体协也得到了学校的"反哺"，特别是高校的支持力度最大，大学专业型的教授、教练与指导员的加入，更加丰富了社区体协的活动层次、活动范围、服务内涵，有体育的事情他们都会想到协会，过来寻求技术支持或经费扶持，在互动过程中不仅提升了社区协会的影响力，还推广普及了体育运动项目，现在许多新兴的体育项目在学校里扎根并发展起来。

（二）××省排球协会履行社会责任与组织绩效的关系

1.履行政治责任对组织绩效的影响

××省排球协会（以下简称"排球协会"）是福建省影响力较大，会员较多，分项较多的协会。访谈过程中，了解到脱钩以后，排球协会重新定位和确立发展思路，增加了对省外及台、港、澳排球运动和气排球运动的交流外联任务，另外增加了培育和开发排球与气排球运动市场的责任。为了把党建工作与排球健身活动相结合，坚持以党建为引领，发挥协会党支部、党员的带头作用，积极开展贴近生活的体育健身活动，树立正确的社会责任价值观。此外，继续开展国家气排球之乡的创建工作，发展本地的排球文化，发扬女排优良传统，也是协会履行社会责任的一种方式，有助于排球协会与时俱进，有利于排球协会绩效的提升。

目前，排球协会的经费还是比较紧张，一个是主办的活动多，另一个是机构较庞大，包含了竞赛、推广、裁判、外联、理论提高等重点部门，省老年体协也是服务指导对象，但还是认真为这些单位提供排球服务。服务政府、服务社会、服务群众，承接政府开展的排球活动成为履行社会责任的方式之一；能够与政府合作，提供的体育公共服务能够被政府购买、能够满足群众的体育需求、排球协会有更坚实的基础；履行社会责任对排球协会的运行有巨大的好处，能够传达政府意志、通盘筹划基层体育组织发展，积极推动排球项目发展与反映群众的公共体育服务诉求，在组织活动时积极维护与保障群众的运动参与权与其他体育权益，做群众满意的排球社团。

2. 履行治理责任对组织绩效的影响

从管理中要发展，从管理中要绩效。首先做到公开预决算计划与年度工作公报，因为协会是公益组织，是非营利性质的，花的是政府与纳税人的钱，所以花销要进行公开。让政府机构对协会进行监督与指导，认真规范资金来源与支出，也是排球协会履行社会责任的要求。在排球协会运行过程中认真遵守国家颁布的法律、法规和相关政策，同时，还对协会的社会责任发展做规划，认领责任义务，这是排球协会管理自身的内容之一。在日常排球活动的开展过程中，排球协会一直都在自觉与不自觉地履行社会责任，还有些行为还没有被升华为社会责任，但是协会一直都在做这个事情。在思想上统一了社会责任是发展的目标之一，那就要努力去实现这个目标。排球协会在开展活动的过程中，通过业务指导、资源倾斜、激励创新活动模式等手段支持下级基层排球社团与活动点，作为桥梁纽带优化了政府、基层社团与群众三者之间的关系。通过举办多种技能培训、各种竞赛活动、裁判员学习培训、承接政府的体育服务项目与其他公司的战略协作，提升服务人员与排球爱好者的技术技能。

从基层排球社团的视角看，××省排球协会是排球运动的传播者、专业信息的发布者、锻炼资源的输送者、业务能力的建设者、排球运动的传递者和引领者。这些得到政府的肯定与省体育局的扶持，使得××省排球协会运营态势越来越好，特别是资金来源渐渐稳定，这两年还有结余。排球协会发展必须遵纪守法，不但能够保护自身权利不受侵害，而且能够通过法律保护参与群众的合法体育权利，让参与群众有空间与时间参与到排球活动中，不会出现互相争抢场地的情况，更不会因为场地问题阻断了排球活动。

最近，排球协会更新了新官网，加快了信息化建设。未来，在线上与线下、理论与实践交叉的支撑下，协会的发展会更好，也能够服务更多的群众。随着群众体育需求的不断丰富化，将进一步需要更为繁复与精细的高素质排球人员来为其提供公共服务，这将会大力提升××省排球协会的工作成果。

3. 履行服务责任对组织绩效的影响

为了更好地激励广大气排球爱好者科学健身、倡导健康生活，排球协会拟在线上与线下举办"气排球趣味赛"，为福建省全民健身运动作出贡献。在疫情期间，为进一步落实全民健身国家战略，促进全民健身事业深入发展，经常在线上与线下进行排球运动宣讲，用体育力量践行社会责任，大力宣传推广气排球运动，激励广大气排球爱好者科学健身，交流切磋，以更加强健的体魄和良好的精神面貌打赢疫情防控阻击战，这也是排球协会履行社会责任的一种方式。排球协会在遵循严格的财务制度下，运营经费能够基本满足自身举办的各种排球活动。由于项目形式的差异，在利用社会资本与闲散资金上，与足球、篮球协会相比能力有限，然而通过合理地控制运营成本、规划年度预算，维持正常运行。

近几年，气排球运动在福建排球协会的大力推广下非常红火，带动了一大批中老年进行排球活动。各省市与体育总局都举行了不同级别的气排球比赛，并且成为全运会的群众性比赛项目之一。气排球活动的开展逐渐把一些不爱运动的弱势群体争取过来参加排球活动。参与者的剧增必然带来设备与装备的消费激增，带来的是气排球相关装备设施的火热销售，带动了气排球产业的发展。协会合作的中标公司研制的气排球与相关比赛设备已经成为多次比赛的主力合作产品，在发展气排球运动，尽力履行社会责任的过程中，开创气排球产业，为福建省创造了大量的体育就业岗位，推动了福建省体育产业的创新发展。目前，福建省大中小学都在开展气排球运动，协会在入校推广这项运动花了很大的精力，也是气排球运动发展的另一个支撑点。在学校开展排球活动时，协会经常会指派专家进行专项指导。只有把气排球项目扎实地落脚在学校，气排球运动才能够真正发展壮大，才能够产生更多的排球爱好者，更好地为群众服务，提升参与者的满意度。

4. 履行发展责任对组织绩效的影响

排球协会认识到，留住参与者的排球心和排球情，排球项目才能够跨越式发展，协会才能够更辉煌。群众对排球的情怀是热爱排球运动的一个重要方面，如果再与文化相结合，才能够产生推动协会向前发展的原动力。漳州排球基地不仅是女排精神基地，也是多种排球文化深入融合之地。现在，所做的工作不但要创新排球协会发展之路，更重要的是让他们体验到排球的文化与精神。虽然气排球的运动形式与传统排球有所差别，但是规制基本相似，更多的是对传统排球运动的一种借鉴，一种文化传承，一种对女排精神的尊崇。因此，排球文化的挖掘与更新、排球协会影响力的提升、排球项目的普及程度、有效和谐的管理使协会有更多的时间集中精力宣传排球文化，开展公益活动，提升协会的社会影响力，拓展排球的生存空间。

积极推进××省排球运动项目的发展。2017年以后，举办气排球比赛的规模与次数都超过往年同期水平，协会账户也略有盈余。特别是全国性气排球比赛的举办，气排球项目进入全运会的群众比赛项目，协会有了更明确的发展目标，协会积极组织参与全国性气排球比赛，取得了前三名的好成绩。××省排球协会每年会联合部分赞助商与省排球管理中心举办全民健身运动会气排球比赛，以气排球为抓手激发群众参与排球运动的积极性与主动性，出现"以老年带青年，以老人带家人"参加排球活动的场面，增加了会员的数量。自从开展这些公益活动以来，协会的事务更加繁忙，举办活动时各种资助纷至沓来。

协会注重加强与各类团体的排球文化与排球精神交流，与各类团体讨论新时期排球运动发展的瓶颈、排球文化的特质及如何激发群众的参与热情等关键性问题。与他们取长补短、互通优秀经验，推动排球项目与协会的共同发展，制订科学的可持续发展战略，多方面宣传。以前，排球协会的主要工作是围绕提高排球竞技水平开展工作，现在的工作重心逐渐转向群众参与和排球运动的普及推广。开展多种类型的排球运动，让排球协会有了更大的发展空间，认识到项目发展与协会影响力提高有着密切的关联并互为影响。开展活动次数越多，新闻报道与参与人数就多，相比起来影响力就越大，赞助与社会捐赠也会越多，对排球协会的发展就越有利，反之则越差。这些活动的举办让排球协会的社会影响力与日俱增，逐渐增加的还有排球协会的社会资源。

（三）××市空竹运动协会履行社会责任对组织绩效的影响

1.履行政治责任对组织绩效的影响

××市空竹运动协会（以下简称"空竹协会"）在推动北京市全民健身与全民健康的深度融合上有积极作用，能够促进北京市全民健身工作的开展和普及，特别是在发扬民族传统体育上发挥着巨大的作用。民族的也是世界的，空竹协会在运行过程中传承与传播了我国的传统体育文化，并在融入新技术后将空竹艺术发扬光大，使之成为北京市的体育"非遗"品牌。空竹协会将积极配合北京市政府与市体育总会，××市空竹运动协会的空竹及空竹球运动爱好者与昌平区天通苑西一区的居民举行了交流展示活动。认真服务北京周边地区相关部门与空竹社团，共同为弘扬、普及、传承民族"非遗"传统体育，打造有特色的社区健身项目，提高京津冀地区居民的幸福指数。

通过服务政府的体育发展战略，其得到了政府相关机构的认可，同时得到了他们的政策与财政扶持。协会内部认真落实北京市政府的相关文件与政策，积极引导广大群众参与抖空竹活动，遵守相关法律法规，把发扬传统文化与社会主义核心价值观相结合，打造传统与时尚相结合的空竹运动。在传承空竹技艺的过程中，其认真履行社会责任，把服务政府、服务群众的指导思想贯穿到协会活动全程，获得了较好的社会声誉与一些社会资助。

2. 履行治理责任对组织绩效的影响

协会的发展离不开政府的支持，更离不开监督。协会每年均向管理单位公开年度工作报告与财务支出情况；通过严格的程序管理，提高协会内部的正规性，规范捐助资金的支出，让群众与政府能够清晰地知道经费的用途。特别是2019年协会与体育局"脱钩"，"也就是政社分离，政府把本来属于市场的权利归还给市场，而且做到脱钩不脱管"，政府在财政上主要从单独设立账户、健全财务制度、规范会费收取制度三个方面进行监督，让空竹协会的收支更规范化。空竹协会现在缺少的是一种新思路、新战略；对空竹协会最直接的冲击是政府财政拨款的减少，其失去了政府的直接财务支持，很多协会存在严峻的"自生造血"压力，运营活动难以维系。

空竹协会贾××说："前些年，虽然众多方面的支持让空竹协会得到长足的发展，但是协会活动资金紧缺与组织人才难寻的局面一直未改观，每年会员的会费、微薄的行政拨款等远远不够协会的运营成本；核心人员除了每个月几十元的电话费补贴，基本都是自费参加空竹的推广活动，都是凭着对空竹运动的热爱参加公益服务。很多成熟的治理经验在协会实践过，但效果都不太明显，治理能力提升缓慢，工作人员凭着热情上班，服务能力提升缓慢。人都有基本的生存成本，免费的服务得不到有效的资助怕坚持不了多久"。发展困境的出现让空竹协会的会长、副会长与秘书长等核心人员深感危机。如何解决现存困难与合理规划未来发展方向成为空竹协会当前必须解决的问题。他们想到通过招商引资来弥补缺口，但是资本的逐利性质与社团的公益性质在属性上格格不入，大家的热心奉献与资本的发展状态相互对立。并且项目的小众化与普及率不高对协会产生了负面社会影响。工作人员素质良莠不齐也会影响社会资源的投入，导致发展效果不理想，对组织绩效的提升作用不大。

3. 履行服务责任对组织绩效的影响

近几年，空竹协会为扩大生存空间广开思路、积极行动，进行了大规模的公益宣传。空竹运动是我国的非物质文化遗产，为了更好地传承这项运动，我们做了大量的历史文献资料整理、运动技艺宣传、空竹普及等工作。传承非物质文化遗产文化成为体现空竹自身魅力的方式，也吸引了更多的群众参了空竹活动。北京每年的市民运动会与传统庙会，空竹作为民族传统项目总能吸引众人的目光。抖空竹不但能够锻炼身体，治疗各类人群功能性疾病，而且具有很强的自娱性和互娱性。据空竹协会统计，空竹的类型有单轮的、双轮的，长杆、短杆、盘丝的，抖起来有上千个花样，老百姓喜闻乐见。这些传统技艺为空竹活动的开展创造了良好条件，也为空竹协会服务群众体育需求、承接政府分配的体育任务打下了技术基础。

空竹协会贾某说道："虽然比以前跑动距离更长了，人也更累了，但是看到空竹运动能够发展壮大，为社会和谐服务，为人民健康服务，也很欣慰，特别是空竹协会的成长成熟，志愿服务的扩大，参与人群的增加，政府的重视等使协会的生存状态越来越好；特别是对老弱病残孕等体育弱势群体推广空竹运动获得较好的效果，让他们能够动起来、走起来，参加体育运动进行人际交往，舒展筋骨，交流感情。参与人数的增加让财务收入稳步提高，让协会在凝心聚力上更为顺畅。"

空竹协会长期主动地在社区开展活动，向人们传授空竹传统技艺，让人们进行空竹健身练习，为社区与学校提供稳定的空竹技艺练习点，逐渐扩大空竹运动的影响力，成为北京非物质文化遗产项目活动积极开展的典范，得到了市体育局的支持与鼓励，其还划拨了专款购买体育公共服务，在每年的北京市民运动会上积极推进空竹运动普及。通过开展各式各样的公益性空竹活动，空竹运动出现了前所未有的发展势头。这些活动的开展与推广，使其得到了社会的好评和群众的认可，提高了协会的组织绩效。

4.履行发展责任对组织绩效的影响

作为民族传统体育项目与非遗项目，文化部门也对空竹协会进行了培育，推进了民族传统体育项目的发展，在空竹运动进校园方面给予方便与支持，让空竹运动在各类学校发展，让学生们感受了民族传统体育的魅力，认识到参加空竹运动就是传承与传播民族传统文化。

练习空竹的人多了，投资者也看到了商机，开始与空竹协会合作销售空竹用品，按照比例对利润进行分配，协会缺少经费的局面得到了有效缓解。空竹协会利用这个机会，在深挖自身潜力的同时，积极带动各类人群参与空竹运动，通过非物质文化遗产的吸引力再次扩大空竹运动的影响力，收到了良好的社会效应，得到了更多参与者的认可与支持。空竹协会的组织绩效也得到了提高。

根据调查，协会还需从以下方面进行努力：第一，主动抓住机会，利用特长，践行服务群众、服务市场的思路。第二，在空竹运动进校园活动中，空竹协会要积极抽调精兵强将，为各校的师生们表演精彩的绝技，让他们体验民族传统体育的魅力。北京市政府专门为空竹协会安排专人教授抖空竹技艺，发扬与传承空竹技艺。在交流互动中，空竹协会与政府的联系得到了加强，政府部门特别是教育局、体育局等发现这种方式在传承民族传统体育过程中"快、准、稳"的优点，因此空竹项目成为北京市民族传统体育项目的优先发展项目。空竹协会在北京各地都有练习站或者联络点，在几十所大中小学里也成立了空竹活动点，负责为当地学生传授空竹技艺；让学生锻炼身体、练习技艺的同时提升了空竹运动与空竹协会的知名度，扩大了协会的发展空间，协会对社会服务的应急与适应机制更为高效，最重要的是提高了空竹协会的整体影响力。第三，通过开展一系列竞赛与公益活动，空竹爱好者在一起探讨、交流、练习、传承抖空竹技艺，讨论传承空竹技艺的心得体会，融洽的环境、政府的支持、民众的认可使协会的生存空间越来越大，使空竹会员的数量增加，让空竹协会的社会影响力越来越大。空竹协会的领导团体整体思想觉悟与文明素养较高，秉承"我锻炼，我健康，我快乐，我长寿"的健身娱乐宗旨，团结、友好、互帮、互学，长年坚持在北京市"抖空竹"，带动周边健身娱乐项目。

二、履行社会责任对政府培育的影响

（一）××社区体育协会履行社会责任对政府培育的影响

随着我国社会主要矛盾的转向与科学治理体系的建立，其一方面要求政府与协会要管办分离，政府要转变职能、让出部分管理权限。但多年沉疴使政府在基层体育公共服务上力不从心，不能适应市民的体育需求；另一方面，社团数量与规模的增加让政府在管理上不堪重负；体育社团的专业性较强，除了接受政府的行政与业务指导，还要增强自律性。在这样的背景下，政府成立××市社区体育协会，从专业角度建立职能清单、评估体系、治理体系，使其能够承担政府想做而做不好的基层体育服务工作和对同行业进行指导与监管的工作。因此，履行社会责任是社区协会不可推脱的义务。其主要需要以下几方面的工作：

第一，在协会运行过程中，注重协调社会责任与社团内外部的体育事务，为政府提供体育决策参考、开展体育公益服务、组织社区间的交流与比赛、开展体育公益宣传、加强专业指导人员培训工作、探讨体育社团在发展中遇到的问题。第二，以社会责任为前提促进社区体育俱乐部健康发展，发挥社区体协的规模效应。从履行社会责任的角度看，社区体协的行政色彩已经弱化，各社区团体会员逐渐降低对政府的依赖，得到更广泛的自主发展空间，社区体协的民间性、公益性、自治性、综合性特征日趋显现。第三，社区体育协会以市民体育科学大讲堂为平台开展巡回公益宣讲，让科学健身成为健康文明生活方式的重要内容；社会责任的履行使协会有更多的机会登上市级报刊与网络的重要版面，获得了政府主管部门、社团会员、群众的认可与支持。从宣传的数量来看，社区体协得到了媒体与政府的认可，媒体对社区履行社会责任的过程进行监督与管理。第四，上海市已经把××市社区体育协会列入重点发展对象，得到了政策支持与资金、人才等支持。得益于政府的重点支持，经过几年发展，××市社区体育协会现有164家会员俱乐部，为社区体协培养了大批的管理人才，承接政府公共体育服务项目，开展体育宣传、培训、组织体育竞赛活动，进行社区体育交流和研究，为构建专门的体育人才认证体系打下了技术与人才基础。第五，根据实际情况，上海市制定了《上海市基本公共服务项目清单》《上海市国民经济和社会发展第十三个五年规划纲要》《上海市全民健身实施计划（2016—

2020 年）》《县级全民健身中心项目实施办法》等宏观性指导文件，《××市社区公共体育健身设施建设与管理办法》《各类社区公共体育健身设施建设标准与经费扶持办法》《××市社区体育服务配送工作方案》等文件也从微观层面促进了协会的发展，特别是为增加购买体育公共服务、制定协同孵化机制奠定了规则基础。在履行社会责任后，协会能够得到政府的财政与政策支持，相关活动的开展有了资金和制度的保障。

（二）××省排球协会履行社会责任对政府培育的影响

××省排球协会履行社会责任的内容有四类：第一类，宣传、普及排球运动，举办或与有关单位联合举办各层次的排球与气排球比赛，组织广大群众参加排球活动。党支部经常下基层与省内各地市的排球活动点进行结对子帮扶活动，进行技术辅导和交流；每年均开展"践行务实初心"气排球进企业党日活动、参与运动健身进万家主题活动，不断扩大排球的影响力。这些活动得到了政府的认可，使其加大了购买排球运动服务的力度。第二类，对××省排球运动发展的重大方针、政策及发展战略提出建议；开展排球运动理论、技术科研、教学等专题调查研究，促进排球运动科学化发展；多角度地协同治理排球协会，提升协会的运营能力。第三类，开展组织治理活动，指导与监管全省各设区、市排球运动组织；发挥协会桥梁和纽带作用。每年举办 2 ~ 4 次基层排球培训工作，包括裁判员培训、技战术训练、身体功能训练等，对提高福建省排球整体水平产生了很好的作用。在政府协助下构建专业的认证体系，组织开展福建省大众排球裁判员培训工作，为福建省培育了一批优秀裁判员，为有序开展排球活动奠定了人才流动基础。第四类，培育排球运动市场、开发无形资产；运用排球运动开展福建省内外人群的交流。

在开展排球活动中，要压实政治责任，全面提升体育行业社会组织党建工作质量。排球协会党组织要坚定不移地贯彻落实中央和省委的部署要求，真抓实干、探索创新、开拓进取，推动排球协会党建工作实现新突破、取得新成效，更好地发挥排球协会在福建体育事业高质量发展中的积极作用。这些排球活动提升了政府对排球协会的认可度，其在购买相关体育公共服务时总会第一时间想到排球协会。

（三）××市空竹运动协会履行社会责任对政府培育的影响

空竹协会是非营利的体育社团，是公益性的独立法人，协会有多名民间艺人，其既是非物质文化遗产项目传承人，也是协会的中坚力量。他们在开展空竹活动时集比赛、表演、教学、培训于一身。履行社会责任主要进行以下工作：第一，通过教育局把作为非物质文化遗产项目的空竹在各级学校进行推广，取得了较好的成果，让更多的学生接触了空竹运动，保证了空竹运动的延续，得到了政府相关部门的认同，其加大了购买空竹运动服务的力度。协会还有多支各具特色的表演团队能够在各大庆典活动中表演，为宣传空竹运动作出了较大贡献。协会对外的交流很多，与全国各地的空竹爱好者切磋技艺、共话空竹发展。第二，空竹运动协会成立以来，认真承办并积极参加政府组织的各项全民健身活动，并进行教学和裁判培训工作，指导和推动北京市抖空竹运动的进一步发展，出现了一大批爱好空竹运动的人群，为空竹运动的发展打下了人才基础，形成了多部门协同孵化空竹项目的局面。第三，开展的活动得到了媒体的支持，其把教学视频放在 bilibili、腾讯视频网站，让喜欢空竹的人能够更方便快捷地进行学习，扩大了该协会与空竹运动的影响力。

通过履行社会责任空竹协会得到了政府与社区的肯定与支持，北京市体育局每年都有专项资金对空竹协会进行扶持，加快民族传统运动的传播与发展，满足群众对空竹运动的需求；社区活动点给协会留一些空地或者划出部分区域让其进行技艺传承比赛，丰富了当地群众的体育生活。政府对协会的培育使其得到了更好发展。

三、履行社会责任对利益相关者满意的影响

（一）××社区体育协会履行社会责任对利益相关者满意的影响

据访谈调查，社区体协利益相关者包括政府、社区、参与者、资助者、志愿者、内部管理者。他们中最重要的是管理者、参与者、志愿者与政府。协会内部的管理者与员工相处和睦，能够顺利开展工作，没有这些支持与资助，社区体协的发展就不会这么顺利。为了利益相关者能够更好地支持社区体协的工作，协会首创"体育项目配送"机制，把群众急需的体育项目通过协会配送到社区与社团，保证在项目配送时把技术专家与相关器材同时配送到社区，努力服务协作社团与社区，以期让他们满意。

为了更方便地发布消息、增加社会对社区体协的了解，其在 2014 年开通了社区体育

网站，网站包含协会介绍等 9 个栏目；为了增加沟通渠道，2015 年其又新建微信公众号与 QQ 工作群，通过多种信息交流平台在全面介绍社区体育工作情况的同时，及时了解群众的动向与反馈意见，既保障了群众的知情权、参与权，又增强了参与群众的满意程度。社区体协定期走访辖区的健身点、活动点，定期召开经验交流会与工作总结表彰会，让管理者与参与者相互理解，让社会责任行为得到参与者等利益相关者的了解，增加参与者的体验感与满足感。

由于社区体协实施的是自下而上的组织路径，因此要开展制度建设等工作，不断提高社区体协的规范化水平，通过举办公益的亲民、便民体育活动，督促协会履行社会责任，满足群众对体育运动的需求。由于上海历史地位较为特殊，社区之间的人文历史、风俗习惯也有所区别，因此志愿者在开展多种形式的体育活动中起到了引导与支撑作用，贴近生活的体育活动才能满足群众的多元化的需求，在活动开展过程中，让更多的利益相关者通过多种途径知晓社区协会在履行社会责任，积极参与和支持协会举办的体育活动，在互相交流的过程中融合，逐渐得到各种志愿者、捐赠者的肯定。

（二）××省排球协会履行社会责任对利益相关者满意的影响

××省排球协会对社会责任的认知深刻，首要的利益相关者是内部工作人员、参与群众；其次是政府与社区；最后是资助者与器材供应者。这些群体对排球协会的发展起到了关键作用，没有这些利益相关者的满意与认同，协会很难得到长足的进步。

近年来，××省排球协会通过治理改革，在保持排球运动高水平发展的同时，提高群众性排球运动的比赛质量与数量，提高了省内各行业开展气排球活动的积极性，并且承办全国性的气排球联赛，使得排球文化原本就浓厚的福建对排球运动有了更深厚的感情，各种活动的开展调动了利益相关者的积极性，提升了政府与社区的融洽程度。排球协会在实际运行中建立了完善的监督体系、联络体系、动力体系、发展体系，四种体系的联合作用使排球协会在运行过程中更加顺畅地与基层协会进行工作交流，完善各层级的管理。管理者与员工对排球协会的发展较为满意。在举办各类活动时，排球协会通过内外信息的交流与处理，获取各层级排球社团的具体情况；以适应排球活动带来的社会环境转变。良好的动力体系能够满足不同人群对排球运动的需求；同时提高从业人员的专业技能，充分发挥个人的主动性与积极性，提高参与人群的满足度，满足从业人员与资助者的相关利益诉求。虽然，实际操作中依然存在政府、社区、资助者、赞助方等利益相关者支持不够的问题；但是，协会构建的发展体系能够利用各种社会资源化解各种矛盾与不足，不断开拓排球协会的社会资源、人力资源、财务资源，提升协会对各类资源合理利用的能力。在普及排球运动的过程中，各行业、政府、全社会都参与其中，使社区与政府的满意度逐渐提高。

为了进一步加强排球专业的服务和指导工作，××省排球协会依托各基层社团，与当地街道携手建立指导与服务队伍，确保当地排球活动的有序、规范进行；定期开展普及工作例会，利用网络技术建立微信群，及时精确地开展相关工作。同时，其经常深入区县调研，了解当地市民、工作骨干的意见和建议，进一步指导排球运动的开展工作，逐步建立省级、市级、区级、社区活动点四级排球运动管理网络。

（三）××市空竹运动协会履行社会责任对利益相关者满意的影响

在对空竹协会进行访谈时，我们了解到管理者对社会责任的理解不够深入，对社会责任的内涵含糊不清，尤其是对如何履行社会责任表达不清晰；到底要履行怎样的社会责任还未得到统一的回复。有人认为履行社会责任首先要提高指导人员的专业技能、合理利用场地器械资源。重点解决传授空竹绝技的时间、形式、资源与人群特点、环境的冲突，服务参与者。由于站点不足与教师数量的限制，有些教师每天要跑两个地方进行教学，特别是在进校园活动中，个别教师每天要在三个不同站点进行授课，履行社会责任的压力很大。对利益相关者的概念与内涵没有深刻理解，利益相关者就是活动参与者、工作人员和其他相关人员，只要他们满意了，空竹协会就会顺利发展。有人认为履行社会责任就是要积极调动参与者的热情，提升他们学习过程的满意度。还有人认为协会承办了各种形式的空竹比赛就是履行社会责任。每年比赛的次数在 25 次左右，每次参加比赛的人数在 500 人左右，国家级的大型空竹比赛人数更多，大约 800 人。这既展示了空竹技艺也检验了空竹技术，提高了参与者的满意程度。

四、政府培育对组织绩效的影响

我国政府在培育体育社团时首先要引导体育社团的发展方向，构建系统化、专业化的培育运作模式。逐步理顺与体育社团的关系，明确各自权责与职能，注重社团"自我造血"功能的培育，着重培育大型中枢型体育社团，再逐步扩大培育范围，加深培育程度，为其他低层级体育社团提供复合型指导人才，鼓励体育社团以竞争方式获得政府委托项目，积极承担政府剥离的部分职能，让体育社团的财务绩效与社会绩效形成良性发展的双循环。

（一）政府培育对××社区体育协会组织绩效的影响

中枢型体育社团是我国体育社会组织发展的一个重要方向，而××市社区体育协会在这方面的建设经验极具理论与实践意义，目前已成为推进上海全民健身"最后一公里"的主阵地。上海市确立了"世界著名体育城市"目标的设定，让人们原本就多元化、多层次的体育需求进一步提升，让更为专业的体育组织对人们进行指导。上海市体育局的专项奖励政策为社区体协的组织绩效提升提供了保障。

上海市体育局采取给政策、给项目、搭平台、建机制等举措，积极支持社区体协发展，引导社区体协履行社会责任，并在 2017 设立专项资金，随后每年逐步扩大专项资金奖励范围，惠及所有市级体育社会组织和区体育总会，确保政府培育的制度先行。目前，上海市已经出台了《体育赛事制度改革的实施意见》《体育赛事产业发展实施方案》《足球改革发展意见》和《校园足球发展规划》等，形成了"1+X"的体育产业政策体系。这些文件的出台，极大地提升了××市社区体育协会的创新能力和服务能级。在上海市体育局、上海市财政局等政府部门的大力培育下，社区体协充分发挥其中枢型功能作用，通过政府培育进一步改革创新管理体制，引导体协的发展方向。

（二）政府培育对××省排球协会组织绩效的影响

目前，政府适当的帮扶是××省排球协会发展壮大不可缺少的引擎。排球协会管理层已经达成共识，一致认为在发展过程中如果能够得到政府的认可与培育，会对创新发展模式、建立现代社会组织产生重要作用。因此，作为排球运动传统强省与国家排球基地所属地的福建，排球协会在发展排球运动中，特别是推动竞技排球运动与大众排球运动的融合发展有不可推卸的责任与义务。首先，政府要完善培育政策，在培育对象的选择上统筹省、市、县（区）枢纽式体育组织，扶植资源向社会支持力度大、社会效益好的省级组织倾斜，以充分发挥省级排球协会的带动、引领作用，同时制定政策为省级排球协会注入权威资源，增强和激发其公信力与感召力。其次，政府要加大公共财政投入，支持社会组织购买排球运动服务。完善的政府购买公共服务体系为××省排球协会提供了资金与政策支持，同时对帮扶资金的使用方式等进行明确规定。最后，政府人事部门要制定相应政策鼓励排球专业大学生毕业后进入协会工作，充分吸引专业人才。

目前，政府对排球协会的培育力度还不够大，主要是政府对排球协会软实力建设不满意，对其提供服务的质量与水平不满意。这可能与社会责任的理解不全面、履行社会责任不到位有关。虽然排球协会拿到了较多政府培育项目，但是项目的"含金量"普遍不高。

（三）政府培育对××市空竹运动协会组织绩效的影响

2010年开始，北京市政府每年增加投入2000多万元的社会建设专项资金，向社会组织购买300个公共服务项目，以增强社会组织的造血能力。××市空竹运动协会在政府的培养中逐渐成长与成熟。首先，依靠政府培育强化人才队伍建设。一方面，依托国家级非物质文化遗产的先天人才优势和现代信息技术已有的技术人才资源库，挖掘专技人才；另一方面，通过宣传部门的宣传，增加协会的社会曝光度，以此吸引参加者与志愿者。其次，由于空竹是北京市的非物质文化遗产项目，政府会帮助开拓筹集资金的渠道，除此之外，利用非物质文化遗产的特殊性开展多样化、专业化服务，在相关法律法规许可的范围内进行服务性收费。然后，借助全民大数据背景政府的网络平台升级传统空竹运动，线上项目和线下运动相结合，既满足广大群众的需求也拓宽空竹协会的营销渠道，促使空竹协会不断提升筹资能力。最后，通过党的建设引领空竹协会发展，把党的方针政策内化为协会成员的自觉行动，提高组织内部人员的凝聚力和服务意识，认真团结党外人士，提高空竹协会运用规范化手段和方式管理社会事务、开展社区服务的能力。但是，由于履行社会责任必定占用协会的有限资源，部分管理者对履行社会责任产生了质疑，并且缺乏科学指导，协会发展较为缓慢，获得政府的支持也不够。

五、利益相关者满意对组织绩效的影响

（一）利益相关者满意对××市社区体育协会组织绩效的影响

××社区体协为了更好地服务利益相关者，第一，积极构建服务网络，为市内的社区体育健身俱乐部提供内部结构优化、组织创新的服务，带领基层社区体育社团走出运营能力不强、业务管理无序的现实困境。第二，向广大运动爱好者和参与者宣传先进的体育消费理念，提升他们的参与度。协会鼓励体育明星来协会做公益性广告、举办各类公益性体育赛事和体育活动，倡导'科学运动、健康生活'；增加协会的粉丝数量，让他们体验空竹的快乐，提升他们的满意度。第三，挖掘体育消费潜力，开展丰富多样的体育活动，激发大众的健身需求。通过推行体锻等级标准，增强健身休闲消费的黏性，保持群众的健身热情不减退。第四，引导更多的家庭参与到青少年体育活动中，形成举家锻炼的好习惯。并且根据教育部文件精神，加强体教融合措施，促进文化教育体系和体育课程体系的协同规划，保证学生每天锻炼1小时。第五，以体育运动促进企业文化建设和职工个性化发展，保障职工的身心健康。第六，认真建立老年人康养体系，树立健康第一的思想，解决供需矛盾，满足市民的体育需求。第七，建立有志愿者参与的考评体系，完善志愿者的征用与进修制度。在与志愿者交流时，充分考虑志愿者的能力与时间等，为志愿者安排适合自身条件的志愿活动；另外，向志愿者提供培训机会，提升志愿者的业务水平，同时为他们提供较好的后勤保障，提升志愿者在志愿活动中的满意度。

客观来看，××社区体协举办的各种活动对多种利益相关者产生了实质性影响，满足了他们的体育需求；利益相关者在参加运动的同时社区体协的社会绩效与财务绩效也得到了提升，保证了社区体协的可持续发展。另外，根据协会治理的需要，建构合理的评价方式，以'特色项目＋服务态度＋社会服务价值'为核心，对协会内部的工作人员、活动站点进行多维度评级，以提高治理效率、创新意识，提升服务对象的整体满意度。

（二）利益相关者满意对××省排球协会组织绩效的影响

××省排球协会为了提高利益相关者的满意度，积极从以下方面着手：首先，管理层认识到协会发展必须依靠利益相关者，不仅能体现协会内部决策的民主化，又能保护利益相关者的公共利益，还营造了有利于排球协会发展的内外部环境。其次，让部分利益相

关者在排球协会担任一定职务，参与到协会的运营过程。如果能得到这些人的认可，激发其主人翁意识，使其产生"归属感"，就能使协会有更大的发展空间。再次，开展活动过程中，排球协会始终立足利益相关者，围绕多种排球运动共同发展做努力，认真完成公益服务，形成"依靠群众办协会、办好协会为群众"的风气；排球协会认真开展多种形式的排球活动、培育忠实的排球爱好者的中心工作，带着对排球运动的热情，踏实服务群众，"面对面、心贴心、实打实"地为排球爱好者做好公益服务。最后，排球爱好者对排球协会提供的服务感到满意，使排球协会得到了更多的社会资源，减轻了资金压力，提升了排球协会的组织绩效。现在，排球协会影响力较大，群众基础较为牢固，除去各种支出还有盈余，实现了可持续发展。

（三）利益相关者满意对××市空竹运动协会组织绩效的影响

为了让更多利益相关者对参与活动感到满意，××市空竹协会开展了以下工作：第一，在服务工作中强调协会内部决策的统一性，建立层级管理体系，明确相关部门责任，在保证空竹协会主体利益不被损害的前提下，进一步增强公共服务的意识。第二，通过抖空竹项目的民族性与非物质文化遗产特性的结合，吸引更多参与者。利用空竹运动的特点，挖掘运动本身的文化底蕴，提升参与人群的文化体验，延续空竹运动的活力。第三，重点帮扶受益群体广泛、活动站点丰富、监管严格、活动要求较高的空竹活动站点，确保政府、参与者等利益相关者在协会工作与服务受益。在工作中积极承担相关社会责任，扩大协会利益相关者的范围与规模，从而有力保障空竹协会的可持续发展，进一步调动空竹协会的服务积极性。此外，空竹协会利用商业宣传方式让参与者体验新的空竹运动形式，提升了利益相关者的满意度。空竹协会不仅得到了体育部门与文化部门的资金扶持，而且赢得了空竹爱好者的支持。但是，协会举办的活动的吸引力还不够，对利益相关者的认识不够，导致绩效提升幅度较低，空竹协会目前只能自负盈亏。

六、提出命题

通过走访调研，我们得到了三个省级体育社团的社会责任履行、利益相关者满意、政府培育以及组织绩效等详细材料，经过仔细分析，我们发现三个体育社团在社会责任履行、利益相关者满意、政府培育以及组织绩效等方面存在诸多不同；在进行跨案例对比分析后，观察了各变量的变化情况，探讨了变量之间的关联性。我们在探讨过程中既对案例进行纵向分析，又开展案例间的横向对比（表3-2），通过比较归纳出变量之间的相互关系，并提出本研究的命题。

表3-2　案例分析结果汇总

变量/指标	社团	××社区体育协会	××省排球协会	××市空竹运动协会
社会责任履行	政治责任	很好	很好	很好
	治理责任	很好	较好	一般
	发展责任	很好	较好	一般
	服务责任	很好	较好	一般
利益相关者满意	内部利益相关者满意	很好	很好	较好
	外部利益相关者满意	很好	较好	一般
	公共利益相关者满意	很好	很好	一般
政府培育	人才培育	很好	较好	一般
	政策支持	很好	很好	较好
	宣传支持	很好	很好	一般
组织绩效	获得培育	很好	较好	一般
	得到认可	很好	较好	一般
	社会影响力	很好	较好	较好

1.社会责任履行对组织绩效的影响

根据表3-2的对比，综合分析过程分为三步：第一步，对三个省级体育社团进行对比分析；第二步，从调研收集的一手、二手数据中论证相关证据；第三步，根据现有的访谈数据，在保证相关命题科学性的前提下提出假设命题。从表3-2能够看出，××市社区体育协会的社会责任履行得最好，组织绩效也处于最高水平；××省排球协会履行社会责任履行处于较高水平，组织绩效处于较高水平；××市空竹运动协会的社会责任履行处在一般水平，组织绩效也处于一般水平。如果把三组数据放在一起比较，我们会发现社会责任履行得越好的体育社团，组织绩效也越高。因此，社会责任履行与组织绩效存在正向影响。在对三个体育社团的访谈过程中，也表现出同样的关联性。周延风等发现，我们会在使用多重参与者向导理论向对非营利组织的社会责任进行研究时，非营利组织积极承担社会责任对组织绩效存在显著的正相关影响。王译靖采用了结构方程模型验证了战略性社会责任对组织履行社会责任 的组织绩效的正向影响。但是，履行社会责任的效果并不是一劳永逸的，还要不断地履行社会责任，让社会价值与经济价值"比翼双飞"。黎友焕的研究指出：不管组织的规模大小与同行业的经营状况如何，组织责任与组织绩效都呈向相关，积极履行组织责任能够激发组织绩效增长。对我国的非营利组织而言，其履行组织责任能够让利益相关者开辟更有价值的工作场景，以激励他们自觉进行创造性工作，以体现利益相关者的具体价值，使其在创造过程中提高非营利组织的组织绩效。

通过表3-2可知：体育社团履行社会责任是以发展、服务为出发点，把履行社会责任和承担对利益相关者的责任当成一种自身发展战略，使体育社团在履行与承担社会责任时有利于自身发展的组织绩效。因此，体育社团履行社会责任对组织绩效产生了正向影响，这与前两章的文献分析结果存在较高的一致性。综合以上讨论，可以得出以下研究命题：

命题1：体育社团履行社会责任对其组织绩效存在正向影响

2.社会责任对中介变量的影响

（1）履行社会责任对利益相关者满意的影响

从表3-2中能够看出：××市社区体育协会的社会责任履行得最好，利益相关者满意处于最高水平；××省排球协会社会责任履行处于较高水平，利益相关者满意处于较好程度；××市空竹运动协会的社会责任履行处在一般水平，利益相关者满意也处于一般水平。把三组数据放在一起分析，我们发现社会责任履行得越好的体育社团，利益相关者满意度也就越高。因此，社会责任履行与利益相关者满意可能存在正向影响。不同的利益相关者在体育社团里承担社会责任中所扮演的角色不同，对其作用也不同。在企业社会责任的研究中，认真履行社会责任与利益相关者满意存在正相关关系。还有学者通过构建因果关系模型，认为社会责任能够提高利益相关者的满意度，能够增强员工的认同感和社会参与行为。

（2）履行社会责任对政府培育的影响

从表 3-2 中能看出，××市社区体育协会的社会责任履行得最好，政府的培育程度处于最高水平；××省排球协会社会责任的履行处于较高水平，政府的培育处于较好程度；××市空竹运动协会的社会责任履行处在一般水平，政府的培育程度也处于一般水平。把三组数据放在一起分析，我们发现社会责任履行得越好的体育社团，政府的培育程度也越高。因此，社会责任履行与政府培育可能存在正向影响。政府引导体育社团积极参与社会责任建设成为当今社会的普遍现象。在世界发达地区和国家如西欧、美国、日本等的社会责任体系建立过程中，当地政府是体系建设的推动者与裁判员。在建构有中国特色的社会组织过程中，政府培育对社会组织承担社会责任有关键的引导作用：一方面政府需要采取灵活有效的方式，积极推进体育社团的成长、成熟，使之发挥自身的本能，分担政府的部分体育管理职能；另一方面体育社团要积极履行社会责任，最大限度地发挥体育社团的作用，共同创造一个政府与体育社团默契互动、坦诚合作的和谐发展态势。政府指导社会责任实践的研究指出，政府必须成为构成社会责任的主要因素之一。

综合以上探讨，可以得出以下研究命题：

命题 2：体育社团履行社会责任对利益相关者满意具有正向影响

命题 3：体育社团履行社会责任对政府培育程度具有正向影响

3. 中介变量对组织绩效的影响

（1）利益相关者满意对组织绩效的影响

从表 3-2 中能看出，××市社区体育协会的利益相关者满意是三组数据中最好的，内外部与公共利益相关者满意也处于较高水平，组织绩效也处于最高水平。××市社区体育协会每年开展各类体育活动 130 次，各类体育知识讲座 50 场，辖区内的社区都有体育活动点，各类信息渠道较为通畅，满足了群众的体育需求；首创的"体育配送"机制为社区体协辖区的社区活动点进行体育项目指导与体育健身知识服务奠定了基础，提升了利益相关者的满意程度，得到了更多群众的认可，扩大了社区体协的影响力；实现了社会效益与经济利益双丰收。政府作为利益相关者之一，对社区体协开展群众体育活动的情况感到满意，在政策与公共体育服务采购方面给社区体协支持。可见，利益相关者满意通过直接或间接方式提升了社区体协的组织绩效。××省排球协会内部与公共利益相关者满意度很高，利益相关者满意整体上处于较高水平。平时排球协会开展大型比赛的次数较多，既有政府要求举办的，也有协会自行举办的，每年5～7次，其中国家级活动2次，省级活动3～5次，小型社区比赛经常举办。举办这些比赛特别是社区比赛，能够激发参与者对排球的兴趣，满足不同利益相关者对排球运动的期待。排球比赛的开展引起了排球爱好者的关注，排球协会现在有三个长期赞助伙伴，为其发展注入了活力，还有部分爱好者捐赠实物，使排球协会的组织绩效处于较高水平。由于项目的单一性与技艺的复杂性，空竹运动普及活动的开展较为吃力，刚开始的进校园活动虽然能带领部分青少年参与活动，但是项目普及程度低、设备不足、指导员较少等实际问题，造成了群众接受程度不高的局面。北京市体育局虽然每年用部分资金购买空竹运动社会服务，但是对空竹运动的发展作用不明显。因此，××市空竹运动协会在内部利益相关者满意上处于较高水平，而利益相关者满意整体则处在一般水平，导致组织绩效也处于一般水平。因此，要把利益相关者满意构建成可以衡量的"价值数据"，并根据满意情况评估组织发展绩效。在探讨体育社团的社会责任时，不能简单地将它与政府、营利组织的社会责任等同，因为二者之间的形成机理、逻辑结构、责任方式等都不同。因此，体育社团履行社会责任对自身的发展有重要作用，利益相关者对服务的满意度构成了评价组织绩效的中间因素。根据美国72家非营利组织的研究，对利益相关者满意进行识别与规范，对非营利组织承担社会责任对组织绩效的提升有重要中介作用。如果把三组数据放在一起分析，利益相关者满意度越高的体育社团，组织绩效也越高。因此，利益相关者满意对体育社团的组织绩效可能存在正向影响。

（2）政府培育对组织绩效的影响

从表3-2中能看出，社区体协履行社会责任情况最好，得到政府的培育也最好。政府对社区体协的培育是多层次、多方面的综合培育。在日常活动中，政府要求社区体协坚持办好社区体育，大力弘扬体育精神，采取多种形式鼓励群众多参加体育活动，取得了很好的效果；在体育政策上，其制定了《各类社区公共体育健身设施建设标准与经费扶持办法》《上海市社区公共体育健身设施建设与管理办法》《上海市社会体育指导员管理试行办法》《上海市民体育健身条例》等一系列支持性文件，为社区体协开展工作群体提供了制度保障；在普及体育项目上社区体协首创了"配送"方式，政府为其建立体育专家库，让群众能够接收更多更先进的体育健康知识；政府在社区体协实际运作过程中，从项目设置、服务购买、人才支持、宣传辅助等方面进行培育，让社区体协在履行社会责任时联系各个社区体育健身点，发挥社区体协的组织优势，按照群众需求精准配送体育专业人员，专门进行体育项目教学与健身、保健讲座，组织群众活动，增加会员数量与提升组织影响力，不断提高组织绩效，让社区体协有能力、有想法地执行政府的相关体育政策，急政府所急、想政府所想，提升政府对社区体协的认可度。

在福建省体育局的政策扶持与经费支持下，福建排协一直根植于排球运动的发展与普及，通过与省体育局的战略合作，推动多种排球运动的协同普及；在体育与教育行政部门的支持下，积极安排排球传统教育活动与社区体育排球活动，把"硬排球"与"气排球"带入青少年群体与中老年群体，省体育局与各级工会协作，每年在省内均举行多层次、多年龄段的排球比赛（主要以气排球为主），扩大××省排球运动的影响。随着气排球运动的普及，官方媒体的宣传让更多群众主动体验不同形式的排球运动，逐渐刷新群众对排球运动的认识，让更多的群众产生了参与排球运动的快乐；政府采用多种手段与方法培育福建排球协会，通过政策增强排球协会的造血能力与创新能力，政府通过购买体育服务让福建排球协会有更多精力与资金去履行社会责任、承担社会义务，让排球协会的组织绩效始终处于较高水平。

空竹运动是市级非物质文化遗产传承项目，又是北京市本土的民间传统运动，虽然××市空竹运动协会的政府对空竹运动进行大力宣传，但人才与政策的支持力度还处于一般水平，除了每年购买体育服务，较少有政策与人才支持，导致组织绩效处于一般水平。

固定对三个例子进行分析，我们发现政府培育程度越高的体育社团，组织绩效也相对较高；政府培育能够跨界建立体育社团之间的协作共享体系，增进体育社团之间的互动合作，寻求利益最大化，在社会组织履行社会责任能提高其组织绩效的过程中，政府培育起到了桥梁作用。体育社团的成长、成熟过程需要政府的激励与培育，为此，政府与体育社团之间的依赖关系会逐渐演变成政府对体育社团的支持与认可；政府在社会资源分配上占据了举足轻重的位置，能够为体育社团在不同发展阶段提供充足发展资源。其优点在于可以迅速壮大体育社团，使其能够更好地履行社会责任，对体育社团的培育不仅能缓解政府在治理改革转型中承受的较大压力，使政府与体育社团达到各司其职的理想状态，而且提高了体育社团获得发展组织绩效的能力与手段，在协同过程中政府培育起了中介作用。

综合以上探讨，可以得出以下研究命题：

命题4：利益相关者满意对体育社团组织绩效具有正向影响

命题5：政府培育对体育社团组织绩效具有正向影响

第五节　社会责任对组织绩效影响的理论模型构建

一、案例研究发现

通过对三个体育社团进行探索性案例分析，履行各维度的社会责任对体育社团组织绩效均具有正向影响，政府培育和利益相关者满意在其中起了一定中介作用。结果表明，较好地履行社会责任的体育社团得到多样的社会资源，明显提高了社团组织绩效；反之，组织绩效的提高不明显或者提高幅度较小。目前，由于省级体育社团的经费来自"非市场价格机制"，其自身的发展目标与运营战略有严格的限制，导致了体育社团必须依靠履行社会责任来换取发展资源，社会责任与社团组织绩效之间存在紧密的正相关关系。另有研究指出，履行社会责任的程度取决于社会组织能否完成既定的战略目标与提高组织绩效；如果可以实现预定发展目标或取得一定业绩，社会组织则倾向于主动履行社会责任，这一良性过程是整个社会所希望的结果。相反，要靠社会组织自身的意愿或社会价值观，亦或屈服于外部监管的压力和制度。

本研究聚焦于：①体育社团履行社会责任是否能够提升其组织绩效？②在体育社团

履行社会责任的过程中，利益相关者的满意与政府培育对体育社团提升组织绩效起到了什么作用？通过对以上问题进行研究，我们系统剖析体育社团社会责任对组织绩效的影响机制，进而为省级体育社团的可持续发展提供理论指导。

二、探索性案例分析总体框架与理论模型构建

综合文献梳理与探索性案例，本书紧扣"体育社团社会责任对组织绩效提升的影响"这一主题，拟从三个方面开展科学探究（图3-2）。子研究1是履行社会责任对提升体育社团组织绩效的直接影响分析；子研究2是履行社会责任对提升体育社团组织绩效的中介作用分析；子研究3是推进体育社团履行社会责任提升组织绩效的实现机制。具体分析框架如下：

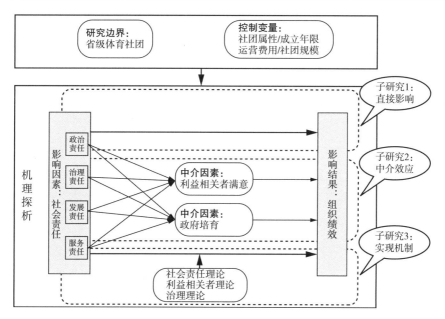

图3-2　体育社团社会责任影响组织绩效模型

（一）子研究1

研究思路：对履行社会责任与提升组织绩效的关系进行初步探究，进而厘清理论存在的分歧，并以此为基础引入四个控制变量分析两者的关系，这是对履行社会责任影响组织绩效提升的情境化研究，主要探讨不同类别、规模的体育社团在履行社会责任时是否存在显著不同。

研究内容：针对省级体育社团，探讨社会责任对体育社团的组织绩效产生了何种影响。

（二）子研究 2

研究思路：基于案例分析与文献综述，在子研究 1 的基础上将研究体育社团履行社会责任对组织绩效的中介影响。在社会责任理论、治理理论的基础上，以利益相关者满意与政府培育为中介变量，探究体育社团履行社会责任与组织绩效提升的作用机制，提出理论假设，开展基于大规模问卷调查的实证研究，明晰体育社团履行社会责任对组织绩效的影响机制。

研究内容：围绕社会责任对体育社团组织的影响机制这一核心问题，从"自变量—中介变量—因变量"出发，分析和验证利益相关者满意与政府培育在社会责任对体育社团组织绩效的影响中的中介作用。

（三）子研究 3

研究思路：在子研究 1 与子研究 2 的基础上，从治理理论视角出发，依据内部治理、外部治理、利益相关者合作、多元主体协同等，探讨推进体育社团履行社会责任以提升组织绩效的实现机理，提出相关对策建议。

研究内容：根据新形势下我国对体育社团的发展要求，从树立和加强意识、建立履责和问责相统一的制度等角度，结合体育社团的内外部因素，基于治理视角，分析推进体育社团履行社会责任、提升组织绩效的主要途径及相关政策措施。

第四章　体育社团社会责任影响组织绩效的作用机理

通过梳理有关社会责任与体育社团组织绩效关系的文献，我们发现履行社会责任能够为体育社团带来较多回报，容易得到热心人士与其他社会组织的支持。在国外社会组织研究中，履行社会责任能够积极建构自身的核心竞争力，可以形成可持续发展优势，提高社会组织绩效，但是有关这种影响的作用机理研究尚处于初步阶段。体育社团履行社会责任对其组织绩效的提升不是一蹴而就的，此过程中可能存在其他变量的影响。为了系统考察体育社团社会责任如何影响组织绩效，本章将从体育社团社会责任对组织绩效的直接作用和间接作用、提炼中介变量，明晰这一影响的作用机理。因此，本章从两个方面进行理论分析：第一，探讨社会责任对组织绩效的直接影响，分析体育社团履行社会责任对其提升组织绩效产生哪些影响；第二，分析体育社团履行社会责任实现组织绩效提升的作用机理，即体育社团履行社会责任是通过什么途径影响组织绩效的，提炼了利益相关者满意与政府培育在这一过程中的中介作用。本章基于已有的调研结果与文献，对上述问题进行深入探讨，提出相应的研究假设。

第一节　社会责任对组织绩效的影响分析

履行社会责任是体育社团良性发展的一种义务，不仅可以保证其长远进步，而且有利于提高其组织绩效。传统研究的落脚点是把社会责任看成一种组织发展的战略性工具，把其当作激励组织成员的一种方式、组织发展的一种工具、差异化发展的一种策略，从而提高组织绩效。非营利组织多层次的社会责任能够改变与社会每个阶层的紧张关系，保持与动态环境的顺畅交流，使组织得到更多的战略性资源支持。弗里曼指出，如果社会组织拒绝履行社会责任甚至违反法规，就注定了它不可能得到社会各界的支持，表明承担社会责任和组织绩效的正相关。社会组织的经费来自"非市场价格机理"，相对于营利组织，其非营利组织的发展目标与运营战略有严格的限制，导致社团必须依靠履行社会责任来获取资源，社会责任与社团组织绩效紧密关联。

另外，履行社会责任的程度取决于体育社团能否完成既定的战略目标和能否提高组织绩效。如果可以实现预定发展目标或取得一定的现实业绩，体育社团则倾向于主动履行社会责任，这一良性过程就是整个社会所希望的结果；相反，则要靠社会组织自身的意愿或社会价值观，亦或屈服于外部监管的压力和制度。我国著名学者王名提出公益性资源的管理与提供社会服务效果会影响组织的服务绩效，能够使组织在服务过程中产生对组织自身发展有帮助的社会绩效或者经济绩效。另有部分学者认为我国社会组织履行社会责任可以与组织的组织绩效形成正相关关系，并且根据体育社团的特殊本质和社会责任的具体要求，把社会责任与社团组织绩效、社会和谐发展联系在一起。还有研究认为履行社会责任能够为体育社团的可持续发展提供驱动力，体育社团在可持续发展过程中可以提升经济、环境和社会三方面绩效并轻松实现集成管理。

在文献收集中，发现非营利组织的组织绩效以利益相关者为中心，以激励他们自觉进行创造性工作，以体现利益相关者的具体价值；能够让利益相关者开辟更有好的工作场景，在创新过程中提高非营利组织的组织绩效。黎友焕发现，在企业运行过程中，社会责任与组织绩效都呈正相关关系，积极履行社会责任能够激发组织绩效提升；在使用多重参与者导向理论对非营利组织的社会责任进行研究时，实证了非营利组织积极承担社会责任与组织绩效存在正相关关系。体育社团履行社会责任也会出现类似的效应，积极对履行社会责任进行正面宣传，有助于其开展活动，增加组织活动的绩效；社会组织履行社会责任还能提升职工的忠诚度与社会组织的形象，进而提高绩效。但是，承担与履行战略性社会责任并不是一劳永逸的，必须要不间断地致力于履行社会责任，让组织的社会价值与经济价值共同提升，也可以让政府的培育有的放矢。因此，可以提出假设：

H1：社会责任对提升体育社团组织绩效具有正向影响

一、治理责任对体育社团组织绩效的影响

治理责任怎样提升组织绩效是社会责任研究的核心，虽然结论较为复杂且缺乏一致性，但是组织治理责任能够提升组织绩效依然是主流。首先，我们通过查阅文献发现，治理责任对体育社团组织绩效有正向影响。巴内特认为，研究者需要用"随机应变"的视角去研究社会责任与绩效之间的关系，确定部分企业在特定时间履行相关治理责任可以得到一定社会回报。魏亚南建立了组织治理责任、社会资本与组织绩效三者间的数理研究模型，并验证和厘清了"治理责任——组织绩效"的黑箱奥秘，为社会组织承担社会责任提供了理论指导与实践方式。然后，提出治理责任是自身发展的基础。体育社团必须开展组织治理行为，努力保护利益相关者的合法利益。最后，政府要积极引导体育社团履行治理责任，构建良好的治理体系，提升竞争力。

我国体制改革进入了转型期，为体育社团的发展创造了有利环境，治理体制创新为体育社团的发展营造了空间。体育社团治理结构发生了较大的转变，使得体育社团在服务社会的过程中逐渐走向专门化、法治化和责任化。体育社团在治理过程要积极履行社会责任，承担部分政府职能，提高体育社团的组织绩效，充分发挥其在体育公共服务中的作用。治理结构是影响非营利组织绩效的重要因素，良好的组织治理能提高组织绩效。有研究认为内部治理结构影响组织绩效，内部治理结构在社会组织运行绩效中起推动作用。罗婷婷以面板数据为依据对样本运用进行总体回归分析，其认为整体层面的治理对社会责任绩效有较为显著的正相关影响。刘润芝指出，发达国家重视社会组织的发展，特别看重治

理层面的监督体系构建。体育社团在服务政府的过程中，在借鉴企业治理的基础上，构建了自身的内部治理与规范体系。体育社团自身治理体系越完善，越能得到政府与其他体育社团的认可，从而在竞争中得到更好的支持，为社团的可持续发展打下了坚实的社会基础。随着研究深入，体育社团治理成效与绩效评估的研究就具有重要性。姜磊磊、胡永用非营利组织绩效评估体系的设计原理，建构我国社区体育俱乐部的治理绩效评估指标体系；厘清了我国体育俱乐部治理责任和绩效考核指标体系的内在联系逻辑。因此，可以提出假设：

H1a：治理责任对提升体育社团组织绩效具有正向影响

二、服务责任对体育社团组织绩效的影响

体育社团履行服务责任能够提升组织绩效。部分学者对我国非政府组织公益服务动力不足的原因进行理论分析，采用自律与他律相结合的方法，提高组织履行公益活动的积极性与主动性，特别突出了公益服务建设对非政府组织社会责任体系的重要贡献，对非政府组织全面发展的正向影响。实证研究表明：开展公益性体育健身活动、为赛事活动提供志愿服务等公益性服务活动能够对社会组织当下与今后的组织绩效产生明显的正向影响，然而这种正向影响的延续性在两年左右，并且正向影响效应会随时间的延长而逐渐变弱。

在实际运行中，体育社团不但要积极完善自身社会责任体系建设，提升社团服务社会的能力，提高参与群众的满意度；同时，要积极协助政府做好体育服务工作，提高履行社会责任的机能。另外，政府要建构好社会监管体系，监督非营利组织积极承担社会责任；力求提升非营利组织的组织绩效。体育社团协助社会弱势群体与资助贫困地区开展体育活动、开展公益体育宣讲活动，主动帮扶其他社团对自身的社会责任形象有较为明显的影响；经常举办慈善活动更能够提高体育社团的责任形象；良好的慈善形象能让消费者对产品作出更高评价；持续的慈善服务活动可以正向影响体育社团的社会形象，进而在生产中提高组织绩效。

在大样本实践调研中，足球俱乐部履行服务责任可以影响观众的消费意愿，也就是承担与履行服务责任，帮扶社会其他群体开展足球活动能够提高组织绩效，创造更高的绩

效价值；同时，肯定了观众更愿意看到俱乐部积极开展体育公益活动、在社区内组织群众进行公益性健身活动、在中小学开展体育公益活动、主动配送体育服务到社区等；俱乐部也深刻理解到社会责任可以创造新的社会价值，在管理决策上会倾向于社会责任，提升俱乐部绩效，增强竞争优势。现实中，体育社团发展还需要政府居于引导地位，提供政策与资金支持，让体育社团发挥市场服务职责，提供良好的体育服务产品，换取自身的发展空间，提高体育社团的组织绩效。因此，通过对以上文献进行梳理，可以得出以下假设：

H1b：服务责任对提升体育社团组织绩效具有正向影响

三、发展责任对体育社团组织绩效的影响

胡杨成通过数学模型证实社会责任对非营利组织的组织绩效提高有显著的正向影响，认为在非营利组织内部树立积极服务意识能够提升社会影响力，同时根据利益相关者的实际需求对非营利组织提供的现有服务进行整改，增加各类会员的数量，提升非营利组织组织的绩效。唐胜英提出体育社团要认真承担与履行社会责任，促进"乡—城移民"的社会融入，这也是体育公共服务的方向之一。通过加强在社区的闭环监督，创造地区体育就业岗位，在繁荣社区体育的基础上，通过体育社团社会责任的实践提升体育社团的组织绩效。根据上海市的实践经验，政府需引导体育社团的发展方向，通过公平竞争购买体育服务，加强普及体育运动，推进公共服务的均等化，使体育社团能够有效发展，提升社会影响力，以更好的状态为群众提供服务，经常举办各种体育赛事，推广普及体育运动项目，实现与政府公共服务体系的全面对接。另有研究认为，传承与传播体育文化、发展与弘扬体育精神，在建设社区体育社团的过程中起到了重要的支持与辅助作用。

通过多种方法加强各类社团的交流合作，加强社团服务的平台构建；努力提升组织发展能力，提升其自治水平，提高社团履行社会责任的能力，积极服务社会，提升社团的组织绩效。通过对以上文献进行梳理，我们可以得出以下假设：

H1c：发展责任对提升体育社团组织绩效具有正向影响

四、政治责任对体育社团组织绩效的影响

社会组织的发展离不开政府的培育与扶持。在我国，在体育社团内成立党组织是必须履行的政治责任，在履行职责的同时，体育社团的行为必须得到政府与社会的认可，才能够得到社会资助，才能有序提高组织绩效。体育社团开展群众体育活动时，能够使政府的部分权责得到合理释放；积极服务政府的发展战略、认真帮扶各类社团群体、维护与保障群众的体育权益，让政府能够专注于体育社团的发展与提升组织绩效。在实际工作中，政府角色的正确定位让体育社团能够认真满足群众的基本要求，并邀请资深研究人员和民意代表进行听证，使相关政策措施照顾到各阶层的利益相关者，再营造优越的环境进行社会宣传，让参与者积极向政府建言，使体育社团不仅关注自身组织绩效，同时关注利益相关者的合法利益，达到组织绩效与社会影响力的同步发展。基于此，有学者提出践行社会主义核心价值观是组织承担社会责任的现实需要。

社会主义核心价值观要求体育社团对树立正确的社会责任价值观与服务意识，挖掘一般职责与社会责任之间的异同性，关注经济发展和社会责任之间的"剪刀差"现象；以不伤害利益相关者的实际利益为平衡点，以提高社会的公共利益为目的，政府提倡履行社会责任，提升和优化组织绩效；证实了政治引导、树立正确的社会责任价值观对组织绩效有积极的正向影响。范成文表示，政府要明确职能并加强指导，营造舆论氛围，提升社会服务的参与力度；积极引导、培育社会组织参与体育服务的提供，提高协同服务能力，提升服务社区功能；还要拓展市场，加快体育社团的发展。

从体育社团的生存与发展现状看，政府在体育社团的发展中处于引导地位，政府会经过多种分配形式治理体育社团，通过社会资源的指导性分配使体育社团在发展中抓住主要方向、得到政府资助，进而增强体育社团的社会资源，提升体育社团的绩效，使其能够更好地为政府、社会与群众服务。通过对以上文献进行梳理，可以得出以下假设：

H1d：政治责任对提升体育社团组织绩效具有正向影响

第二节　社会责任对利益相关者满意的影响分析

经济的发展导致群众的需求发生巨大变化，对美好生活的向往使体育运动成为群众充实业余生活的主要选择之一。这种变化让体育社团迅速搭建起自身的社群体系，并与各利益相关者构建起相互作用的机制。社会责任对体育社团运营过程中获得良好社会资源具有重要作用，而利益相关者满意为体育社团奠定了社会资源基础与群众基础，是体育社团进一步发展的优势。

一、体育社团社会责任对利益相关者满意的影响

利益相关者理论认为，利益相关者在社会组织履行社会责任中具有核心作用，为社会责任明晰了责任对象、责任范围和责任内容，涉及社会责任发展过程中基础的三个命题："for whom" "for what" "for how"。因此，利益相关者是融合社会责任和组织治理的主要依据。利益相关者的多样性和复杂性意味着责任对象的多样性和复杂性，每一个和组织相关的关系人都很重要。由于利益相关者的需求不同，不同的利益相关者在企业内承担社会责任所扮演的角色不同，对其作用也不一致。企业社会责任的研究表明，社会责任的核心目的是平衡利益相关者的社会关系与经济关联，利益相关者的满意是对企业履行社会责任给予肯定，企业认真履行社会责任与利益相关者满意呈正相关关系。

社会组织在发展过程中通过提供良好的服务来满足利益相关者的需求。换句话说，社会组织只有认真履行社会责任并获得利益相关者的认同，才能真正地服务社区，真正体现自身的价值，在社会竞争中立足。丁小晏以社会责任和利益相关者理论为基础，建构利益相关者满意度指标体系与实现机理，提出社团组织不仅要关注核心股东利益，还要顾及其他利益相关者的利益，从自身实际情况出发积极承担相应社会责任，并且要合理分配其他利益相关者的利益。

探讨不同利益相关者对体育社团在履行社会责任后的满意程度，对体育社团获得资源、自身发展与提升绩效有实际价值。访谈中发现，不少体育社团认为履行社会责任必须

以自身盈利为基础，为多重利益相关者履责，负担较重，会减少它们的资金。但是，把履行对利益相关者的社会责任当成一种自身发展战略，使体育社团在承担社会责任时获得有利于自身发展的组织绩效，使体育社团在发展中获得足够资金，并且得到利益相关者的支持与肯定，提升其履行社会责任的积极性。

基于利益相关者理论，体育社团的公共属性与本质特性要求其履行社会责任必须调动多方利益相关者，保障非营利组织本身的社会性与公益性。非营利组织要想积极承担社会责任就必须对组织内部与外部的利益相关者肩负重任。只有这样体育社团才能在社会中树立公信力，进而得到多方支持。还有学者通过构建因果关系模型，指出社会责任能够提高利益相关者的满意度，提升员工的认同感；同时，找出积极承担与履行社会责任的新途径。另有研究在实证过程中发现，非营利组织的社会责任和利益相关者满足都能对组织绩效产生显著的正向影响，利益相关者满足在体育社团履行社会责任与组织绩效之间有明显的中介效应。通过梳理以上文献，可以得出以下假设：

H2：体育社团履行社会责任对利益相关者满意有正向影响

二、体育社团履行政治责任对利益相关者满意的影响

我国非营利组织的组织绩效管理与评估都必须以利益相关者满意为核心，提升利益相关者的积极性，激发其创造性，使利益相关者能够参与非营利组织运行的全过程，提升服务社会的主动性，以此得到更多的社会资源和政府的资金扶持，使其提升组织绩效。李文思建立的模型方程也证实了利益相关者满意度在组织盈利过程中可能发挥的重要作用，数据显示：提高各利益相关者获得利润量与满意度可以明显改善组织的盈利状况，两者明显正相关。但是，在管理者和公共服务投资者获利的过程中，利益相关者的满意度起着中介作用。在此基础上，白逸群提出在政府的引导下，体育社团必须承担政治责任，同时要提升利益相关者的满意度，才能让体育社团快速发展。结合体育社团的现实情况与组织特点，体育社团必须履行政治责任，才能在维护与保障群众体育权益和服务过程中提升利益相关者的满意程度，获得利益相关者的支持。

在体育社团服务群众的过程中，政府不仅要成为"提供者"与"合作伙伴"，而且

要向体育社团购买公共体育服务。在此过程中，体育社团要积极提供政府与社会急需的体育服务项目，提升自主创新能力，同时要积极正确引导体育社会组织承担社会责任，制定相关指导政策、扶持政策、积极释放部分职能。在政府的引导下，社团能够提供适合青少年体质的服务项目并得到资金与政策支持，使体育社团更顺利地运转，提升各利益相关者的满意度，进而实现跨越式发展。通过梳理以上文献，可以得出以下假设：

H2a：体育社团履行政治责任对利益相关者满意有正向影响

三、体育社团履行治理责任对利益相关者满意的影响

我国体育社团的成长与发展，虽然存在着发展模式、运作机制等问题，但是我国政府依旧出台引导政策，建立健全发展制度，整合组织发展资源，扶持体育社团合理发展；优化治理社会环境，健全自身治理机构，提高社会监管力度，通过评价来强化自身绩效，争取获得最大的发展空间。因此，我们认为体育社团在履行治理责任时能够提升体育社团利益相关者的满意度。

在体育公共服务体系的供给治理体系中，在充分理解群众体育需求矛盾的前提下，供给主体间的协同互动能为社会提供更好的服务。多元供给主体包括政府、体育社会组织、体育市场组织等，在供给治理体系中，体育社会组织与社区体育自治组织在政府的引导下发挥承上启下与补充完善的作用，使公民能够享受体育福利。在这个过程中，多元主体成为关键的利益相关者，它们之间的相互协同与满足能够增强彼此间的协调程度。

比如，上海体育社团较为看重治理的方式，认为需要多方利益相关者积极参加，在社区组织协调下，各利益相关者事先研讨协商，研究解决办法，最后由社区组织出面维护好各方利益，解决问题。这种"微治理"重心在"治理下沉"，能够弥补政府治理的缺点，既能提升利益相关者的满意度，又能保障社区治理主体的权利。另外，我国的非营利组织用知识管理理论对自身的治理体系进行结构性改革，增强了非营利组织利益相关者的识别与管理能力，强调第三方监督的重要性，要利用好治理带来的激发组织活力的制度需求，强调法人治理结构的完善与监督体系的完备，提升组织的组织绩效，提高利益相关者各方的满意度，进而建立符合实情的非营利组织繁荣体系。通过对以上文献的梳理与总结，可

以得出以下假设：

H2b：体育社团履行治理责任对利益相关者满意有正向影响

四、体育社团履行发展责任对利益相关者满意的影响

一些研究中建构了以市场为主导、非营利组织为主体、以政府为引导、利益相关者参与的导向机制，在社会激励、组织协同与政府调控下，综合促进非营利组织的发展；相关实证结果进一步明确了个性化管理、服务管理、人力资源管理对非营利组织的利益相关者满意度有积极正相关影响。在城市社区体育供给服务的对策中，政府要明确定位，重视社区体育供给，持续增加资金注入，积极建立体育普及"全民供给"模式，创立多元化"供需体"平台，优化供给策略的多元参与途径，通过为群众开展体育知识讲座、参与运动竞赛、追求健康服务，提供社会体育服务提升群众与体育机构等重要利益相关者的满意度。谢宜轩提出通过利益指向与资本互换的形式厘清俱乐部、家庭和学校之间的平衡关系，三者也成为社区体育俱乐部的主要利益相关者，并提出6条发展对策促进发展"网络共生体"能够稳定发展，提高了俱乐部、家庭和学校的主要利益相关者对青少年学生参与体育运动的满意度。

我国群众体育的善治是政府、体育社会组织与公民等多元利益相关者的协作行为。政府成为广义体育利益的最大策划者，公民成为体育利益的获得者，体育社团成为体育利益的分配中介；多元协同的群众体育善治应该包含官促民动、民动官助与民间联动三个层次的行动方式；需要政府、体育社团与民众等利益相关者协作互动，提倡广大群众建立科学的体育生活方式，促使善治利益的最大化，提升主要利益相关者的满意度。通过对以上文献进行梳理，可以得出以下假设：

H2c：体育社团履行发展责任对利益相关者满意有正向影响

五、体育社团履行服务责任对利益相关者满意的影响

体育社团履行服务责任能够提升利益相关者的满意度。有学者从利益相关者视角研究社会责任，其结果显示，利益相关者与组织履行服务责任的感知对品牌资产、忠诚度与

满意度呈显著回归关联。有学者用利益相关者理论探讨了社会责任的内涵构成及履行责任的对象，认为服务责任是利益相关者承担的综合性社会契约责任。还有学者把社会责任分为自律层次和他律层次，通过构建社会责任契约模型，认为履行慈善与公益责任能够提升利益相关者的满意度。在美国，为了延续这种良性关系，其树立利益相关者的社会责任战略思维，调查体育社团责任履行情况时，部分受访者看重公益责任，并认为：第一重要的是公益服务责任，第二重要的是慈善责任，第三重要的是法律责任，第四重要的是经济责任，公益服务责任的履行能够吸引更多利益相关者持续参与体育运动；随着服务质量的提升，利益相关者的满意度得到了提升。俱乐部在一般情况下将慈善责任与道德责任统一为服务责任，通过履行各类社会服务来降低不良事件对俱乐部品牌的不良影响，提高主要利益相关者对俱乐部的满意度。丁小晏以博弈论为基础，研究组织、政府与利益相关者之间的博弈，指出组织要积极履行社会责任，特别是服务责任的履行和政府的调节与平衡作用有利于提高利益相关者的满意度。通过分析，我们可以得出以下假设：

H2d：体育社团履行服务责任对利益相关者满意有正向影响

第三节　社会责任对政府培育的影响分析

一、体育社团社会责任对政府培育的影响

政府培育体育组织积极参与社会责任建设逐渐成为当今社会较为普遍的现象。政府在体育社团的发展上能起到主导与支持作用，引导体育社团的发展方向与服务方式。在建构有中国特色的社会组织过程中，政府培育对社会组织承担社会责任有关键引导作用：一方面政府采取灵活有效的方式，积极推进社会组织的成长成熟，使之能够发挥自身的本能、分担政府的部分社会管理职能；另一方面社会组织积极履行社会责任、最大限度地发挥组织应有的作用，共同创造一个政府与社会组织默契互动、坦诚合作的和谐发展态势。

在政府指导社会责任的实践研究中，政府必须成为构成社会责任的主要因素之一。现阶段，政府要积极"归位"与"补位"，要从微观领域的控制与管理逐渐转化为宏观领域的治理与引导；在社会组织承担与履行社会责任方面，政府的引导与培育发挥着较为关键的方向性作用；而社会组织履行社会责任能够得到政府的理解和支持，使政府看到培育社会组织承担与履行社会责任对社会民生的益处，从而增强培育的力度。

政府提升公共服务效能较为灵验的方法是积极推动社会组织承担与履行社会责任。公共服务的主旨涉及群众的切身利益，政府需要的体育公共服务如参与体育锻炼、发展体育运动、发展社区体育和环保等，本质上与体育社团社会责任的内涵一致，体育社团履行社会责任就是帮助政府解决燃眉之急。政府可以颁布相关规定，对履行社会责任的社会团体进行多方面奖励，从而使社会组织积极承担社会责任，牢固树立履行社会责任对社会组织发展的重要支撑的理念，并使政府在这方面的引导更为有效。政府能够推动社会组织积极承担社会责任。在社会出现危机、市场失灵时，有效推动社会组织承担社会责任能够迅速缓解局部社会矛盾，而动员社会力量解决社会问题是政府的主要义务和责任。

社会组织逐渐承担与履行社会责任的过程就是政府积极培育社会组织的过程。我国政府在培育社会组织时应该把握两点：一是按照事物发展规律办事；二要积极关注社会组织的成长，让其在履行社会责任的实践过程中不断成长。许芸提出三种培育方式：政府直接培育、政社合作培育、社会参与培育，这三种方式对社会组织的发展有不同的推动作用，政社合作的引导与培养方式的实际效果相对显著。这种方式既融合了社区的内部关系，也推进了社会组织履行社会责任的主动性，能让政府进一步提高对体育社团的培育程度。从另一视角看，政府要分阶段、分层次尝试，购买体育社团服务，积极推动非营利组织承担更多社会责任。这一方面能让非营利组织进一步承担与履行社会责任，凸显政府培育的效果；另一方面能形成更多可以协助政府解决基层社会需求矛盾的社会组织。

世界发达国家和地区如美国、日本等在建立社会责任体系过程中，政府是体系建设的推动者与裁判员。各类社团如果能够在政府的引导下积极履行社会责任，就能得到政府的支持。在借鉴发达国家对非政府组织社会责任的建设成果的基础上，为让我国非政府组织履行社会责任能力实现可持续发展，我们需建立适合我国国情的治理与引导体系，在我国政治体制改革的背景下，建构非政府组织、政府和社区"三位一体"的社会责任治理与引导机制，其积极主动履行社会责任，把发展社区具体事务当作社会组织的日常工作，这样的社会组织才能得到政府的重点培养。在实践中，政府要积极引领、策划、监督，推进体育社团社会责任工作的具体开展与落实，对较好地履行社会责任且影响社会较大的社团进行培育，使其能够发挥带头作用，激发体育社团自觉履行社会责任。社会责任的履行不但能提高体育社团的社会认可度，还能增强体育社团的服务能力与培育体育中坚力量的能力，提升政府对体育社团的培育程度。体育社团社会责任体系的完善需要政府的支持，特别是在制定法律法规、社会监督体制与建设管理体系上。另外，要积极建构完善的内部自律体系，提升体育社团获取多方资源的能力。

政府培育体育社团是体育体制改革必须跨出的一步。在政府部门的角色改革进程中，首先要优化与丰富社会责任的履行渠道，要处理好政府面对的社会问题，才能确保政府培育工作的正常进行。其次，要明确好政府与市场、社会的界限，确定政府培育方向，促进社会组织适时开展社会工作。然后，在政治、社会、文化领域，通过完善治理体制，规范社会组织承担与履行社会责任，保障政府治理系统达到预定目标。最后，政府要完善保护机制与激励体系，提高社会组织主动履行社会责任的能力和动力，社会组织在履行社会责任过程中会遇到各种困难与挑战，政府的培育与指导起着规范与护航作用，使其能完成政府分配的任务，健康成长。但在培育过程中需要理顺政社关系，通过体育社团的内部治理达到政府转型的要求；合理构建政府购买社会组织服务的平台，使其能够更好地服务社区，让其在社区发展过程中发挥更大的作用。体育社团在完善自身治理的过程中必须积极响应国家与社区的号召，认真履行社会责任，使政府能够从理念层面、方法层面和目标层面加强对社会组织的培育。在这个良性循环过程中，政府履行培育的职责能够让体育社团实现长远发展，促进体育治理现代化目标的达成。通过总结上述文献，可以提出以下假设：

H3：体育社团履行社会责任对政府培育有正向影响

二、体育社团履行政治责任对政府培育的影响

一般认为，体育社团的发展是一个从量变到质变的过程，不仅是社团与政府需求相适应及与社会环境需要相符合的可持续发展过程，而且是对社团内部确立正确政治方向、积极应对社会需求的客观要求。2016年，我国颁布的社会组织管理条例，将党组织融入体育社团，充分发挥党组织的正确导向作用，夯实我党的社会基础和领导地位，充分发挥其服务作用。体育社团要在政府领导下丰富服务内容，实现利益协调、组织协作和制度健全等，这要求在加强基层党组织建设的基础上，通过健全和完善引导机制、协调机制和监督机制，创新社会组织的治理方式，加强党对社会组织的引导与培育体系；同时，要积极构建我国各层级、各部门之间的社会组织治理协同体系，厘清管理机构与社会组织的各种联系，完善登记、法规与监督体系，加大从资金、政策、人才等方面对社会组织的培育力度，提高社会组织自身能力建设和内部治理水平，以此激发社会组织活力，增强社会组织协同社会治理的能力，提高社会组织自治能力。正确的政治引导能让社会组织在发展过程中积极承担政府的部分职能，成为政府管理社会的助手；社会组织内部治理方向正确能够形成良好的社会互动机制，更能获得政府的政策激励与资金扶持。具体而言，体育社团的轴心作用能够构建"伞状"的社会组织群落，可以吸纳与规范管理大量"草根"社会组织，协助其取得合法身份，引导与指导其参与购买政府公共服务，有利于缩小政府的管理盲区，减少潜在的政治风险，有利于提升社会认同度与政治认同感，最终达到增强社会稳定的效果。

党组织在公益组织内部发挥指导作用，并与公益组织的可持续发展紧密联系，以党组织建立与建设为契机，抓住机遇推动公益组织的发展。康晓强提出，党建工作一直是公益组织的发展战略之一。并且公益组织在服务社区过程中，引领与影响周围社区共同团结在我党周围，形成强有力的群众基础。现阶段，各省（区、市）的政府组织广泛对体育社会组织进行财政扶持，然而效果却不尽如人意。当培育与建设协同发展、相辅相成时，体育社团的成长与成熟就能够为党的长期领导与群众体育运动发展创造更广阔的社会空间与坚实的群众基础，积极发扬引导与影响作用，政府才能够放心地对公益组织进行培育。研究表明，我国社会组织与政府之间存在动态复杂关系，社会组织与政府由依赖逐渐转向合

作。体育社团在政府的引导下积极履行社会责任，服务社会，协助政府进行相关社会事务管理；政府有意识地为社会组织创造发挥自身能力的情境，让它们发挥自己的"补位与协同"功能。这使得体育社团通过政府培育获得了无与伦比的发展资源。通过对以上文献进行梳理，可以得出以下假设：

　　H3a：体育社团履行政治责任对政府培育有正向影响

三、体育社团履行治理责任对政府培育的影响

　　体育社团要想成长为社会治理的主体，必须要和政府一起构建互利共赢的伙伴关系；在组织治理良好的情况下，体育社团在一定范围内可以满足人们的多元化需求，能够得到广泛的认同感并具有较强的社会公信力。因此，体育社团履行治理责任能够提升政府对体育社团的培育程度。政府在满足群众需要的过程中，必须有针对性地加强引导与有力地培育社会组织，这样既能协助政府解决相关社会需求难题，又能为加强政府培育打下坚实的基础。马立等通过实地调研指出，社会组织的发展动力来自社区发展、政府公共资源的释放和社会需求的变化。在创新治理体系下，政府不仅要激发体育社团积极参与治理的手段，还要依赖政策工具对体育社团进行规范与引导，在完成自身治理的同时积极参与社会治理，使之得到政府的直接和间接支持、规范的政府培育。

　　在多中心治理条件下，国家资源与权力在政府治理过程中被优化，并表现出一定程度的分离，这种情况最直接的负面影响就是削弱了政府对资源的配置作用，转而由社会对资源进行第二次分配，作为社会多中心治理主体的社会组织，其地位和作用在现实社会中已经得到认可。所以，在多中心治理状况下，政府要学会"传球"与"换位思考"，摒弃"官本位"思想，平等对待体育社团并充分发挥它们在体育治理中的作用；政府的主要精力应该是引导与分配资源，统筹体育发展规划，为体育社团的培育做好政策扶持。较多研究集中在治理与提高培育水平上，在资源重新分配的模式下，更多体育社团会谋求参与基层体育治理，增强了政府与体育社团的互动协作性。在承接政府项目的同时，体育社团要不断提升自身的服务水平、治理水平与协作水平，这样才够得到更多承接政府项目的机会，得到更多更好的社会资源。这些经验表明，体育社团的发展受到政府资源分配的影

响，要做到"三公开"创造体育就业岗位、推动体育产业发展，这些行为能够得到政府与社会的认同，使其得到更多社会资源。通过对以上文献进行梳理，可以提出以下假设：

H3b：体育社团履行治理责任对政府培育有正向影响

四、体育社团履行发展责任对政府培育的影响

体育社团履行社区体育发展责任能够对政府的培育程度产生潜在影响。目前，政府在我国各类资源的配置中处于主导地位，政府也是资源配置中各种强力手段的应用者。社会组织一定程度上能够替政府承担部分"结构性"负担；能够为社区的发展与社区治理贡献智慧与力量；能通过即时的服务手段获得政府的部分资助，实现自身的发展。体育社团的社会协调作用得以发挥，可以弥补政府在某些治理方面的不足，这已经引起了政府的重视。体育社团履行社会责任能够帮助政府处理相关事务，逐渐成为体育基层治理不可或缺的成分。因此，政府有必要积极培育社区体育社团。比如，济南市社区体育俱乐部建立了适应自身可持续发展的范式，适应现代化管理的需要，建立与政府需求和人民需要相一致的管理体系；在科学管理体系发挥作用的前提下，推进公共服务均等化，争取政府专项资金与政策扶持，提高政府培育的力度与强度。另外，在宣传部门与媒体的配合下，着重发挥体育社团的服务能力与凝聚力，合理解决社区体育发展的"紧箍咒"，提升当地体育社团的治理能力，提升体育场地配套设备质量，调动组织人员管理的主动性，改善当地居民健身环境，特别是能整合协调学校场地，促进社区体育场地与运动项目的融合发展。

从体育社团发展较好的国家可以看出，社区体育俱乐部为当地民众提供了有效的体育参与平台，在增强体育活动氛围、丰富民众的体育生活、增进大众健康水平、整合各类体育资源方面有借鉴作用。因此，政府在放权给体育社团的同时，要积极对其进行扶持与培育。通过对以上研究进行梳理，提出假设如下：

H3c：体育社团履行发展责任对政府培育有正向影响

五、体育社团履行服务责任对政府培育的影响

在发达国家，政府通过修订法律与出台政策来激励、支持、规范志愿者的参与行为，

培育与引导体育俱乐部的发展，创建良好的慈善志愿气氛。同时，政府处理事务时要根据社会发展需求，持续调度协调公共治理权限，分配公共治理权力，调整政府、体育社团与社区的融合发展关系，以便引导与培育体育社团履行部分政府公共职能。普及乡村体育时，体育社团有独特作用，其能让更多体育社团进入农村乡镇地区履行责任，帮助与指导村民开展体育活动，丰富业余生活。体育社团积极进行公益服务得到了广大村民的认可，同时帮助政府解决了体育普惠难题，由此得到政府的积极支持与培育。因此，承接公共服务让体育社团得到政府的初步认可，并能得到政府资金的支持与政策扶持。

体育社团在进行改革时，首先要考虑增进社会亲和力与整合融通能力，为社会组织持续健康发展开拓更广阔的生存空间；体育社团要按照政府的意志积极承担相关义务并主动履行社会责任，政府对积极履行慈善责任的社会组织应该采取互动协作措施。由此推断出"政府与社会组织应该建立一种制度化框架下的合作伙伴关系"，只有厘清社会组织、政府与社会三方的责任与权利界限，让社会组织与政府、社会构建起协作网络，才能让社会组织拥有独立的"人格"与自主能力，让其积极履行慈善责任；让社会组织发挥调节社会需求、培养公民志愿行为的功能。同时，我国政府逐渐成为"指导者"与"监督者"，监督公益服务活动的实施过程，评价公益活动的优劣性；体育社团在发展过程中应该积极履行社会责任、提升慈善意识、增加慈善志愿活动，用实际行动得到社会的认同、政府的认可，获得政府的共同培育。政府通过培育与扶持推进我国体育社团的繁荣发展。通过以上研究的梳理，提出以下假设：

H3d：体育社团履行服务责任对政府培育有正向影响

第四节 政府培育与利益相关者满意的中介作用分析

一、利益相关者满意在体育社团"社会责任—组织绩效"关系的中介作用

国外学者在研究社会责任和组织绩效之间的关系时，大多认为社会责任会影响组织绩效，其必须通过无形资源这种中介机制来实现。比如，针对美国 72 家非营利组织的研究发现，对利益相关者进行识别与规范，非营利组织承担社会责任对组织绩效的提升有重要作用。研究中常把组织的无形资源作为满意度、人力资本、声誉和文化等观察的变量，一些研究将"无形资源"作为中介变量，证实了无形资源在社会责任和组织绩效之间的中介作用的假设结论。履行社会责任是一种双方的互动过程，这种关系的界定主要在于如何理解利益相关者。在这种视角下，应该把社会责任当作身份责任的一种，这种身份能够把社会责任的重心分别落实在组织内部和外部。因此，可以使用这种模式把利益相关者的满意程度构建成可衡量的"价值数据"，并根据满意度来评估组织发展绩效。在探讨体育社团的社会责任时，不能把它简单地与政府、营利组织的社会责任等同，二者之间的形成机理、逻辑结构、责任方式不同。因此，体育社团在履行社会责任时对组织自身的发展有重要作用，利益相关者对服务的满意程度构成了评价组织绩效的中介。

在我国，利益相关者的满意度在社会责任履行与组织绩效提升之间所起作用的研究认为，能够满足利益相关者的心理需要时，可以提高利益相关者的满意度，促使利益相关者自发地履行社会责任。陈云云建构了社会责任、利益相关者满意度和组织绩效的数学模型证实了这一理论。体育社团与利益相关者要主动协作，获得更多的支持与理解，以提高组织绩效，间接表明利益相关者对体育社团履行社会责任的满意度，进而影响体育社团的绩效。付鸿彦等依靠结构方程模型经过问卷调研数据进行验证性剖析，发现必须要把社会责任和组织的核心业务互相融合，进一步拓展组织的核心竞争力，扩大自身竞争优势并产生内外部协调发展的良性循环，最后确认社会责任和财务绩效的关联性，发挥利益相关者的满意的中介作用。

此外，体育社团应该参与并主动实施社会责任行为，这种充满正能量的"沉默螺旋"过程能够迅速提升组织竞争力，这正是履行社会责任所具有的积极意义。这种行为有助于体育社团获得更好的战略资源与组织绩效，有学者认为社会责任与非营利组织组织绩效呈显著正相关关系；更重要的是社会责任可以提高利益相关者对服务的满意度，间接对组织绩效产生改变作用。同时，非营利组织的社会责任对组织绩效发挥作用必须通过利益相关者对服务质量的满意与忠诚度来实现。还有学者通过多因素整合视角厘清了非营利组织承担和履行社会责任行为的不同因素，验证了非营利组织能够经过社会责任战略提升组织竞争力。通过构建研究模型我们验证了利益相关者的态度和行为影响组织绩效的依据，验证了利益相关者的满意度和行为在非营利组织的社会责任导向影响组织绩效的中介作用。另有实证研究指出，利益相关者满意度高表示利益相关者对组织有较高的认同感，利益相关者满意度在履行社会责任与获得组织绩效的过程中成为中介变量，利益相关者满意度发挥了中介作用。还有学者表示，利益相关者可以成为社会责任影响组织绩效的前因变量，利益相关者满意度可以成为中介变量，进而衡量组织绩效。另有研究发现，非营利组织的社会责任和利益相关者满意都能对组织绩效产生显著正向影响，并且利益相关者满意在非营利组织履行社会责任与组织绩效之间有明显的中介作用。利益相关者是组织绩效和实现组织目标的重要影响因素，通过履行对利益相关者的社会责任，能够增强利益相关者和组织的关联性，有助于提升利益相关者之间的协作性，能够保证利益相关者的满意度，尽可能形成合力，达到体育社团的利益目标。通过对以上文献进行梳理，提出以下假设：

H4：利益相关者满意在体育社团履行社会责任提升组织绩效的过程中起到中介作用

H4a：利益相关者满意在体育社团履行政治责任提升组织绩效的过程中起到中介作用

H4b：利益相关者满意在体育社团履行治理责任提升组织绩效的过程中起到中介作用

H4c：利益相关者满意在体育社团履行发展责任提升组织绩效的过程中起到中介作用

H4d：利益相关者满意在体育社团履行服务责任提升组织绩效的过程中起到中介作用

二、政府培育在体育社团"社会责任—组织绩效"关系的中介作用

政府鼓励更多的体育社团投身到公共事务中，加强政府与社会组织的交流，增加政

府、体育社团与群众三者的互动，进而提高体育治理的效果；体育社团在履行社会责任的同时，积极提供体育公共服务产品，积极发挥服务社会功能，同时能得到更多的发展资源，提升自己的组织绩效；政府培育在体育社团履行治理责任、提高其组织绩效中起了中介作用。政府能够通过资源再分配来提升体育社团履行责任的积极性与主动性，激励与解放社会内部潜能与活力，促使体育社团提供更多更好的体育公共服务来满足各利益相关者的需求，让体育社团得到群众的认可与政府的认同，同时获得政府资金与政策的支持，提高体育社团在运作过程中的组织绩效。

政府还要构建各利益相关者协同合作的培育体制。体育社团不但需要拆解原有不同组织的治理藩篱，打破原有组织的信息、资源壁垒；提升各类社团在不同领域间的流动性和开放性；提高社会组织在不同层级、不同领域间的协同意识与协作能力，提高社会组织在社会中的表现能力，使体育社团得到更多社会主体的认可，获得更好的发展资源与组织绩效。因此，政府的培育能够跨界建立体育社团之间的协作共享体系，加强体育社团之间的互动合作，实现利益最大化，在体育社团履行政治责任、提高其组织绩效的过程中，政府培育起了中介作用。

这一路径的好处是，可以迅速壮大体育社团，使其更好地履行社会责任，可以缓解政府在治理改革转型中承受的压力，使政府与体育社团达到各司其职的理想状态，提高体育社团获得发展组织绩效的能力与手段，在协同过程中政府培育起了中介作用。

政府必须成为体育社团履行社会责任的主导，督促社会责任激励体系建立，善用信息披露与绩效评估等方式为体育社团社会责任的承担与履行提供制度保障，确保完善履行社会责任体系与提升体育社团的组织绩效，而政府培育在体育社团履行社会责任、提高组织绩效的过程中起了中介作用。政府在培育体育组织时应该健全法制与监督体系，加大在资源配置、人才培训等重要领域的培养力度；提升内部治理能力与自身管理水平，从内外两个方向激发体育社团的活力，提高协同政府治理社会的能力；通过履行社会责任参与社会治理，以此获得体育社团发展资源，同时尽力提升组织绩效。在整个运作体系中政府培育起了较好的中介作用。由此，政府必须成为体育社团履行社会责任的主导，加强激励体系建立，以积极培育为基础，降低体育社团履行社会责任的行动成本与风险，善用信息披露与绩效评估等方式对体育社团履行社会责任进行制度上的"护航"，确保完善履行社会责任的体系与提升社区体育社团的组织绩效，而政府培育在体育社团履行社会责任、提高组织绩效过程中起了中介作用。通过对以上文献进行梳理，能够提出以下假设：

H5：政府培育在体育社团履行社会责任提升组织绩效的过程中起到中介作用

H5a：政府培育在体育社团履行政治责任提升组织绩效的过程中起到中介作用

H5b：政府培育在体育社团履行治理责任提升组织绩效的过程中起到中介作用

H5c：政府培育在体育社团履行发展责任提升组织绩效的过程中起到中介作用

H5d：政府培育在体育社团履行服务责任提升组织绩效的过程中起到中介作用

第五节　政府培育与利益相关者满意对体育社团组织绩效的影响分析

一、政府培育对体育社团组织绩效的影响

2016年，财政部与民政部共同发布《财政部　民政部关于通过政府购买服务支持社会组织培育发展的指导意见》，在"脱钩"阶段给予社会组织培育。引导社会组织专业化发展。因此，体育社团的成长成熟需要政府的激励与培育，为此政府与体育社团之间的依赖关系逐渐演变成为政府对社会组织的支持与培育。从体育社团的视角看，政府在资源的分配上占据了举足轻重的地位，能够为体育社团在不同发展阶段提供充足的发展资源是体育社团发展的重要途径之一，这一途径的好处是可以迅速壮大体育社团，使其能够更好地履行社会责任。从政府的视角看，政府对体育社团的培育不仅减轻了政府在治理改革转型中承受的较大压力，使政府与体育社团能够达到各司其职的理想状态，而且提高了体育社团获得发展组织绩效的能力与手段，在协同过程中政府培育对提升体育社团组织绩效起了直接作用。毕荟蓉的研究就证实了政府培育社会组织能够提高它们的绩效，促进其健康发展。

随着体育需求的多样化、层次化，公共服务供给已经不能满足群众需求，这些不平衡导致社会矛盾凸显，不同利益主体之间的冲突越发激烈。这时，政府能够通过资源再分配的形式引导与培育体育社团，使其按照政府的意图发展，积极提供公共服务进而获得再分配的资源，提升组织绩效。对体育社团提供分级分类培育不仅能够提升体育社团履行责任的积极性与主动性，而且能够激发社会内部潜能与活力，促使体育社团提供更多更好的体育公共服务，满足各利益相关者的需求，让体育社团得到群众的认可与政府的认同，同时获得资金与政策支持，提高体育社团在运作过程中的组织绩效。另外，政府要构建协同合作的培育体制，明确提升体育社团治理能力的基本要求。

由此，通过对以上文献的总结与提炼，能够提出以下假设：

H6：政府培育对提升体育社团组织绩效有正向影响

二、利益相关者满意对体育社团组织绩效的影响

通过对体育社团实际运行过程的剖析，利益相关者满意在履行社会责任与体育社团组织绩效的关系中产生了中介作用。国外学者在初次研究社会责任和组织绩效之间的关系时，认为社会责任要影响组织绩效必须通过无形资源这种中介机制来实现，并把无形资源定性为满意度、人力资本、声誉和文化等便于观察的变量。于是，他们将"无形资源"作为中介变量，证实了无形资源在社会责任和组织绩效之间的中介检验的假设。履行社会责任是一种双方的互动过程，这种关系的界定主要在于如何理解利益相关者。在这个视角下，应该把社会责任当作身份责任的一种，这种身份能够把社会责任的重心分别落实在组织内部和外部。因此，可以使用这种模式把利益相关者的满意程度构建成为可以衡量的"价值数据"，并根据满意程度评估组织发展绩效。在探讨体育社团的社会责任时，不能简单地把它与政府、营利组织的社会责任等同，二者之间的形成机理、逻辑结构、责任方式等都不同。因此，体育社团在履行社会责任时对组织自身的发展有重要作用，利益相关者对服务的满意程度构成了评价组织绩效的中介。

我国学者将社会交换理论和社会认同理论作为研究的出发点，研究利益相关者满意在社会责任履行与组织绩效增加之间发挥的作用，组织对承担社会责任的态度、观点与措施、

在满足利益相关者的心理需要时，可以提高利益相关者满意度，使利益相关者自发地履行社会责任。陈云云构建了社会责任、满意度和组织绩效的数学模型，认为组织必须积极履行社会责任，利益相关者之间要主动协作并提高协作满意度，才能获得各方的支持与赞助。社会组织主动履行社会责任会获得更多的支持与理解，能够提高社会组织的组织绩效，间接表示出利益相关者对组织履行社会责任的满意度，影响了组织的发展绩效。

由此，通过对以上文献进行梳理，可以提出以下假设：

H7：利益相关者满意对提升体育社团组织绩效有正向影响

在本章的理论分析和逻辑推理基础上，对体育社团社会责任与组织绩效之间的关系进行了假设，初步建构了体育社团社会责任、利益相关者满意、政府培育作用于组织绩效的概念模型，见图4-1，并对研究假设进行汇总，见表4-1。

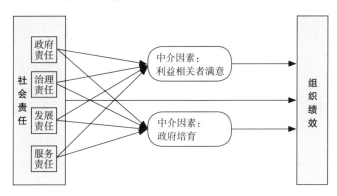

图4-1　体育社团社会责任与组织绩效的作用机理模型

表4-1　本章理论假设汇总

假设编号	内容
1	H1：社会责任对提升体育社团组织绩效具有正向影响
2	H1a：治理责任对提升体育社团组织绩效具有正向影响
3	H1b：服务责任对提升体育社团组织绩效具有正向影响
4	H1c：发展责任对提升体育社团组织绩效具有正向影响
5	H1d：政治责任对提升体育社团组织绩效具有正向影响
6	H2：体育社团履行社会责任对利益相关者满意有正向影响

续表

假设编号	内容
7	H2a：体育社团履行政治责任对利益相关者满意有正向影响
8	H2b：体育社团履行治理责任对利益相关者满意有正向影响
9	H2c：体育社团履行发展责任对利益相关者满意有正向影响
10	H2d：体育社团履行服务责任对利益相关者满意有正向影响
11	**H3：体育社团履行社会责任对政府培育有正向影响**
12	H3a：体育社团履行政治责任对政府培育有正向影响
13	H3b：体育社团履行治理责任对政府培育有正向影响
14	H3c：体育社团履行发展责任对政府培育有正向影响
15	H3d：体育社团履行服务责任对政府培育有正向影响
16	**H4：利益相关者满意在体育社团履行社会责任提升组织绩效的过程中起到中介作用**
17	H4a：利益相关者满意在体育社团履行政治责任提升组织绩效的过程中起到中介作用
18	H4b：利益相关者满意在体育社团履行治理责任提升组织绩效的过程中起到中介作用
19	H4c：利益相关者满意在体育社团履行发展责任提升组织绩效的过程中起到中介作用
20	H4d：利益相关者满意在体育社团履行服务责任提升组织绩效的过程中起到中介作用
21	**H5：政府培育在体育社团履行社会责任提升组织绩效的过程中起到中介作用**
22	H5a：政府培育在体育社团履行政治责任提升组织绩效的过程中起到中介作用
23	H5b：政府培育在体育社团履行治理责任提升组织绩效的过程中起到中介作用
24	H5c：政府培育在体育社团履行发展责任提升组织绩效的过程中起到中介作用
25	H5d：政府培育在体育社团履行服务责任提升组织绩效的过程中起到中介作用
26	**H6：政府培育对提升体育社团组织绩效有正向影响**
27	**H7：利益相关者满意对提升体育社团组织绩效有正向影响**

第五章 体育社团社会责任影响组织绩效的实证研究

为检验第四章提出的理论假设，本章首先设计《体育社团履行社会责任与组织绩效提升的关联性调查问卷》，然后通过问卷发放与回收数据进行统计分析，最后利用结构方程模型对所提的理论假设进行验证，并对得出的结果进行讨论。

第一节 实证研究设计

一、问卷的初始设计

（一）问卷设计

严格依照问卷设计规则，根据本书的研究目的与内容对问卷进行设计：第一，结合文献和已有量表相设计问卷大纲，将研究变量的内涵和定义量化成为可以测量的指标，初步构建量表。第二，咨询相关领域专家，修正问卷。在问卷研制过程中，积极向专家与社团负责人请教，询问关于问卷中各变量之间逻辑关系是否合理、题项表述是否清晰、问卷内容是否合理、问卷整体能否涵盖研究目的等问题的建议，减少问卷题项表达的歧义。第三，通过与研究对象讨论，确定问卷题项的表述是否清晰、是否合理。之后，对问卷进行修订。第四，小样本测试。通过微信、QQ 等网络媒介对问卷进行小样本发放，并根据回收的问卷进行统计分析与信效度检验，对部分题项进行删减与调整，最后定型正式问卷。研究路径如图5-1。

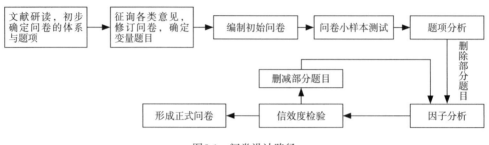

图5-1　问卷设计路径

（二）问卷内容

本问卷包括两部分：第一部分调查题项以李克特量表为基础，采用 5 点量表测量被试者对体育社团履行社会责任与组织绩效提升的机理进行调查。5 点量表的分值为 1 ~ 5 分，1 = 完全不赞同；2 = 基本不赞同；3 = 不确定；4 = 基本赞同；5 = 完全赞同，以递增分值正向进行衡量。第二部分主要是被调查对象的特征调查，包括成立年限、社团会员数量、运营经费、社团类别、所在城市。

为了消除一些不足之处，第一，在问卷设计过程中经过两轮修订和小样本预测试，确保问卷表达和结构的完整性与清晰度，将混淆视听的题项降到最低程度；第二，在填写时要求被调查者围绕自身所在社团进行填写；第三，为了打消被调查者的顾虑，在问卷的开始部分标注问卷仅为学术研究使用。

二、变量测量

本书所观测的变量可以划分为四类，分别为自变量、中介变量、因变量、控制变量。自变量指体育社团社会责任；中介变量指政府培育、利益相关者满意；因变量指体育社团组织绩效；控制变量指社团规模、社团类别、成立年限与所在地。对所研究的变量归集如下（表5-1）。

表5-1　研究变量的归集

变量类型	变量名称
自变量	社会责任
中介变量	利益相关者满意、政府培育
因变量	组织绩效
控制变量	社团规模、社团类别、成立年限、所在地

（一）自变量

上文提出体育社团社会责任作为自变量包含四个维度，分别是政治责任、治理责任、服务责任、发展责任。为了更贴近调研人群的实际情况，测量题目根据访谈过程的内容进行了表述上的调整，但具体的内涵没有改变。具体见表 5-2。

表 5-2　体育社团社会责任测量题项

变量	题目
政治责任	PR1在社团内部树立了正确的社会责任价值观
	PR2在日常运营过程中本社团积极服务政府的体育发展战略
	PR3在日常运营过程中本社团认真服务各类社团群体
	PR4在日常运营过程中本社团维护与保障群众的体育权益
	PR5本社团积极协助政府提供优质的体育公共服务
治理责任	GR1本社团每年向社会公开年度工作报告与财务预决算情况
	GR2在日常运营过程中本社团认真规范资金来源与支出
	GR3在日常运营过程中本社团制订了社会责任战略规划
	GR4在日常运营过程中本社团认真遵守法律、法规和相关政策
	GR5在日常运营过程中本社团积极提升服务人员的业务水平
服务责任	SR1在日常运营过程中经常协助社会弱势群体开展体育活动
	SR2在日常运营过程中经常开展公益体育宣讲活动
	SR3本社团主动在社区组织群众进行公益性体育健身活动
	SR4在日常运营过程中主动配送体育服务到社区

续表

变量	题目
服务责任	SR5在日常运营过程中注重提高参与群众的满意度
发展责任	DR1在日常运营过程中本社团积极传播体育文化
	DR2在日常运营过程中本社团注重与服务对象加强体育文化交流
	DR3在日常运营过程中本社团积极推进地区体育项目发展
	DR4在日常运营过程中本社团积极提升社会影响力
	DR5在日常运营过程中本社团扩大各类会员的数量

（二）中介变量

1. 政府培育

2013 年，国务院办公厅颁布《关于政府向社会力量购买服务的指导意见》，指出进一步转变政府职能、改善公共服务方式，政府要积极向社会组织购买相关服务，以扶持这些社会组织的发展壮大。2016 年，财政部与民政部颁布《关于通过政府购买服务支持社会组织培育发展的指导意见》，通过文件形式规定了政府支持社会组织发展的方法，制定了当地帮扶社会组织发展的政策性文件，形成了从国家到地方扶持社会组织发展的文件。政府作为体育社团最重要的利益相关者，应该从政策、人才、媒体引导三方面对体育社团进行培育，形成职能清单，构建全方位、多层次的培育体系。另外，在培育的同时要进行监督、监管，保证培育的方向与人、财、物的合理使用。在调研走访中，××市空竹协会对政府培育的重要性认识较为深刻，该协会刚成立时为更好地开展活动，政府给予其场地支持，在其注册时政府给开了绿灯，并协助联络了体育局与民政局，很快走完了审批程序。在开展活动的过程中，政府相关机构按照一定的需求给空竹协会设定了开展服务的主要内容，根据活动地点的远近开展差异化服务，避免在开展活动时因服务对象的重叠而发生不愉快的"抢资源事件"。××社区体协在刚成立时，政府为其提供专门的场地。在政府的积极支持下，有些体育社团一直忙于为政府提供公共服务，无法提升社团自身的服务能力与组织发展目标，进而慢慢沦为工具。

　　××社区体协认为要"在政策支持方面，建立配套扶持体育社团的制度；构建开放性的准入体制，为体育社团的科学发展奠定制度基础；同时，还要对体育社团的培育过程进行监督，及时发现存在的问题，认真监管培育程序，把最优化的资金与政策落实到相应的体育社团上，使政策法规能够发挥更大的培育作用"。人才支持方面，各级各类学校为体育社团的发展培育了各种人才，能够基本满足我国体育社团的发展需要；而且，根据国家颁布的文件，建立各地的体育社团孵化基地，构建各类型专业体育人才认证体系，为体育社团的健康成长助力；政府还应该建立体育人才合理的流动机制，保证人才灵活流转，发挥人才的带动与引领作用。我国媒体在政府的领导下独立运行，因此，媒体在国家要求下能够积极为体育社团履行社会责任进行正面宣传，也可以对体育社团履行社会责任进行舆论监督；体育社团使用自媒体为本社团履行社会责任的情况进行宣传，使体育社团能够获得更好的组织绩效。通过对文献的再次梳理与总结，结合访谈的实际情况，确定了政策扶持、人才支撑、媒体引导三个方向，并根据相关文献设立测量题项，具体见表5-3。

表5-3　政府培育测量题目

变量	题目	参考文献
政府培育	GC1政府为体育社团制订了职能清单	王凯珍等调研 万文博等调研 朱纯调研 孟欢欢等调研 张宏调研 许芸调研 董勖调研 戴红磊调研 于菲菲调研
	GC2政府逐渐加大了购买体育社团提供的体育公共服务力度	
	GC3根据体育社团的情况制订了多部门协同培育的孵化机制	
	GC4能够多渠道地为本社团培养社团管理人才	
	GC5官方媒体对本社团履行社会责任的正面宣传较多	
	GC6专业人才流动机制使本社团得到很好的发展	
	GC7本社团的信息公开制度有利于形成良好的社会监督	

2. 利益相关者满意

　　体育社团的发展是否顺利，很大程度上取决于体育社团提供的服务是否满足利益相关者的需求。所以，测量不同利益相关者对体育社团履行社会责任的满意是评价体育社团组织绩效的有效手段，不仅能够为体育社团提升组织绩效提供标准，并且能够划分出利益相关者需求的层次差异，为提升体育社团履行责任的效率提供参考。利益相关者满意的原因是体育社团在运行与履行社会责任的过程中，满足利益相关者不同需求的可能性及满意的程度，也可理解为利益相关者在体育社团运行过程中提供专门性资产而获得的回报，由此产生的满意水平为利益相关者满意。

只有对利益相关者进行辨别与分类，才不会因较少地履行责任而影响组织的利益，也不会因广泛地履行责任而给组织增加负担。因此，本研究首先要对利益相关者进行识别。体育社团以满足广大群众的体育需求，普及科学锻炼方法，服务体育参与人群，让社会公共利益最大化为存在目的，造成利益相关者层次的繁杂。依据与组织的相互关系，克莱森将利益相关者分划为两类：一类是首要相关者，重点是那些影响非营利组织生存发展的相关者，包括政府、内部员工与服务对象；另一类是次要相关者，指与组织发展存在间接影响的相关者，包括志愿者、政府和媒体机构等。也有学者指出社会组织不仅要对募捐者负责，而且要照顾到参与者、媒体机构、内部员工等相关者。体育社团在服务社会的过程中，在提升自身绩效的同时，还要让健身服务效果最大化。所以，体育社团涉及的利益相关者层次较为丰富。根据前文的论述与理论分析，通过对调研对象的访谈，借鉴陈宏辉和贾生华的"三分方法"，梳理出体育社团的利益相关者：内部相关者（包括社团内部工作人员）、外部相关者（包括服务对象、募捐者等）、社会公众相关者（包括政府机构、其他社团、社区等）。内部利益相关者是指社团内部的管理者与工作人员，他们是体育社团的核心成分，也是社团的运营者。外部利益相关者是指体育社团的服务对象与协作者，他们的良性互动能够影响社团的发展，部分文献将这部分群体叫作重要利益相关者[2]。政府机构、社区或者其他社团并没有直接参与社团运行，而是借助协作、监督等方式对体育社团的正常运行产生间接影响，会对体育社团的发展起到规范作用，将其划分为社会公众类。

访谈过程中，在被问及"内部相关者满意"的具体测量题项时，通过访谈总结出"在内部相关者满意中，对社团员工的成长与成才尤为关注，他们的成功也就证明了社团的成功；管理人员对社团运行过程的认同感与满意度明显表明了社团的流程顺畅，成员配合默契；会员的满意是一个重要的条件"。通过访谈后总结出"内部相关者满意应该是管理者与会员的满意，同时要兼顾员工个人的发展机会；内部相关者满意还体现在积极主动的工作上，这种情况的出现能够反映内部相关者的满意度"。通过访谈总结出"内部相关者不都是协会的管理人员，其他的不清楚；会员满意才是协会发展的根本，管理人员是为会员服务的，满足他们对空竹运动的需求，鼓励他们学习，为传承非物质文化遗产努力工作"。根据陈安娜、高海虹、吴磊与徐家良等的研究结果，我们可以把内部相关者满意的题项设定为内部员工对本社团的运行情况较为满意。

根据"外部相关者满意"的访谈可以总结出"协会服务的对象对本协会履行社会责任后的满意程度能够指导社团的进一步发展，现在的工作重心与中心也是希望能够得到他们的理解与支持。对于社会捐赠本协会是欢迎的，也是谨慎的，因为接受捐赠后，捐赠者会形成各种监督，对捐赠的物品进行动态管理，使本协会的压力增加，捐赠者的满意是协会的重要议题之一；志愿者是本协会的'忠实粉'，他们的觉悟高、业务素质好、行动力强，对协会的发展起到了至关重要的作用，志愿者对本协会的工作很满意，要不他们不会支持协会工作。如今，各种协会很多，人们可选择的余地很大，志愿者在项目推广与基层体育服务中有积极作用，在举办大型体育赛事时，志愿者的志愿服务能够使比赛过程更加顺畅。志愿者的满意也是协会运行情况的反应"。通过访谈总结出"志愿者与捐赠者对协会的帮助很大，他们的无私支持能够让协会的发展更顺畅，现在协会的活动经费不是很充足，在他们的帮助下才能开展更多更好的活动，提升协会的知名度。志愿者与捐赠者对协会运行情况的满意能够使其得到更多的社会资源。服务对象的满意是协会一直追求的目标，让参与的会员满意，让他们体会到排球运动带来的快乐是协会的初心。在协会的实际运作过程中，始终保持初心，提升发展能力，提高基层组织对协会认可度的同时，让会员对协会的工作满意度提升"。吕萍等认为外部利益相关者包含服务对象、投资人等。米切尔与伍德提出属性评分法来分类界定利益相关者，外部利益相关者可以包含投资人、服务对象、社区居民、环保组织等。根据体育社团的属性与服务范围等特质，我们可以把外部相关者满意的测量题项确定为三个：捐赠者对本社团的捐赠较为积极；志愿者对本社团开展的体育活动较为满意；服务对象对本社团提供服务的满意度较高。

通过对"社会公众相关者满意"的访谈，我们总结出"社会公众相关者的范围比较广泛，包括媒体、社区、政府相关机构等，这些公共机构对本协会的发展有很大帮助，这部分相关者对协会的发展起到了重要作用，需要他们的鼎力相助"。通过访谈，我们总结出"在现阶段，社会公众相关者可能比外部相关者更重要，'脱钩'以后，协会的总体经费缩减，运行存在实际困难，得到他们的支持能够解决实际的生存问题。媒体、政府、社区和其他协作社团作为社会公众利益相关者的满意能够使协会突破发展困境。认真地履行社会责任能够提升协会的社会声誉，使其得到社会公众的认可，提升他们的满意度"。由此，我们可以把社会公众相关者满意的测量题项设定为两个：社区对本社团开展的体育活动较为满意与政府对本社团开展的体育活动较为满意。综上所述，把利益相关者满意的测量题项确定为六个，具体见表5-4。

表5-4　利益相关者满意测量题项

变量	题目	参考文献
利益相关者满意	SS1内部员工对本社团的运行情况较为满意	陈安娜调研高海虹调研张洪武调研潘漫海调研刘丽调研奥兰德、兰丁调研
	SS2捐赠者对本社团的捐赠较为积极	
	SS3志愿者对本社团开展的体育活动较为满意	
	SS4服务对象对本社团提供服务的满意度较高	
	SS5社区对本社团开展的体育活动较为满意	
	SS6政府对本社团开展的体育活动较为满意	

（三）因变量

在组织绩效测量题项的选择上，我们通过访谈总结了"财务是一个组织的重要成分，关涉协会运行的方方面面。包括赞助、捐赠的钱和物等按相关法规要求，统一归并到财务中心，让他们根据实际需求进行安排，能够得到赞助与捐赠也表明协会得到了社会的认可。如果社区体育协会（以下简称"社区体协"）有更先进更高效的财务系统，可能使体育协会的运转更有效更有活力，但前提是要遵守国家的法律法规。社区体协能够基本满意政府对体育服务的需求，并且采用订单式配送体育服务，更好地解决政府在体育供给中遇到的难题。社区体协在开展体育服务时需要更多的体育从业人员，可以解决部分运动员与大学生的就业问题，在服务大局与群众的过程中，体协的服务在某种程度上推动了体育产业的进步"。通过访谈我们总结了"内部流程的顺利进行决定了协会的发展形势。社团的内部流程看重内部的协同能力、部门之间的工作流程是否顺畅、用简单的绩效评估方法来评估部门的绩效。协会内部各部门、管理者与员工之间协作互动是评价内部流程的重要指标之一；内部管理与流程是协会能否顺利发展的关键，内部人员团结是内部绩效评估是否顺利的标准。协会内部也要互相监督，保障各部门交流顺畅，同心协力的工作；协会这种组织必须要做好自我监督，做好上下协同，才能获得更好的组织绩效，推动协会向更高层次发展。在访谈中，我们总结出体育社团的组织绩效可以根据体育文化传承、体育精神传播情况进行评估。王守文认为组织绩效更多地表现为社团的运行境况与资源的合理利用。在非营利组织的组织绩效测评过程中，资助人是测评主体之一，资金筹集活动、财务系统、对服务对象的保护是重要指标。另外，要从文献中找出对应的题项。王晓芳通过调查得出内部工作人员的组织认同感较高，组织内部的流程会进行得更顺畅。非营利组织的组织绩效可以表现为社会影响力，绩效越高则影响力越大。非营利组织在运行时，其组织绩效可从服务对象的忠诚度表现出来。群众对该组织的忠诚度越高，组织的绩效就越好。在服务导向与市场导向下，我们要提高专业服务能力，提升服务对象对组织的依赖性，进而满足他们的需求，这样有助于服务体系的创新，提升组织的财务绩效。在服务对象绩效的评估过程中，服务对象的忠诚度是一个重要指标，其不仅可以提高组织的绩效，也能够提升组织对社区的辐射能力。张雅认为非营利组织的学习与成长的测量维度可以包含专业人才培养与提升业务水平。根据上述文献与访谈内容，我们能够把组织绩效的测量题项分成7个选项，具体见表5-5。

表5-5　组织绩效的测量题项

因变量	题项	参考文献
组织绩效	OP1本社团能够获得较多赞助与捐赠	胡杨成调研 卡普兰调研 张雅调研 张远凤调研
	OP2本社团能够实现自负盈亏	
	OP3本社团有较大的社会影响力	
	OP4能够获得政府的大力支持	

续表

因变量	题项	参考文献
组织绩效	OP5社区赞许本社团的体育工作	王守文调研
	OP6举办的体育活动得到参与者的认可	邱佛梅调研
	OP7完善了本社团内部的治理制度	王晓芳调研

（四）控制变量

1. 体育社团类别

根据文献中对体育社团类型的划分，其划分标准表现为在体育社团发展战略、社会责任履行方式、履行社会责任对组织绩效的影响、政府培育形式等方面的不同。项目社团之间也有较大的差异性，市场化程度高的项目与生存艰难的项目在履行社会责任方面也表现出较大差别。不同类别的体育社团会对组织绩效提升产生至关重要的影响。根据已有分析，本书将社团分为人群社团、奥运项目社团、非奥运项目社团与其他社团。

2. 社团规模

体育社团是在社会中成长壮大的，社团规模的变化对体育社团履行社会责任前后会产生不同的影响，进而对组织绩效产生不同的影响。本书为了更精确地把握体育社团社会责任对组织绩效影响的变化，借鉴赵东与王军、杨军良、骆耀东、蔡瑞林等的研究，把社团会员数量作为调节变量，进一步研究体育社团履行社会责任对组织绩效的影响。

黄晓勇认为，全员职工数量能够对体育社团产生一定的规模效应，同时职工数量的增加会逐渐产生冗余，对体育社团的组织绩效造成负向影响。因此，需要对体育社团全员职工数量的具体情况进行分析，了解全员职工数量对体育社团履行社会责任与提升组织绩效的影响。体育社团的运营经费不仅影响体育社团的运营情况，也影响体育社团的社会活动能力。运营经费充足的社团履行社会责任的积极性较高。因此，需要对体育社团的运营经费与会员数量进行了解，以期为体育社团履行社会责任产生影响。

（1）运营经费

本研究试图了解不同运营经费对体育社团履行社会责任产生的影响。在实际访谈与参考文献的基础上，体育社团运营经费具体划分如表5-6所示。

表5-6 运营经费统计特征

变量	内容
运营经费	①5万元/年以下； ②6万～30万元/年； ③31万～55万元/年； ④56万～80万元/年； ⑤81万元/年以上

（2）会员数量

本研究调查了体育社团的会员数量，了解不同会员人数规模对体育社团履行社会责任产生的影响。在实际的访谈记录与参阅文献的基础上，把体育社团会员数量具体划分为如表5-7所示。

表5-7 会员数量统计特征

变量	内容
会员数量	①50（含）人以下； ②51～300人； ③301～560人； ④561～820人； ⑤821人以上

3. 成立年限

本研究调查了体育社团的成立年限，主要是体现成立时间长短是否会对体育社团履行社会责任产生影响。在实际的访谈记录与参阅文献的基础上，体育社团成立年限具体划分如表5-8所示。

表5-8 成立年限统计特征

变量	内容
成立年限	①1～10年； ②11～20年； ③21～30年； ④31～40年； ⑤41年及以上

4. 社团所在城市

本研究需要调查体育社团的所在地，了解不同地域对体育社团履行社会责任产生的影响。在问卷中，需要被调查者填写所在地市的名称，以便更好地进行分类研究，找出社团的区别，使研究更具实效性。

三、小样本预测试

（一）小样本取样及样本描述

为了让《体育社团履行社会责任与组织绩效提升的关联性调查表》的科学性与合理性更强，我们在大规模发放量表前需要进行小样本预测试，为接下来的研究奠定坚实的基础。由于被测试的各类变量比较复杂，易造成题项所表达的内容难以满足调研的需求；同时，为了让量表能够真实地表达出测试的问题，需要排除一些关联性不高的题目，在预调查后对量表题项进行修订，形成正式的《体育社团履行社会责任与组织绩效提升的关联性调查表》。从 2020 年 12 月 1 日至 2020 年 12 月 31 日，我们对北京、上海、福建、陕西、四川、杭州、山东、吉林、广东等地的省级社团负责人（包括会长、副会长、秘书长、副秘书长与协会办公室主任）发放电子量表 90 份（包括奥运项目社团 40 个，非奥运项目社团 26 个，其他社团 13 个，人群社团 11 个），回收问卷 90 份。为了得到更有效的问卷，我们规定答题时间须超过 120 秒；选择同一答案超过 40 道题项的量表被判定为无效问卷，予以删除。经严格检查，有效量表为 84 份。随后，对回收的有效量表进行信度、效度分析与探索性因子分析。

（二）小样本检验方法与结果

1. 量表的信度分析

（1）自变量的信度分析

从表 5-9 可知：社会责任的政治责任维度的 Cronbach α 系数为 0.978，大于 0.9；"项已删除的 α 系数"大于 0.9，表明题项不应该被删除处理；"CITC 值"大于 0.6，说明分析项之间相关性良好，数据的信度水平较好，可用于进一步分析。

表5-9 政治责任维度的Cronbach信度分析

名称	校正项总计相关性CITC	项已删除的α系数	Cronbach α系数
PR1在社团内部树立了正确的社会责任价值观	0.710	0.980	
PR2在日常运营过程中本社团积极服务政府的体育发展战略	0.700	0.980	
PR3在日常运营过程中本社团认真服务各类社团群体	0.655	0.980	0.978
PR4在日常运营过程中本社团维护与保障群众的体育权益	0.830	0.979	
PR5本社团积极协助政府提供优质的体育公共服务	0.618	0.980	

从表 5-10 可知：社会责任的治理责任维度的 Cronbach α 系数为 0.968，大于 0.9，"项已删除的 α 系数"大于 0.9，表明题项不应该被删除处理；"CITC 值"大于 0.7，表明分析项之间相关性良好，数据信度水平良好，可用于进一步分析。

表5-10 治理责任维度的 Cronbach 信度分析

名称	校正项总计相关性CITC	项已删除的α系数	Cronbach α系数
GR1本社团每年向社会公开年度工作报告与财务预决算情况	0.852	0.979	
GR2在日常运营过程中本社团认真规范资金来源与支出	0.819	0.979	
GR3在日常运营过程中本社团制订了社会责任战略规划	0.800	0.979	0.968
GR4在日常运营过程中本社团认真遵守法律、法规和相关政策	0.771	0.979	
GR5在日常运营过程中本社团积极提升服务人员的业务水平	0.798	0.979	

从表 5-11 可知：社会责任的服务责任维度的 Cronbach α 系数为 0.974，大于 0.9，"项已删除的 α 系数"大于 0.9，表明研究数据信度质量高；"CITC 值"大于 0.6，表明数据信度水平良好，可用于进一步分析。

表5-11 服务责任维度的 Cronbach 信度分析

名称	校正项总计相关性CITC	项已删除的α系数	Cronbach α系数
SR1在日常运营过程中经常协助社会弱势群体开展体育活动	0.628	0.980	0.974

续表

名称	校正项总计相关性CITC	项已删除的α系数	Cronbach α系数
SR2在日常运营过程中经常开展公益体育宣讲活动	0.816	0.979	
SR3本社团主动在社区组织群众进行公益性体育健身活动	0.831	0.979	
SR4在日常运营过程中主动配送体育服务到社区	0.697	0.980	0.974
SR5在日常运营过程中注重提高参与群众的满意度	0.695	0.980	

从表5-12可知：社会责任的发展责任维度的Cronbach α 系数数为0.976，大于0.9，"项已删除的 α 系数"大于0.9，表明题项不应该被删除处理；"CITC 值"大于0.5，表明信度水平良好，可用于进一步分析。

表5-12 发展责任维度的 Cronbach 信度分析

名称	校正项总计相关性CITC	项已删除的α系数	Cronbach α系数
DR1在日常运营过程中本社团积极传播体育文化	0.863	0.979	
DR2在日常运营过程中本社团注重与服务对象加强体育文化交流	0.731	0.980	
DR3在日常运营过程中本社团积极推进地区体育项目发展	0.743	0.980	0.976
DR4在日常运营过程中本社团积极提升社会影响力	0.592	0.980	
DR5在日常运营过程中本社团增加各类会员的数量	0.685	0.980	

（2）中介变量的信度分析

从表5-13可知：政府培育维度的Cronbach α 系数为0.983，大于0.9，"项已删除的 α 系数"大于0.9，"CITC 值"大于0.6，表明数据信度水平良好，可用于进一步分析。

表5-13 政府培育的 Cronbach 信度分析

名称	校正项总计相关性CITC	项已删除的α系数	Cronbach α系数
GC1政府为体育社团制订了职能清单	0.756	0.979	0.983
GC2政府逐渐加大了购买体育社团提供的体育公共服务力度	0.775	0.979	

续表

名称	校正项总计相关性CITC	项已删除的α系数	Cronbach α系数
GC3根据体育社团的情况制订了多部门协同培育的孵化机制	0.762	0.979	
GC4能够多渠道地为本社团培养社团管理人才	0.744	0.979	
GC5官方媒体对本社团履行社会责任的正面宣传较多	0.786	0.979	0.983
GC6专业人才流动机制使本社团得到很好的发展	0.733	0.980	
GC7本社团的信息公开制度有利于形成良好的社会监督	0.715	0.979	

从表5-14可知：利益相关者满意维度的Cronbach α系数为0.972，大于0.9，"项已删除的α系数"大于0.9，"CITC值"大于0.4，表明数据信度水平良好。

表5-14　利益相关者满意的Cronbach信度分析

名称	校正项总计相关性CITC	项已删除的α系数	Cronbach α系数
SS1内部员工对本社团的运行情况较为满意	0.723	0.980	
SS2捐赠者对本社团的捐赠较为积极	0.512	0.980	
SS3志愿者对本社团开展的体育活动较为满意	0.652	0.980	
SS4服务对象对本社团提供服务的满意度较高	0.822	0.979	0.972
SS5社区对本社团开展的体育活动较为满意	0.677	0.980	
SS6政府对本社团开展的体育活动较为满意	0.728	0.980	

（3）因变量的信度分析

从表5-15可知：组织绩效维度的Cronbach α值为0.966，大于0.9，"项已删除的α系数"大于0.9，表明题项不应该被删除处理；"CITC值"均大于0.5，表明信度水平良好，可用于进一步分析。

表 5-15　组织绩效的 Cronbach 信度分析

名称	校正项总计相关性CITC	项已删除的 α 系数	Cronbach α 系数
OP1本社团能够获得较多赞助与捐赠	0.617	0.980	0.966
OP2本社团能够实现自负盈亏	0.701	0.980	
OP3本社团有较大的社会影响力	0.653	0.980	
OP4能够获得政府的大力支持	0.508	0.980	
OP5社区赞许本社团的体育工作	0.781	0.979	
OP6举办的体育活动得到参与者的认可	0.807	0.979	
OP7完善了本社团内部的治理制度	0.807	0.979	

从表 5-16 可知:《体育社团履行社会责任与组织绩效提升的关联性调查表》的 Cronbach α 系数为 0.953,大于 0.9,"项已删除的 α 系数"大于 0.9,"CITC 值"均大于 0.4,表明信度水平较好,可进行下一步分析。

表5-16　《体育社团履行社会责任与组织绩效提升的关联性调查表》的Cronbach信度分析

名称	校正项总计相关性CITC	项已删除的 α 系数	Cronbach α 系数
PR1在社团内部树立了正确的社会责任价值观	0.710	0.980	
PR2在日常运营过程中本社团积极服务政府的体育发展战略	0.700	0.980	
PR3在日常运营过程中本社团认真服务各类社团群体	0.655	0.980	
PR4在日常运营过程中本社团维护与保障群众的体育权益	0.830	0.979	
PR5本社团积极协助政府提供优质的体育公共服务	0.618	0.980	
GR1本社团每年向社会公开年度工作报告与财务预决算情况	0.852	0.979	
GR2在日常运营过程中本社团认真规范资金来源与支出	0.819	0.979	
GR3在日常运营过程中本社团制订了社会责任战略规划	0.800	0.979	
GR4在日常运营过程中本社团认真遵守法律、法规和相关政策	0.771	0.979	
GR5在日常运营过程中本社团积极提升服务人员的业务水平	0.798	0.979	

续表

名称	校正项总计相关性CITC	项已删除的α系数	Cronbach α系数
SR1在日常运营过程中经常协助社会弱势群体开展体育活动	0.628	0.980	
SR2在日常运营过程中经常开展公益体育宣讲活动	0.816	0.979	
SR3本社团主动在社区组织群众进行公益性体育健身活动	0.813	0.979	
SR4在日常运营过程中主动配送体育服务到社区	0.697	0.980	
SR5在日常运营过程中注重提高参与群众的满意度	0.695	0.980	
DR1在日常运营过程中本社团积极传播体育文化	0.863	0.979	
DR2在日常运营过程中本社团注重与服务对象加强体育文化交	0.731	0.980	
DR3在日常运营过程中本社团积极推进地区体育项目发展	0.743	0.980	
DR4在日常运营过程中本社团积极提升社会影响力	0.592	0.980	
DR5在日常运营过程中本社团增加各类会员的数量	0.685	0.980	
GC1政府为体育社团制订了职能清单	0.756	0.979	
GC2政府逐渐加大了购买体育社团提供的体育公共服务力度	0.775	0.979	
GC3根据体育社团的情况制订了多部门协同培育的孵化机制	0.762	0.979	
GC4能够多渠道地为本社团培养社团管理人才	0.744	0.979	
GC5官方媒体对本社团履行社会责任的正面宣传较多	0.786	0.979	
GC6专业人才流动机制使本社团得到很好的发展	0.733	0.980	
GC7本社团的信息公开制度有利于形成良好的社会监督	0.715	0.979	
SS1内部员工对本社团的运行情况较为满意	0.723	0.980	
SS2捐赠者对本社团的捐赠较为积极	0.512	0.980	
SS3志愿者对本社团开展的体育活动较为满意	0.652	0.980	
SS4服务对象对本社团提供服务的满意度较高	0.822	0.979	
SS5社区对本社团开展的体育活动较为满意	0.677	0.980	
SS6政府对本社团开展的体育活动较为满意	0.728	0.980	
OP1本社团能够获得较多赞助与捐赠	0.617	0.980	

续表

名称	校正项总计相关性CITC	项已删除的 α 系数	Cronbach α 系数
OP2本社团能够实现自负盈亏	0.701	0.980	
OP3本社团有较大的社会影响力	0.653	0.980	
OP4能够获得政府的大力支持	0.508	0.980	
OP5社区赞许本社团的体育工作	0.781	0.979	
OP6举办的体育活动得到参与者的认可	0.807	0.979	
OP7完善了本社团内部的治理制度	0.807	0.979	

2. 量表的效度分析

（1）自变量的效度分析

表 5-17 表明所有研究项对应的共同度值均大于 0.5，KMO 值为 0.978，大于 0.8，表示政治责任的 5 个因子有较高效度。研究项的信息量可以有效地提取出来。

表5-17　政治责任的效度分析

名称	因子载荷系数							共同度（公因子方差）
	因子1	因子2	因子3	因子4	因子5	因子6	因子7	
在社团内部树立了正确的社会责任价值观	**0.750**	0.365	0.196	0.100	0.014	0.146	0.018	0.743
在日常运营过程中，本社团积极服务政府的体育发展战略	**0.720**	0.438	0.177	0.146	0.141	0.134	0.101	0.763
在日常运营过程中，本社团认真服务各类社团群体	**0.762**	0.380	0.188	0.190	0.142	0.23	0.147	0.796
在日常运营过程中，本社团维护与保障群众的体育权益	**0.769**	0.339	0.313	0.164	0.089	0.151	0.268	0.832
本社团积极协助政府提供优质的体育公共服务	**0.760**	0.246	0.307	0.233	0.18	0.111	0.038	0.786
特征根值（旋转前）	24.068	2.822	1.52	1.23	1.082	1.047	0.987	—

名称	因子载荷系数							共同度（公因子方差）
	因子1	因子2	因子3	因子4	因子5	因子6	因子7	
方差解释率（旋转前）/%	52.357	6.005	3.235	2.618	2.302	2.227	2.099	—
累积方差解释率（旋转前）/%	52.357	58.362	61.597	64.215	66.517	68.744	70.844	—
特征根值（旋转后）	9.547	4.999	4.65	4.529	3.961	3.22	2.391	—
方差解释率（旋转后）/%	20.312	10.635	9.893	9.636	8.428	6.85	5.087	—
累积方差解释率（旋转后）/%	20.312	30.947	4.084	50.476	58.905	65.755	70.842	—
KMO值	0.978							—
巴特球形值	34 838.038							—
df	1 081							—
p 值	0.002							—

表 5-18 显示：所有测试项的共同度值均高于 0.5，能够进行提取。KMO 值为 0.912，大于 0.8，表明治理责任的 5 个因子有较高效度，研究项的信息能够有效提取。

表5-18　治理责任的效度分析

名称	因子载荷系数							共同度（公因子方差）
	因子1	因子2	因子3	因子4	因子5	因子6	因子7	
本社团内部树立了正确的社会责任价值观	**0.733**	0.236	0.351	0.266	0.102	0.098	0.048	0.787
在日常运营过程中本社团积极服务政府的体育发展战略	**0.743**	0.281	0.273	0.234	0.106	0.126	0.182	0.761
在日常运营过程中本社团认真服务各类社团群体	**0.698**	0.268	0.464	0.168	0.257	0.021	0.048	0.802
在日常运营过程中本社团维护与保障群众的体育权益	**0.707**	0.311	0.254	0.288	0.251	0.093	-0.03	0.744

续表

名称	因子载荷系数							共同度（公因子方差）
	因子1	因子2	因子3	因子4	因子5	因子6	因子7	
本社团积极协助政府提供优质的体育公共服务	**0.718**	0.229	0.363	0.274	0.384	0.165	0.097	0.776
特征根值（旋转前）	24.068	2.822	1.52	1.23	1.082	1.047	0.987	—
方差解释率（旋转前）/%	52.357	6.005	3.235	2.618	2.302	2.227	2.099	—
累积方差解释率（旋转前）/%	52.357	58.362	61.597	64.215	66.517	68.744	70.844	—
特征根值（旋转后）	9.547	4.999	4.65	4.529	3.961	3.22	2.391	—
方差解释率（旋转后）/%	20.312	10.635	9.893	9.636	8.428	6.85	5.087	—
累积方差解释率（旋转后）/%	20.312	30.947	4.084	50.476	58.905	65.755	70.842	—
KMO值	0.912							—
巴特球形值	1 433 038							
df	931							—
p值	0.000							—

从表 5-19 可知：共同度值均高于 0.5。KMO 值为 0.966，大于 0.8，表明服务责任的 5 个因子有较高效度，研究项的信息量能够有效地提取。

表5-19　服务责任的效度分析

名称	因子载荷系数							共同度（公因子方差）
	因子1	因子2	因子3	因子4	因子5	因子6	因子7	
在日常运营过程中经常协助社会弱势群体开展体育活动	**0.697**	0.261	0.308	0.324	0.2	0.342	0.223	0.754
在日常运营过程中经常开展公益体育宣讲活动	**0.710**	0.295	0.278	0.357	0.328	0.229	0.309	0.796
本社团主动在社区组织群众进行公益性体育健身活动	**0.704**	0.338	0.294	0.288	0.252	0.298	0.116	0.779

续表

名称	因子载荷系数							共同度（公因子方差）
	因子1	因子2	因子3	因子4	因子5	因子6	因子7	
在日常运营过程中主动配送体育服务到社区	**0.628**	0.386	0.212	0.353	0.315	0.254	0.207	0.713
在日常运营过程中注重提高参与群众的满意度	**0.644**	0.366	0.221	0.361	0.255	0.272	0.047	0.728
特征根值（旋转前）	24.068	2.822	1.52	1.23	1.082	1.047	0.987	——
方差解释率（旋转前）/%	52.357	6.005	3.235	2.618	2.302	2.227	2.099	——
累积方差解释率（旋转前）/%	52.357	58.362	61.597	64.215	66.517	68.744	70.844	——
特征根值（旋转后）	9.547	4.999	4.65	4.529	3.961	3.22	2.391	——
方差解释率（旋转后）/%	20.312	10.635	9.893	9.636	8.428	6.85	5.087	——
累积方差解释率（旋转后）/%	20.312	30.947	4.084	50.476	58.905	65.755	70.842	——
KMO值	0.966							——
巴特球形值	10 381.062							——
df	1 003							——
p值	0.000							——

从表5-20可知：所有研究项对应的共同度值均大于0.5，说明研究项信息可以被有效地提取。另外，KMO值为0.978，大于0.8，意味着发展责任的5个因子具有较高的效度；研究项的信息量可以有效地提取出来。

表5-20　发展责任的效度分析

名称	因子载荷系数							共同度（公因子方差）
	因子1	因子2	因子3	因子4	因子5	因子6	因子7	
在日常运营过程中本社团积极传播体育文化	**0.616**	0.468	0.158	0.425	0.339	0.129	0.158	0.804

续表

名称	因子载荷系数							共同度（公因子方差）
	因子1	因子2	因子3	因子4	因子5	因子6	因子7	
在日常运营过程中本社团注重与服务对象加强体育文化交流	**0.597**	0.436	0.260	0.370	0.223	0.291	0.223	0.751
在日常运营过程中本社团积极推进地区体育项目发展	**0.602**	0.499	0.168	0.380	0.333	0.286	0.327	0.785
在日常运营过程中，本社团积极提升了社会影响力	**0.558**	0.456	0.208	0.410	0.273	0.398	0.125	0.731
在日常运营过程中本社团扩大了会员的数量	**0.540**	0.553	0.176	0.406	0.352	0.452	0.192	0.793
特征根值（旋转前）	24.068	2.822	1.52	1.23	1.082	1.047	0.987	—
方差解释率（旋转前）/%	52.357	6.005	3.235	2.618	2.302	2.227	2.099	—
累积方差解释率（旋转前）/%	52.357	58.362	61.597	64.215	66.517	68.744	70.844	—
特征根值（旋转后）	9.547	4.999	4.65	4.529	3.961	3.22	2.391	—
方差解释率（旋转后）/%	20.312	10.635	9.893	9.636	8.428	6.85	5.087	—
累积方差解释率（旋转后）/%	20.312	30.947	4.084	50.476	58.905	65.755	70.842	—
KMO值	0.978							—
巴特球形值	34 838.038							—
df	1 081							—
p值	0.000							—

（2）中介变量的效度分析

①政府培育的测量题项的效度分析。

对中介变量政府培育的测量题项进行效度分析，确定问卷中介变量政府培育的因子数量。

从表5-21可知：中介变量政府培育的第7个因子GC7项（本社团的信息公开制度有

利于形成良好的社会监督）的因子载荷系数较低（0.448），无法正确归类。因此必须对 GC7 项进行删减并再次进行效度分析检验，直到得出正确的归类结果。

表 5-21　政府培育的效度分析

名称	因子载荷系数							共同度（公因子方差）
	因子1	因子2	因子3	因子4	因子5	因子6	因子7	
GC1政府为体育社团制订了职能清单	0.335	0.360	0.416	**0.621**	0.441	0.081	0.245	0.801
GC2政府逐渐加大了购买体育社团提供的体育公共服务力度	0.452	0.392	0.397	**0.503**	0.497	0.22	0.292	0.768
GC3根据体育社团的情况制订了多部门协同培育的孵化机制	0.389	0.300	0.431	**0.612**	0.379	0.1	0.317	0.801
GC4能够多渠道地为本社团培养社团管理人才	0.404	0.333	0.462	**0.579**	0.404	0.224	0.152	0.823
GC5官方媒体对本社团履行社会责任的正面宣传较多	0.433	0.394	0.366	**0.516**	0.31	0.171	0.209	0.743
GC6专业人才流动机制使本社团得到很好的发展	0.425	0.347	0.402	**0.529**	0.339	0.129	0.158	0.742
GC7本社团的信息公开制度有利于形成良好的社会监督	**0.393**	**0.594**	**0.242**	**0.448**	**0.273**	**0.398**	**0.125**	**0.766**
特征根值（旋转前）	24.068	2.822	1.52	1.23	1.082	1.047	0.987	—
方差解释率（旋转前）/%	52.357	6.005	3.235	2.618	2.302	2.227	2.099	—
累积方差解释率（旋转前）/%	52.357	58.362	61.597	64.215	66.517	68.744	70.844	—
特征根值（旋转后）	9.547	4.999	4.65	4.529	3.961	3.22	2.391	—
方差解释率（旋转后）/%	20.312	10.635	9.893	9.636	8.428	6.85	5.087	—
累积方差解释率（旋转后）/%	20.312	30.947	4.084	50.476	58.905	65.755	70.842	—
KMO值	0.978							—

续表

名称	因子载荷系数							共同度（公因子方差）
	因子1	因子2	因子3	因子4	因子5	因子6	因子7	
巴特球形值	34 838.038							—
df	1 081							—
p值	0.000							—

从表 5-22 可知：所有研究项对应的共同度值均高于 0.6，说明研究项信息可以被有效提取。另外，KMO 值为 0.934，大于 0.9，意味着数据具有较高效度，研究项的信息量可以有效地提取出来。最后，结合因子载荷系数，确认因子（维度）和研究项对应关系，与预期相符。因子载荷系数绝对值大于 0.4 时，说明维度和因子有较强的对应关系。由此，政府培育的测量题项可以确定为：GC1 政府为体育社团制订了职能清单；GC2 政府逐渐加大了购买体育社团提供的体育公共服务力度；GC3 根据体育社团的情况制订了多部门协同培育的孵化机制；GC4 能够多渠道地为本社团培养社团管理人才；GC5 官方媒体对本社团履行社会责任的正面宣传较多；GC6 专业人才流动机制使本社团得到很好的发展。

表5-22　政府培育的第二次效度分析

名称	因子载荷系数							共同度（公因子方差）
	因子1	因子2	因子3	因子4	因子5	因子6	因子7	
GC1政府为体育社团制订了职能清单	0.336	0.337	0.497	0.262	0.252	0.298	**0.555**	0.782
GC2政府逐渐加大了购买体育社团提供的体育公共服务力度	0.449	0.380	0.446	0.276	0.315	0.254	**0.467**	0.763
GC3根据体育社团的情况制订了多部门协同培育的孵化机制	0.380	0.285	0.490	0.279	0.255	0.272	**0.577**	0.798
GC4能够多渠道地为本社团培养社团管理人才	0.392	0.325	0.505	0.251	0.233	0.493	**0.556**	0.824
GC5官方媒体对本社团履行社会责任的正面宣传较多	0.419	0.383	0.395	0.145	0.187	0.345	**0.519**	0.747

名称	因子载荷系数							共同度（公因子方差）
	因子1	因子2	因子3	因子4	因子5	因子6	因子7	
GC6专业人才流动机制使本社团得到很好的发展	0.416	0.340	0.442	0.058	0.251	0.312	**0.506**	0.740
特征根值（旋转前）	24.068	2.822	1.52	1.23	1.082	1.047	0.987	—
方差解释率（旋转前）/%	52.357	6.005	3.235	2.618	2.302	2.227	2.099	—
累积方差解释率（旋转前）/%	52.357	58.362	61.597	64.215	66.517	68.744	70.842	—
特征根值（旋转后）	9.547	4.999	4.65	4.529	3.961	3.22	2.391	—
方差解释率（旋转后）/%	20.312	10.635	9.893	9.636	8.428	6.85	5.087	—
累积方差解释率（旋转后）/%	20.312	30.947	4.084	50.476	58.905	65.755	70.842	—
KMO值	0.934							—
巴特球形值	22 135.396							
df	990							
p值	0.000							

②利益相关者满意的测量题项的效度分析。

对中介变量利益相关者满意的测量题项进行效度分析，确定问卷中介变量利益相关者满意的因子数量。

从表5-23可知：中介变量利益相关者满意所有研究项对应的共同度值均高于0.4，说明研究项信息可以被有效提取。另外，KMO值为0.904，大于0.9，意味着数据具有较高效度，研究项的信息量可以有效提取。最后，结合因子载荷系数，确认因子（维度）和研究项对应关系，与预期相符。因此，利益相关者满意的测量题项可以确定为：SS1内部员工对本社团的运行情况较为满意；SS2捐赠者对本社团的捐赠较为积极；SS3志愿者对本社团开展的体育活动较为满意；SS4服务对象对本社团提供服务的满意度较高；SS5社区对本社团开展的体育活动较为满意；SS6政府对本社团开展的体育活动较为满意。

表5-23 利益相关者满意的效度分析

名称	因子载荷系数							共同度（公因子方差）
	因子1	因子2	因子3	因子4	因子5	因子6	因子7	
SS1内部员工对本社团的运行情况较为满意	0.443	0.22	0.109	0.164	0.348	**0.590**	0.326	0.772
SS2捐赠者对本社团的捐赠较为积极	0.356	0.266	−0.08	0.256	0.410	**0.695**	0.242	0.836
SS3志愿者对本社团开展的体育活动较为满意	0.325	0.295	0.08	−0.01	0.349	**0.743**	0.185	0.814
SS4服务对象对本社团提供服务的满意度较高	0.410	0.133	0.268	0.162	0.387	**0.649**	0.188	0.775
SS5社区对本社团开展的体育活动较为满意	0.421	0.196	0.322	0.176	0.384	**0.612**	0.288	0.782
SS6政府对本社团开展的体育活动较为满意	0.375	0.064	0.385	0.114	0.392	**0.658**	0.262	0.796
特征根值（旋转前）	24.068	2.822	1.52	1.23	1.082	1.047	0.987	—
方差解释率（旋转前）/%	52.357	6.005	3.235	2.618	2.302	2.227	2.099	—
累积方差解释率（旋转前）/%	52.357	58.362	61.597	64.215	66.517	68.744	70.842	—
特征根值（旋转后）	9.547	4.999	4.65	4.529	3.961	3.22	2.391	—
方差解释率（旋转后）/%	20.312	10.635	9.893	9.636	8.428	6.85	5.087	—
累积方差解释率（旋转后）/%	20.312	30.947	4.084	50.476	58.905	65.755	70.842	—
KMO值	0.904							—
巴特球形值	9 934.025							—
df	965							—
p值	0.000							—

（3）因变量的效度分析

对因变量的效度进行检验，以确定因变量的因子数量。

　　从表 5-24 可知：因变量组织绩效的第 7 个因子 OP7 项（举办的体育活动得到参与者的认可）的因子载荷系数较低（0.470），并出现"纠缠不清"现象，没有正确归类。因此，必须对 OP7 项进行删减并再次进行效度分析检验，直到得出正确的归类结果。

表 5-24　组织绩效的效度分析

名称	因子载荷系数							共同度（公因子方差）
	因子1	因子2	因子3	因子4	因子5	因子6	因子7	
OP1本社团能够获得较多赞助与捐赠	0.249	0.171	0.082	−0.09	**0.749**	0.323	0.270	0.800
OP2本社团能够实现自负盈亏	0.306	0.2	0.342	0.223	**0.707**	0.320	0.304	0.788
OP3本社团有较大的社会影响力	0.356	0.252	0.298	0.116	**0.623**	0.454	0.237	0.777
OP4能够获得政府的大力支持	0.314	0.315	0.254	0.207	**0.574**	0.489	0.240	0.725
OP5社区赞许本社团的体育工作	0.438	0.255	0.272	0.047	**0.523**	0.517	0.246	0.793
OP6举办的体育活动得到参与者的认可	0.391	0.328	0.229	0.309	**0.602**	0.475	0.232	0.794
OP7完善了本社团内部治理制度	**0.487**	**0.233**	**0.493**	**0.225**	**0.470**	**0.514**	**0.202**	**0.763**
特征根值（旋转前）	24.068	2.822	1.52	1.23	1.082	1.047	0.987	—
方差解释率（旋转前）/%	52.357	6.005	3.235	2.618	2.302	2.227	2.099	—
累积方差解释率（旋转前）/%	52.357	58.362	61.597	64.215	66.517	68.744	70.842	—
特征根值（旋转后）	9.547	4.999	4.65	4.529	3.961	3.22	2.391	—
方差解释率（旋转后）/%	20.312	10.635	9.893	9.636	8.428	6.85	5.087	—
累积方差解释率（旋转后）/%	20.312	30.947	4.084	50.476	58.905	65.755	70.842	—
KMO值	0.978							—
巴特球形值	34 838.038							—
df	1081							—
p值	0.000							—

再次进行效度检验，根据表 5-25 可知：共同度值均大于 0.5，表明研究项的信息量能够有效被提取。KMO 值为 0.916，大于 0.9，意味着数据具有较高效度。最后，结合因子载荷系数，确认因子（维度）和研究项对应关系，与预期相符。由此，利益相关者满意的测量题项可以确定为：OP1 本社团能够获得较多赞助与捐赠；OP2 本社团能够实现自负盈亏；OP3 本社团有较大的社会影响力；OP4 能够获得政府的大力支持；OP5 社区赞许本社团的体育工作；OP6 举办的体育活动得到参与者的认可。

表5-25　组织绩效的第二次效度分析

名称	因子载荷系数							共同度（公因子方差）
	因子1	因子2	因子3	因子4	因子5	因子6	因子7	
OP1本社团能够获得较多赞助与捐赠	0.261	0.349	**0.765**	0.188	0.145	0.187	0.345	0.810
OP2本社团能够实现自负盈亏	0.309	0.343	**0.715**	0.249	0.058	0.251	0.312	0.787
OP3本社团有较大的社会影响力	0.387	0.497	**0.572**	0.235	0.22	0.109	0.164	0.779
OP4能够获得政府的大力支持	0.356	0.485	**0.608**	0.208	0.252	0.186	0.257	0.776
OP5社区赞许本社团的体育工作	0.310	0.509	**0.551**	0.239	0.28	0.135	0.334	0.716
OP6举办的体育活动得到参与者的认可	0.443	0.508	**0.529**	0.234	0.266	-0.08	0.256	0.788
特征根值（旋转前）	24.068	2.822	1.52	1.23	1.082	1.047	0.987	—
方差解释率（旋转前）/%	52.357	6.005	3.235	2.618	2.302	2.227	2.099	—
累积方差解释率（旋转前）/%	52.357	58.362	61.597	64.215	66.517	68.744	70.842	—
特征根值（旋转后）	9.547	4.999	4.65	4.529	3.961	3.22	2.391	—
方差解释率（旋转后）/%	20.312	10.635	9.893	9.636	8.428	6.85	5.087	—
累积方差解释率（旋转后）/%	20.312	30.947	4.084	50.476	58.905	65.755	70.842	—
KMO值	0.916							—

续表

名称	因子载荷系数							共同度（公因子方差）
	因子1	因子2	因子3	因子4	因子5	因子6	因子7	
巴特球形值	3 191.394							—
df	990							—
p值	0.000							—

（4）量表的整体效度分析

从表5-26可知：所有研究项对应的共同度值均高于0.4，说明研究项信息可以被有效地提取。另外，KMO值为0.925，大于0.8，表示问卷有较高的结构效度。另外，4个因子（维度）的方差解释率值分别是29.919%、21.307%、14.343%、12.155%，意味着研究项的信息量可以有效提取。表5-27表明7个因子有较好的区分效度。

表5-26　《体育社团履行社会责任与提升组织绩效的关联性调查表》的效度分析

名称	因子载荷系数							共同度（公因子方差）
	因子1	因子2	因子3	因子4	因子5	因子6	因子7	
PR1在社团内部树立了正确的社会责任价值观	**0.755**							0.745
PR2在日常运营过程中本社团积极服务政府的体育发展战略	**0.724**							0.768
PR3在日常运营过程中本社团认真服务各类社团群体	**0.766**							0.799
PR4在日常运营过程中本社团维护与保障群众的体育权益	**0.776**							0.842
PR5本社团积极协助政府提供优质的体育公共服务	**0.757**							0.785
GR1本社团每年向社会公开年度工作报告与财务预决算情况		**0.728**						0.785

续表

名称	因子载荷系数							共同度（公因子方差）
	因子1	因子2	因子3	因子4	因子5	因子6	因子7	
GR2在日常运营过程中本社团认真规范资金来源与支出		0.751						0.770
GR3在日常运营过程中本社团制订了社会责任战略规划		0.700						0.797
GR4在日常运营过程中本社团认真遵守法律、法规和相关政策		0.703						0.744
GR5在日常运营过程中本社团积极提升服务人员的业务水平		0.704						0.801
SR1在日常运营过程中经常协助社会弱势群体开展体育活动			0.689					0.752
SR2在日常运营过程中经常开展公益体育宣讲活动			0.703					0.795
SR3本社团主动在社区组织群众进行公益性体育健身活动			0.701					0.779
SR4在日常运营过程中主动配送体育服务到社区			0.630					0.708
SR5在日常运营过程中注重提高参与群众的满意度			0.628					0.734
DR1在日常运营过程中本社团积极传播体育文化				0.597				0.815
DR2在日常运营过程中本社团注重与服务对象加强体育文化交流				0.580				0.759
DR3在日常运营过程中本社团积极推进地区体育项目发展				0.582				0.798

续表

名称	因子载荷系数							共同度（公因子方差）
	因子1	因子2	因子3	因子4	因子5	因子6	因子7	
DR4在日常运营过程中本社团积极提升社会影响力				0.533				0.754
DR5在日常运营过程中本社团增加各类会员的数量				0.514				0.738
GC1政府为体育社团制订了职能清单							0.555	0.782
GC2政府逐渐加大了购买体育社团提供的体育公共服务力度							0.467	0.763
GC3根据体育社团的情况制订了多部门协同培育的孵化机制							0.577	0.798
GC4能够多渠道地为本社团培养社团管理人才							0.556	0.824
GC5官方媒体对本社团履行社会责任的正面宣传较多							0.519	0.747
GC6专业人才流动机制使本社团得到很好的发展							0.506	0.740
SS1内部员工对本社团的运行情况较为满意					0.589			0.772
SS2捐赠者对本社团的捐赠较为积极					0.633			0.778
SS3志愿者对本社团开展的体育活动较为满意					0.706			0.841
SS4服务对象对本社团提供服务的满意度较高					0.754			0.823
SS5社区对本社团开展的体育活动较为满意					0.668			0.782
SS6政府对本社团开展的体育活动较为满意					0.626			0.757

续表

名称	因子载荷系数							共同度（公因子方差）
	因子1	因子2	因子3	因子4	因子5	因子6	因子7	
OP1本社团能够获得较多赞助与捐赠						0.765		0.810
OP2本社团能够实现自负盈亏						0.715		0.787
OP3本社团有较大的社会影响力						0.572		0.779
OP4能够获得政府的大力支持						0.608		0.776
OP5社区赞许本社团的体育工作						0.551		0.716
OP6举办的体育活动得到参与者的认可						0.529		0.788
特征根值（旋转前）	24.068	2.822	1.52	1.23	1.082	1.047	0.987	—
方差解释率（旋转前）/%	52.357	6.005	3.235	2.618	2.302	2.227	2.099	—
累积方差解释率（旋转前）/%	52.357	58.362	61.597	64.215	66.517	68.744	70.842	—
特征根值（旋转后）	9.547	4.999	4.65	4.529	3.961	3.22	2.391	—
方差解释率（旋转后）/%	20.312	10.635	9.893	9.636	8.428	6.85	5.087	—
累积方差解释率（旋转后）/%	20.312	30.947	4.084	50.476	58.905	65.755	70.842	—
KMO值	0.978							—
巴特球形值	33 081.394							
df	990							—
p值	0.000							

表5-27 《体育社团履行社会责任与提升组织绩效的关联性调查表》区分效度指标 MSV 值和 ASV 值

项	AVE值	CR组合信度值	MSV值	ASV值
政治责任	0.656	0.905	0.834	0.785
治理责任	0.633	0.912	0.885	0.826

续表

项	AVE值	CR组合信度值	MSV值	ASV值
服务责任	0.624	0.892	0.885	0.822
发展责任	0.655	0.919	0.717	0.818
政府培育	0.573	0.923	0.768	0.808
利益相关者满意	0.629	0.939	0.774	0.798
组织绩效	0.576	0.904	0.774	0.785

经过一系列检测，我们发现《体育社团履行社会责任与提升组织绩效的关联性调查表》有良好的作用。

3. 问卷的探索性因子分析

调查问卷经过信度和效度检验后，再进行探索性因子分析，以期形成定稿。

（1）因变量的探索性因子分析

①政治责任的探索性因子分析。

表 5-28 显示，KMO 值为 0.854，大于 0.8，Bartlett 球形度检验（$p < 0.05$），说明数据能够开展因子分析。

表 5-28　政治责任的 KMO 值和 Bartlett 球形度检验

KMO值		0.854
Bartlett球形度检验	近似卡方	900.996
	df	10
	p值	0.000

从表 5-29 与表 5-30 可知：本研究数据使用最大方差旋转方法（varimax）进行旋转，以便发现因子和研究项的对应关系。所有研究项对应的共同度值均大于 0.4，表明研究项和因子之间有着较强的关联性，因子载荷系数绝对值大于 0.4 时即说明该项和因子有对应关系。政治责任的 5 个因子适合本问卷。

表5-29　政治责任的方差解释率表

因子编号	特征根			旋转前方差解释率			旋转后方差解释率		
	特征根	方差解释率/%	累积/%	特征根	方差解释率/%	累积/%	特征根	方差解释率/%	累积/%
1	3.621	72.417	72.417	3.621	72.417	72.417	3.621	72.417	72.417
2	0.522	10.430	82.847	—	—	—	—	—	—
3	0.351	7.012	89.859	—	—	—	—	—	—
4	0.299	5.976	95.835	—	—	—	—	—	—
5	0.208	4.165	100.000	—	—	—	—	—	—

表5-30　政治责任旋转后因子载荷系数表格

名称	因子载荷系数	共同度（公因子方差）
	因子1	
在社团内部树立了正确的社会责任价值观	0.847	0.717
开展活动时本社团积极服务了政府的体育发展战略	0.859	0.738
开展活动时本社团认真服务各类社团群体	0.875	0.766
开展活动时本社团积极维护与保障群众的体育权益	0.875	0.766
本社团积极协助政府提供优质的体育公共服务	0.796	0.634

②治理责任的探索性因子分析。

从表5-31可知：KMO值为0.875，大于0.8，Bartlett球形度检验（$p < 0.05$）说明研究数据适合进行因子分析。

表5-31　治理责任的KMO值和Bartlett球形度检验

KMO值		0.875
Bartlett球形度检验	近似卡方	1 084.833
	df	15
	p值	0.000

从表5-32与表5-33可知：使用最大方差旋转方法（varimax）可以找出因子和治理责任的对应关系。所有因子对应的共同度值均大于0.8，表明治理责任和因子之间有较强关联性，因子载荷系数绝对值大于0.7表明该项和因子存在对应关系，治理责任的6个因子适合本问卷。

表5-32　治理责任的方差解释率表格

因子编号	特征根			旋转前方差解释率			差解释率	
	特征根	方差解释率/%	累积/%	特征根	方差解释率/%			累积/%
1	4.171	69.513	69.513	4.171	69.513			69.513
2	0.513	8.555	78.068	—	—			—
3	0.449	7.478	85.546	—	—			—
4	0.364	6.069	91.615	—	—	—	—	—
5	0.206	3.426	100.000	—	—	—	—	—

表5-33　治理责任的旋转后因子载荷系数表格

名称	因子载荷系数	共同度（公因子方差）
	因子1	
本社团每年向社会公开年度工作报告与财务预决算情况	0.814	0.663
在运行过程中本社团制订了社会责任战略规划	0.827	0.684
开展活动时本社团认真遵守国家颁布的法律、法规和相关政策	0.841	0.708
在管理中本社团认真规范资金来源与支出	0.827	0.684
在管理中本社团积极提升服务人员的业务水平	0.844	0.713

③服务责任的探索性因子分析。

从表5-34可知：KMO值为0.852，大于0.8，Bartlett球形度检验（$p < 0.05$）说明研究数据适合进行因子分析。

表5-34　服务责任的 KMO 值和 Bartlett 球形度检验

KMO值		0.852
Bartlett球形度检验	近似卡方	809.082
	df	10
	p值	0.000

从表 5-35 与表 5-36 可知：本研究数据使用最大方差旋转方法（varimax）进行旋转，以便找出因子和服务责任的对应关系。所有因子对应的共同度值均大于 0.4，意味着服务责任和因子之间有较强的关联性，因子载荷系数绝对值大于 0.4 时即说明该项和因子有对应关系。服务责任的 5 个因子适合本问卷。

表5-35　服务责任的方差解释率表格

因子编号	特征根			旋转前方差解释率			旋转后方差解释率		
	特征根	方差解释率/%	累积/%	特征根	方差解释率/%	累积/%	特征根	方差解释率/%	累积/%
1	3.467	72.342	72.342	3.467	72.342	72.342	3.467	72.342	72.342
2	0.580	10.596	82.938	—	—	—	—	—	—
3	0.440	8.805	91.743	—	—	—	—	—	—
4	0.293	5.851	97.594	—	—	—	—	—	—
5	0.220	2.406	100.000	—	—	—	—	—	—

表5-36　服务责任的旋转后因子载荷系数表格

名称	因子载荷系数	共同度（公因子方差）
	因子1	
本社团在运营过程中经常协助社会弱势群体开展体育活动	0.799	0.639
社团在运营过程中经常开展公益体育宣讲活动	0.870	0.757
本社团主动在社区组织群众进行公益性体育健身活动	0.898	0.806

续表

名称	因子载荷系数	共同度（公因子方差）
	因子1	
本社团在运营过程中主动配送体育服务到社区	0.810	0.655
本社团在运营过程中注重提高参与群众的满意度	0.781	0.609

④发展责任的探索性因子分析。

从表 5-37 可知：KMO 值为 0.912，大于 0.8，Bartlett 球形度检验（p < 0.05）说明数据可以开展因子分析。

表5-37　发展责任的KMO和Bartlett的检验

KMO值		0.912
Bartlett球形度检验	近似卡方	1129.686
	df	15
	p值	0.000

从表 5-38 与表 5-39 可知：使用最大方差旋转方法（varimax）便于找出因子和发展责任的对应关系。所有因子对应的共同度值均大于 0.5，表明发展责任和因子之间有较强的关联性；因子载荷系数绝对值大于 0.7，表明该项和因子存在对应关系。发展责任的 6 个因子适合本问卷。

表 5-38　发展责任的方差解释率表格

因子编号	特征根			旋转前方差解释率			旋转后方差解释率		
	特征根	方差解释率/%	累积/%	特征根	方差解释率/%	累积/%	特征根	方差解释率/%	累积/%
1	4.260	71.992	71.992	4.260	71.992	71.992	4.260	71.992	71.992
2	0.529	9.825	81.817	—	—	—	—	—	—
3	0.357	7.942	89.759	—	—	—	—	—	—
4	0.287	6.141	95.900	—	—	—	—	—	—
5	0.246	4.100	100.000	—	—	—	—	—	—

表5-39 发展责任的旋转后因子载荷系数表格

名称	因子载荷系数 因子1	共同度（公因子方差）
开展活动时本社团积极传播体育文化	0.867	0.752
开展活动时本社团注重与服务对象加强体育文化交流	0.847	0.717
开展活动时本社团积极推动地区体育项目发展	0.866	0.749
开展活动时本社团积极提升了社会影响力	0.835	0.698
开展活动时本社团增加各类会员的数量	0.768	0.589

（2）中介变量的探索性因子分析

对中介变量进行探索性因子分析有助于更好地编辑问卷，提高问卷的科学性与可靠性。

①政府培育的探索性因子分析。

从表5-40可知：KMO值为0.919，大于0.8，Bartlett球形度检验（p < 0.05）说明研究数据适合进行因子分析。

表5-40 政府培育的KMO值和Bartlettg球形度检验

KMO值		0.919
Bartlett球形度检验	近似卡方	1 370.684
	df	28
	p值	0.000

从表5-41与表5-42可知：所有因子的共同度值均大于0.4，表明政府培育和因子之间有较强的关联性；因子载荷系数绝对值大于0.4，表明该项和因子有对应关系。政府培育的6个因子适合本问卷。

表5-41 政府培育的方差解释率表格

因子编号	特征根			旋转前方差解释率			旋转后方差解释率		
	特征根	方差解释率/%	累积/%	特征根	方差解释率/%	累积/%	特征根	方差解释率/%	累积/%
1	5.066	63.322	63.322	5.066	63.322	63.322	5.066	63.322	63.322

续表

因子编号	特征根			旋转前方差解释率			旋转后方差解释率		
	特征根	方差解释率/%	累积/%	特征根	方差解释率/%	累积/%	特征根	方差解释率/%	累积/%
2	0.566	15.687	79.009	—	—	—	—	—	—
3	0.438	5.471	84.480	—	—	—	—	—	—
4	0.373	4.662	89.142	—	—	—	—	—	—
5	0.294	7.76	96.902	—	—	—	—	—	—
6	0.248	3.098	100.000	—	—	—	—	—	—

表5-42 政府培育的旋转后因子载荷系数表格

名称	因子载荷系数	共同度（公因子方差）
	因子1	
GC1政府为体育社团制订了职能清单	0.810	0.655
GC2政府逐渐加大了购买体育社团提供的体育公共服务力度	0.799	0.639
GC3根据体育社团的情况制订了多部门协同培育的孵化机制	0.793	0.629
GC4能够多渠道地为本社团培养社团管理人才	0.846	0.716
GC5官方媒体对本社团履行社会责任的正面宣传较多	0.785	0.616
GC6专业人才流动机制使本社团得到很好的发展	0.757	0.573

②利益相关者满意的探索性因子分析。

从表 5-43 可知：KMO 值为 0.910，大于 0.8，Bartlett 球形度检验（p < 0.05）表明数据能够开展因子分析。

表 5-43 利益相关者满意的 KMO 值和 Bartlett 球形度检验

KMO值		0.910
Bartlett球形度检验	近似卡方	1 595.127
	df	28
	p值	0.000

从表 5-44 与表 5-45 可知：本研究数据使用最大方差旋转方法（varimax）进行旋转，以便找出因子和利益相关者满意的对应关系。这表明因子对利益相关者满意的信息提取情况以及因子和利益相关者满意的对应关系；所有因子对应的共同度值均大于 0.4，意味着利益相关者满意和因子之间有较强的关联性，因子载荷系数绝对值大于 0.4 时即表明治理责任的探索性因子分析该项和因子存在对应关系。利益相关者满意的 6 个题项适合本问卷。

表5-44　利益相关者满意的方差解释率表格

因子编号	特征根			旋转前方差解释率			旋转后方差解释率		
	特征根	方差解释率/%	累积/%	特征根	方差解释率/%	累积/%	特征根	方差解释率/%	累积/%
1	5.383	67.286	67.286	5.383	67.286	67.286	5.383	67.286	67.286
2	0.621	7.761	75.047	—	—	—	—	—	—
3	0.466	5.823	80.870	—	—	—	—	—	—
4	0.415	5.191	86.061	—	—	—	—	—	—
5	0.358	4.475	90.536	—	—	—	—	—	—
6	0.187	9.464	100.000	—	—	—	—	—	—

表5-45　利益相关者满意的旋转后因子载荷系数表格

名称	因子载荷系数 因子1	共同度（公因子方差）
内部员工对本社团的运行情况较为满意	0.807	0.651
捐赠者对本社团运营情况较为满意	0.859	0.739
服务对象满意本社团提供的服务	0.826	0.682
志愿者认同本社团的运营活动	0.794	0.630
社区对本社团开展的体育活动较为满意	0.839	0.705
政府对本社团开展的体育活动较为满意	0.835	0.698

（3）因变量的探索性因子分析

从表 5-46 可知：KMO 值为 0.894，大于 0.8，Bartlett 球形度检验（p < 0.05）表明研究数据适合进行因子分析。

表 5-46　组织绩效的 KMO 值和 Bartlett 球形度检验

KMO值		0.894
Bartlett球形度检验	近似卡方	877.908
	df	15
	p 值	0.000

从表 5-47 与表 5-48 可知：使用最大方差旋转方法便于找出因子和组织绩效的对应关系。所有因子的共同度值均大于 0.4，表明组织绩效和因子之间存在较强关联性；因子载荷系数绝对值大于 0.4，表明该项和因子存在对应关系。组织绩效的 6 个题项适合本问卷。

表5-47　组织绩效的方差解释率表格

因子编号	特征根			旋转前方差解释率			旋转后方差解释率		
	特征根	方差解释率/%	累积/%	特征根	方差解释率/%	累积/%	特征根	方差解释率/%	累积/%
1	3.908	65.127	65.127	3.908	65.127	65.127	3.908	65.127	65.127
2	0.579	9.650	74.777	—	—	—	—	—	—
3	0.437	7.278	82.056	—	—	—	—	—	—
4	0.407	6.777	88.833	—	—	—	—	—	—
5	0.372	6.201	95.034	—	—	—	—	—	—
6	0.298	4.966	100.000	—	—	—	—	—	—

表5-48　组织绩效的旋转后因子载荷系数表格

名称	因子载荷系数	共同度（公因子方差）
	因子1	
本社团能够获得较多赞助与捐赠	0.784	0.615
本社团能够实现自负盈亏	0.823	0.678
完善了本社团内部治理制度	0.803	0.645

续表

名称	因子载荷系数 因子1	共同度（公因子方差）
本社团有较大的社会影响力	0.833	0.694
能够获得政府的大力支持	0.792	0.627
社区赞许本社团的体育工作	0.806	0.650

《体育社团社会责任与组织绩效的关系问卷》经过信度、效度检验后，再进行探索性因子分析，以期形成定稿。使用因子分析进行信息浓缩研究要分析研究数据是否适合进行因子分析。从表5-49可知：KMO值为0.978，大于0.9，满足因子分析的前提要求，意味着数据可用于因子分析研究；数据通过了Bartlett球形度检验（p < 0.05），说明研究数据适合进行因子分析。

表5-49　《体育社团履行社会责任与组织绩效提升的关联性调查表》
KMO值和Bartlett球形度检验

KMO值		0.978
Bartlett球形度检验	近似卡方	33 081.394
	df	990
	p值	0.000

从表5-50可知：通过因子分析一共提取了7个因子，这7个因子旋转后的特征根为24.608、2.822、1.52、1.23、1.082、1.047、0.987；由于是小样本测试，因子7的特征根为0.987，略小于1，能够进行检测。方差解释率分别是20.31%、10.64%、9.89%、9.64%、8.43%、6.85%、5.09%；旋转后累积方差解释率累计为70.84%。根据表5-50与表5-51得出的数据，可以进行下一步分析。

表5-50　《体育社团履行社会责任与组织绩效提升的关联性调查表》方差解释率表格

因子编号	特征根			旋转前方差解释率			旋转后方差解释率		
	特征根	方差解释率/%	累积/%	特征根	方差解释率/%	累积/%	特征根	方差解释率/%	累积/%
1	24.608	52.357	52.357	24.608	52.357	52.357	9.547	20.312	20.312

因子编号	特征根			旋转前方差解释率			旋转后方差解释率		
	特征根	方差解释率/%	累积/%	特征根	方差解释率/%	累积/%	特征根	方差解释率/%	累积/%
2	2.822	6.005	58.362	2.822	6.005	58.362	4.999	10.635	30.947
3	1.52	3.235	61.597	1.52	3.235	61.597	4.65	9.893	40.84
4	1.23	2.618	64.215	1.23	2.618	64.215	4.529	9.636	50.476
5	1.082	2.302	66.517	1.082	2.302	66.517	3.961	8.428	58.905
6	1.047	2.227	68.744	1.047	2.227	68.744	3.22	6.85	65.755
7	0.987	2.099	70.844	0.987	2.099	70.844	2.391	5.087	70.842
8	0.902	1.919	72.763	—	—	—	—	—	—
9	0.835	1.777	74.539	—	—	—	—	—	—
10	0.727	1.547	77.807	—	—	—	—	—	—
11	0.639	1.36	79.168	—	—	—	—	—	—
12	0.591	1.258	80.426	—	—	—	—	—	—
13	0.556	1.184	81.61	—	—	—	—	—	—
14	0.555	1.18	82.79	—	—	—	—	—	—
15	0.534	1.136	83.926	—	—	—	—	—	—
16	0.485	1.031	86.019	—	—	—	—	—	—
17	0.448	0.952	86.971	—	—	—	—	—	—
18	0.421	0.897	87.868	—	—	—	—	—	—
19	0.399	0.849	88.717	—	—	—	—	—	—
20	0.392	0.834	89.551	—	—	—	—	—	—
21	0.322	0.685	91.719	—	—	—	—	—	—
22	0.285	0.607	92.326	—	—	—	—	—	—
23	0.278	0.591	92.918	—	—	—	—	—	—
24	0.266	0.567	93.484	—	—	—	—	—	—
25	0.256	0.544	94.029	—	—	—	—	—	—
26	0.218	0.463	94.998	—	—	—	—	—	—
27	0.208	0.443	95.442	—	—	—	—	—	—

续表

因子编号	特征根			旋转前方差解释率			旋转后方差解释率		
	特征根	方差解释率/%	累积/%	特征根	方差解释率/%	累积/%	特征根	方差解释率/%	累积/%
28	0.199	0.423	95.865	—	—	—	—	—	—
29	0.19	0.404	96.268	—	—	—	—	—	—
30	0.181	0.384	96.653	—	—	—	—	—	—
31	0.163	0.346	97.743	—	—	—	—	—	—
32	0.155	0.331	98.073	—	—	—	—	—	—
33	0.14	0.297	98.677	—	—	—	—	—	—
34	0.121	0.257	99.207	—	—	—	—	—	—
35	0.115	0.244	99.451	—	—	—	—	—	—
36	0.105	0.223	99.674	—	—	—	—	—	—
37	0.082	0.174	99.848	—	—	—	—	—	—
38	0.071	0.152	100	—	—	—	—	—	—

表5-51　《体育社团履行社会责任与组织绩效提升的关联性调查表》权重分析

名称	因子1	因子2	因子3	因子4	因子5	因子6	因子7	权重/%
特征根（旋转后）	9.547	4.999	4.65	4.529	3.961	3.22	2.391	
方差解释率/%	20.31	10.64	9.89	9.64	8.43	6.85	5.09	
PR1在社团内部树立了正确的社会责任价值观	0.1772	0.0585	0.1252	0.0065	0.0735	0.01	0.3686	1.94
PR2在日常运营过程中本社团积极服务政府的体育发展战略	0.1676	0.0336	0.1623	0.0663	0.0672	0.0561	0.3656	2.12
PR3在日常运营过程中本社团认真服务各类社团群体	0.1799	0.0578	0.0504	0.0668	0.1158	0.0817	0.3886	2.14
PR4在日常运营过程中本社团维护与保障群众的体育权益	0.2237	0.1079	0.0561	0.0417	0.0756	0.1494	0.2034	2.25
PR5本社团积极协助政府提供优质的体育公共服务	0.2384	0.058	0.1364	0.0847	0.0558	0.0212	0.0629	2.06
GR1本社团每年向社会公开年度工作报告与财务预决算情况	0.2258	0.1024	0.0959	0.0825	0.1055	0.0173	0.0542	2.09

续表

名称	因子1	因子2	因子3	因子4	因子5	因子6	因子7	权重/%
特征根（旋转后）	9.547	4.999	4.65	4.529	3.961	3.22	2.391	
方差解释率/%	20.31	10.64	9.89	9.64	8.43	6.85	5.09	
GR2在日常运营过程中本社团认真规范资金来源与支出	0.2039	0.0859	0.0026	0.0902	0.0676	0.1241	0.2699	2.10
GR3在日常运营过程中本社团制订了社会责任战略规划	0.2296	0.1494	0.0898	0.0495	0.0576	0.0645	0.0816	2.15
GR4在日常运营过程中本社团遵守法律、法规和相关政策	0.1962	0.0904	0.0383	0.0891	0.1444	0.0918	0.1349	2.10
GR5在日常运营过程中本社团积极提升服务人员的业务水平	0.2179	0.0563	0.0659	0.1289	0.1469	0.0822	0.1112	2.23
SR1在日常运营过程中经常协助社会弱势群体开展体育活动	0.2221	0.0933	0.0484	0.1017	0.0937	0.078	0.0456	2.05
SR2在日常运营过程中经常开展公益体育宣讲活动	0.2224	0.0656	0.0315	0.1346	0.1298	0.1651	0.0714	2.26
SR3本社团主动在社区组织群众开展公益性体育健身活动	0.2287	0.0744	0.0606	0.0748	0.088	0.205	0.0501	2.20
SR4在日常运营过程中主动配送体育服务到社区	0.1895	-0.0006	0.1051	0.1581	0.0153	0.2009	0.0841	2.00
SR5在日常运营过程中注重提高参与群众的满意度	0.1913	0.0321	0.1851	0.1033	0.1435	0.0037	0.0432	2.04
DR1在日常运营过程中本社团积极传播体育文化	0.1426	0.0363	0.1134	0.1364	0.2883	0.1022	0.1056	2.26
DR2在日常运营过程中本社团注重与服务对象加强体育文化交流	0.1608	0.0984	0.1353	0.0574	0.2698	0.1276	-0.0461	2.19
DR3在日常运营过程中本社团积极推进地区体育项目发展	0.1226	0.0447	0.1468	0.1142	0.3147	0.0655	0.1415	2.24
DR4在日常运营过程中本社团积极提升社会影响力	0.1308	0.1003	0.0707	0.0743	0.3435	0.0925	0.0313	2.12
DR5在日常运营过程中本社团增强各类会员的数量	0.1096	0.0576	0.0734	0.1725	0.1841	0.2183	0.1312	2.15
GC1政府为体育社团制订了职能清单	0.0721	0.1304	0.1036	0.3441	0.0515	0.0544	0.0312	1.96
GC2政府逐渐加大了购买体育社团提供的体育公共服务力度	0.1078	0.1277	0.1515	0.2657	0.0535	0.0703	0.1175	2.20

续表

名称	因子1	因子2	因子3	因子4	因子5	因子6	因子7	权重/%
特征根（旋转后）	9.547	4.999	4.65	4.529	3.961	3.22	2.391	
方差解释率/%	20.31	10.64	9.89	9.64	8.43	6.85	5.09	
GC3根据体育社团的情况制订了多部门协同培育的孵化机制	0.0884	0.1782	0.058	0.2824	0.1289	0.0118	0.0307	2.00
GC4能够多渠道地为本社团培养社团管理人才	0.114	0.2021	0.0893	0.252	0.1262	0.0519	-0.0203	2.19
GC5官方媒体对本社团履行社会责任的正面宣传较多	0.0979	0.1751	0.0271	0.2012	0.193	0.0917	0.0627	2.07
GC6专业人才流动机制使本社团得到很好的发展	0.1181	0.1289	0.1351	0.2399	0.0858	0.0459	-0.0609	1.96
SS1内部员工对本社团的运行情况较为满意	0.0932	0.1301	0.2223	0.1232	0.1264	0.1663	0.075	2.22
SS2捐赠者对本社团的捐赠较为积极	0.0894	0.0927	0.2539	0.1296	0.1583	0.1416	0.1338	2.29
SS3志愿者对本社团开展的体育活动较为满意	0.0983	0.1204	0.266	0.1312	0.1281	0.1515	0.0306	2.27
SS4服务对象对本社团提供服务的满意度较高	0.0629	0.1612	0.1914	0.1179	0.1171	0.2749	0.1456	2.32
SS5社区对本社团开展的体育活动较为满意	0.0489	0.1357	0.1601	0.0681	0.0942	0.3884	0.0924	2.07
SS6政府对本社团开展的体育活动较为满意	0.1088	0.1393	0.1445	0.0271	0.1262	0.362	-0.0396	2.10
OP1本社团能够获得较多赞助与捐赠	0.0572	0.3303	0.0368	0.1249	-0.0404	0.1429	-0.0116	1.64
OP2本社团能够实现自负盈亏	0.0622	0.3054	0.1185	0.1385	0.0403	-0.0059	0.0568	1.83
OP3完善了本社团内部的治理制度	0.093	0.2802	0.1502	0.0623	0.1344	0.0901	0.0427	2.14
OP4本社团有较大的社会影响力	0.0842	0.2694	0.1475	0.1078	0.0549	0.1307	0.0288	2.06
OP5本社团能够获得政府的大力支持	0.0278	0.3058	0.0469	0.0919	0.1619	0.0983	0.2114	1.99
OP6社区赞许本社团的体育工作	0.123	0.1946	0.1874	0.1026	0.106	0.1551	0.0498	2.31

　　从表5-52可知：对预测试得到的数据采用主成分分析法，采用凯撒正态化最大方差方法（varimax）进行旋转，以便找出因子和维度之间的对应关系，旋转在7次迭代后有所收敛（图5-2）。所有研究项对应的共同度值均大于0.5，意味着维度和因子之间有着较强的关联性，因子可以有效地提取出信息。在确保因子可以提取研究项的大部分信息量后，接着分析因子和维度的对应关系情况（因子载荷系数绝对值大于0.4时即说明该维度和因子有对应关系）。

表5-52　《体育社团履行社会责任与组织绩效提升的关联性调查表》旋转后因子载荷系数表格

名称	因子载荷系数							共同度公因子方差
	因子1	因子2	因子3	因子4	因子5	因子6	因子7	
PR1在社团内部树立了正确的社会责任价值观							0.57	0.736
PR2在日常运营过程中本社团积极服务政府的体育发展战略							0.565	0.764
PR3在日常运营过程中本社团认真服务各类社团群体							0.601	0.793
PR4在日常运营过程中本社团维护与保障群众的体育权益							0.691	0.752
PR5本社团积极协助政府提供优质的体育公共服务							0.737	0.702
GR1本社团每年向社会公开年度工作报告与财务预决算情况						0.698		0.665
GR2在日常运营过程中本社团认真规范资金来源与支出						0.630		0.712
GR3在日常运营过程中本社团制订了社会责任战略规划						0.710		0.706
GR4在日常运营过程中本社团遵守法律、法规和相关政策						0.606		0.604
GR5在日常运营过程中，本社团积极提升本社团治理能力						0.743		0.762
GR6在日常运营过程中本社团积极提升服务人员的业务水平						0.673		0.701

续表

名称	因子载荷系数							共同度公因子方差
	因子1	因子2	因子3	因子4	因子5	因子6	因子7	
SR1在日常运营过程中协助社会弱势群体开展体育活动	0.686							0.631
SR2在日常运营过程中经常开展公益体育宣讲活动	0.687							0.747
SR3本社团主动在社区组织群众进行公益性体育健身活动	0.707							0.741
SR4在日常运营过程中主动配送体育服务到社区	0.586							0.655
SR5在日常运营过程中注重提高参与群众的满意度	0.591							0.648
DR1在日常运营过程中本社团积极传播体育文化					0.574			0.735
DR2在日常运营过程中本社团注重与服务对象加强体育文化交流					0.537			0.741
DR3在日常运营过程中本社团积极推进地区体育项目发展					0.626			0.767
DR4在日常运营过程中本社团积极提升社会影响力					0.684			0.759
DR5在日常运营过程中本社团认真推广普及体育运动项目					0.607			0.772
DR6在日常运营过程中，本社团增加各类会员的数量					0.366			0.620
GC1政府为体育社团制订了职能清单				0.732				0.743
GC2政府逐渐加大了购买体育社团提供的体育公共服务力度				0.565				0.679
GC3根据体育社团的情况制订了多部门协同培育的孵化机制				0.601				0.679
GC4能够多渠道地为本社团培养社团管理人才				0.536				0.726
GC5体育人才专业认证体系对本社团有帮助				0.428				0.616

名称	因子载荷系数							共同度公因子方差
	因子1	因子2	因子3	因子4	因子5	因子6	因子7	
GC6专业人才流动机制使本社团得到很好的发展				0.381				0.607
GC7官方媒体对本社团履行社会责任的正面宣传较多				0.451				0.639
GC8官方媒体宣传报道能够引导本社团积极履行社会责任				0.517				0.703
SS1内部员工对本社团的运行情况较为满意			0.479					0.632
SS2管理者与员工能够和谐共事			0.547					0.702
SS3理事会能够正常开展工作			0.574					0.713
SS4捐赠者对本社团的捐赠较为积极			0.413					0.749
SS5志愿者对本社团开展的体育活动较为满意			0.697					0.796
SS6服务对象对本社团提供服务的满意度较高			0.650					0.799
SS7其他协作社团对本社团提供的服务较为满意			0.716					0.735
SS8社区对本社团开展的体育活动较为满意			0.627					0.716
SS9政府对本社团开展的体育活动较为满意			0.523					0.727
OP1本社团能够获得较多赞助与捐赠		0.739						0.726
OP2本社团能够实现自负盈亏		0.683						0.669
OP3完善了本社团内部治理制度		0.626						0.70
OP4本社团有较大的社会影响力		0.602						0.653
OP5能够获得政府的大力支持		0.684						0.765
OP6社区赞许本社团的体育工作		0.475						0.733

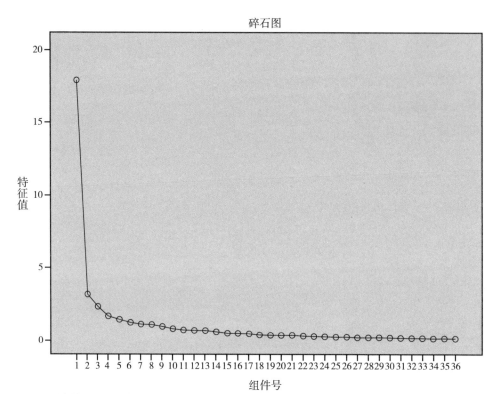

注：旋转在 7 次迭代后有所收敛

图5-2　因子分析的碎石图

（三）问卷的确定

通过小样本测试与信度和效度检验，我们得到了最终量表，可以大规模发放该量表。

（四）问卷发放与数据收集

1.样本对象与问卷数量的确定

本研究的主体是体育社团社会责任对组织绩效提升的作用机理，通过对体育社团履行社会责任情况进行调查，问卷样本主要针对省级体育社团或者体育协会。一般来说，样本数量与测量项目的数量保持在 1 ∶ 5，最好能达到 1 ∶ 10。另外，有研究指出测试样本过大会让研究模型的 X^2 值变大，可能导致研究模型被拒绝。马庆国则提出，确定样本容量要参考成本约束与样本二者之间的关联性。综上所述，《体育社团履行社会责任与组织绩效提升的关联性调查问卷》的调研样本量为 190 ~ 380 份较为合适。

2.问卷的发放与筛选

本研究的样本分布广泛，我们向全国31个省、自治区、直辖市（不含港澳台地区）的省级体育社团发放调查问卷，要求了解体育社团运行情况的会长、副会长、秘书长、副秘书长或办公室主任填写。受地域、疫情等因素影响，以电子问卷为主，在网络上发放问卷的方式有较大优势，其调研范围更广、收发时间更快、不受天气或地域的限制；在问卷回收、数据收集和统计方面可节省大量人力和时间。问卷发放方式：一是直接通过微信发放给省级体育社团负责人；二是通过导师、同学、朋友等发放问卷。向每个省、自治区、直辖市发放电子问卷30份，要求受访者根据体育社团的实际情况在网络上自行填写量表。

大规模发放问卷的时间周期为2个月，从2021年1月20日至3月20日。把设计好的调查问卷发布在"问卷星"网站上，让研究者点击链接并根据体育社团的实际情况进行问卷的相关题项填写。

为保证问卷的质量，我们对回收的24个省、自治区、直辖市的548份量表进行了筛查。《体育社团履行社会责任与组织绩效提升的关联性调查问卷》一共38道题目，如果一份问卷的答题时间少于120秒，可判定其为无效问卷；如果选择同一答案超过35道题项的问卷也可判定为无效问卷。经过严格筛查，去除320份不合格问卷，得到有效问卷228份，问卷有效率41.6%，问卷数量与质量符合本研究进行统计分析的样本数量要求。

第二节 实证研究数据分析

本节运用结构方程模型方法对提出的理论模型与研究假设进行检验。步骤如下：首先，对样本进行描述性统计，分析问卷发放地区的地域特征、社团活动经费、社团会员人数与社团成立年限；其次，通过大样本收集相关数据，运用验证性因子分析验证假设的社会责任、组织绩效、政府培育、利益相关者满意的相互联系，为使用结构方程模型梳理好数据间的相互联系；最后，采用 Amos 24.0 和 SPSS 25.0 软件对数据进行检验，实证研究假设是否成立，分析各假设之间的关联性，对得出的结论进行分析探讨。

一、问卷数据的描述性统计

通过发放与回收问卷，在严格检查后，一共获得 228 份有效问卷。根据所得数据的实际情况对具体特征进行分析。如图 5-3 所示，在项目类型上奥运项目社团 68 个；人群社团 71 个；非奥运项目社团 60 个；其他类型社团 29 个；各类体育社团的比例较为合理。

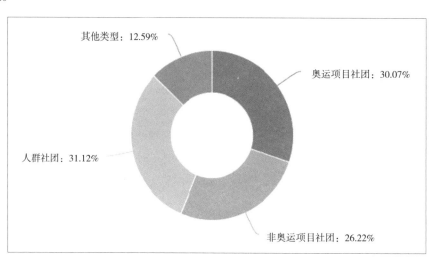

图5-3　被调研的社团分类

从图 5-4 可知：本次被调查的社团，社团会员数量在 300 人以下（占比为 77.97%）的有 178 个；超过 821 个社团会员的大型社团有 16 个，占比为 6.99%；560 ～ 820 个社团会员的体育社团有 10 个，占比为 4.2%。本次调研的体育社团以中小型体育社团为主。

从图 5-5 可知：体育社团的整体活动经费较少，活动经费 30 万元 / 年以下的体育社团有 160 个，占比为 70.28%。活动经费不足是困扰体育社团发展的普遍现象。

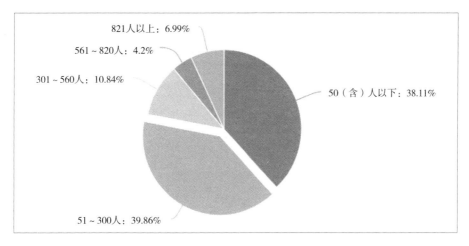

图5-4 被调查社团的社团会员数量

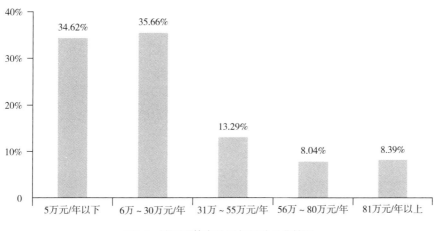

图5-5 被调研体育社团年活动经费情况

从图 5-6 可知：所调查的体育社团成立时间不长，成立 15 年以下的"年轻"体育社团有 206 个，占比为 90.36%；15 年以上的"老社团"占比不到 10%。这种情况与我国出台的相关政策有关，很多体育社团在 2016 年社会组织新条例出台后才去民政部门与体育部门进行登记注册，而在过去较长一段时间没有进行注册登记，形成注册时间较短但"成立时间"较长的局面。

回收的问卷涵盖我国 24 个省、自治区、直辖市。虽然没有收齐向我国一些省、自治区、直辖市发放的问卷（主要是我国西北部地区的部分省份），但问卷发放的范围能够支撑本研究的开展。

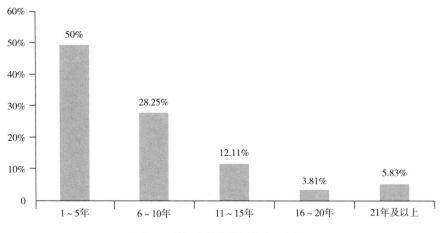

图5-6　被调查体育社团的成立年限

二、样本数据的治理评估

（一）变量的定义与分类

在组织行为与领域，许多学者运用结构方程模型验证各种测量模型或假设模型。本研究的潜变量主要包括社会责任、利益相关者满意、政府培育、组织绩效，用于测量潜变量的题项有38项，具体内容见表5-53。

表 5-53　模型中的变量分类

潜在变量	观测变量	观测变量内容
社会责任	政治责任	本社团内部树立了正确的社会责任价值观
		本社团积极服务了政府的体育发展战略
		本社团认真服务各类社团群体
		本社团积极维护与保障群众的体育权益
		本社团协助政府提供优质的体育公共服务
	治理责任	本社团每年向社会公开年度工作报告与财务预算
		本社团认真规范资金来源渠道与资金支出
		本社团制订了社会责任战略规划
		本社团认真遵守国家颁布的法律、法规和相关政策
		本社团积极提升服务人员的业务水平

续表

潜在变量	观测变量	观测变量内容
社会责任	服务责任	本社团经常协助社会弱势群体开展体育活动
		本社团经常开展公益体育宣讲活动
		本社团主动在社区组织群众进行公益性体育健身活动
		本社团在运营过程中主动配送体育服务到社区
		本社团注重提高参与群众的满意度
	发展责任	本社团注意积极传播体育文化
		本社团注重与各方面加强体育文化交流
		本社团积极推进地区体育项目发展
		本社团积极扩大自己的社会影响力
		本社团积极增加各类会员数量
利益相关者	内部相关者、外部相关者、社会公众相关者	内部员工对本社团的运营情况较为满意
		捐赠者对本社团运营情况较为满意
		服务对象满意本社团提供的服务
		志愿者认同本社团的运营模式
		社区对本社团开展的体育活动较为满意
		政府对本社团开展的体育活动较为满意
政府培育	人才培育、政策培育、媒体宣传	政府针对本社团制定了职能清单
		政府逐渐加大购买本社团提供的体育公共服务的力度
		根据本社团的情况制订了多部门协同培育的孵化机制
		能够多渠道地为本社团培养管理人才
		专业人才流动机制使本社团得到很好的发展
		官方媒体对本社团履行社会责任的正面宣传较多
组织绩效	组织绩效	能够得到政府的大力支持
		社区赞许本社团的体育工作
		完善了本社团的内部管理制度
		本社团有较大的社会影响力

续表

潜在变量	观测变量	观测变量内容
组织 绩效	组织绩效	本社团能够实现自负盈亏
		本社团举办的体育活动得到了参与者的认可

（二）样本的信度与效度分析

1. 信度分析

样本的信度分析实际上就是对问卷涉及的变量进行可靠性检验。信度数值越大，表明同一个潜变量的测量题项具有共同方差的程度就越大，测量的结果就越稳定，数据也就越可靠。信度数值可以采用 Cronbach α 系数和校正的项总相关系数（Corrected Item-Total Correlation，CITC）进行检验。Cronbach α 系数越高，题项测量的效果越好。当 Cronbach α 系数大于 0.7 时，说明该变量的测量题项可以被接受，否则应当删除该题项以保证该指标的信度。校正的项总相关系数大于 0.35 时，才说明所有变量的测量题项均具有较好的一致性。

本书采用 SPSS 25.0 对问卷中涉及的变量进行信度分析。表 5-54 所示的所有变量的 Cronbach α 系数均大于 0.85，表明这些变量具有良好的一致性和稳定性。此外，CITC 值均大于 0.6，大于最低标准的接受值 0.35，各测量题项删除相关题项后的 α 值均比 Cronbach α 系数小，表明模型内各变量均有较高信度，不需要删除相关题项。

表5-54　问卷的Cronbach信度分析

题项	总体相关系数CITC	删除该题项后的 α	Cronbach α 系数
政治责任	0.712	0.837	0.869
	0.658	0.850	
	0.729	0.832	
	0.723	0.833	
	0.648	0.852	
治理责任	0.689	0.862	0.880
	0.758	0.843	
	0.772	0.839	

续表

题项	总体相关系数CITC	删除该题项后的 α	Cronbach α 系数
治理责任	0.692	0.860	0.880
	0.669	0.864	
服务责任	0.730	0.842	0.875
	0.719	0.844	
	0.710	0.847	
	0.629	0.866	
	0.731	0.841	
发展责任	0.605	0.748	0.793
	0.583	0.751	
	0.657	0.729	
	0.497	0.790	
	0.567	0.757	
政府培育	0.700	0.870	0.889
	0.725	0.866	
	0.724	0.867	
	0.712	0.868	
	0.642	0.879	
	0.730	0.866	
利益相关者满意	0.660	0.868	0.882
	0.660	0.868	
	0.709	0.859	
	0.648	0.870	
	0.742	0.854	
	0.748	0.853	
组织绩效	0.730	0.889	0.904
	0.717	0.890	
	0.732	0.888	
	0.728	0.889	
	0.784	0.880	
	0.736	0.887	

2. 效度分析

效度分析主要包括内容效度分析和建构效度分析。本研究是通过文献综述深入挖掘各指标的内在含义，并借鉴已经成熟的量表以及在相关研究领域的专家、导师的反复磋商和修改后，最终形成了量表，所以该量表具备较高的内容效度。建构效度的测量主要包含因子分析（探索性和验证性）、各潜变量的组合信度（CR）、平均抽取方差（AVE）；探索性与验证性因子分析在测量理论架构中所起的作用与检验时机不同。

（1）探索性因子分析

探索性因子分析（Exploratory Factor Analysis）是用于各测量题项是否具有相关性的一个判断，为确保下一步可进行探索性因子分析，我们采用 Bartlett 球形度检验和 KMO 值两种检验方法，判断各变量之间是否具有相关性。两者的判定标准为 KMO 度量值需大于 0.7，Bartlett 球形度检验统计显著性概率需小于显著性水平，在此基础上各显变量的负荷系数大于 0.4，各测量题项能合为一个因子。

本书采用 SPSS25.0 进行探索性因子分析，相关检验结果见表 5-55，可见 KMO 值为 0.90，此外各题项的 Bartlett 球形度检验的 p 值均小于 0.001，说明该量表适合做因子分析。

表5-55 KMO值与Bartlett球形度检验

KMO度量值		0.902
Bartlett球形度检验	近似卡方	5 066.564
	df	703
	显著性	0.000

采用主成分分析法得出的各测度题项的因子载荷矩阵如表 5-56 所示，总共可提取 7 个因子，相关变量的因子载荷情况与最初设置的变量结构基本吻合，且各因子负荷系数均大于 0.5。模型中提取的 7 个因子累积解释的总方差为 66.27%（具体结果见表 5-57），探索性因子分析结果较为理想。

表5-56　问卷探索性因子分析的总方差解释

成分	初始特征值			提取载荷平方和			旋转载荷平方和		
	总计	方差百分比/%	累积/%	总计	方差百分比/%	累积/%	总计	方差百分比/%	累积/%
1	12.010	31.605	31.605	12.010	31.605	31.605	4.072	10.716	10.716
2	3.062	8.057	39.662	3.062	8.057	39.662	3.943	10.377	21.094
3	2.524	6.643	46.305	2.524	6.643	46.305	3.883	10.219	31.312
4	2.326	6.121	52.426	2.326	6.121	52.426	3.517	9.256	40.568
5	1.954	5.143	57.569	1.954	5.143	57.569	3.504	9.220	49.788
6	1.746	4.594	62.163	1.746	4.594	62.163	3.313	8.718	58.506
7	1.561	4.107	66.270	1.561	4.107	66.270	2.950	7.764	66.270
8	0.820	2.159	68.429						
9	0.762	2.006	70.436						
10	0.722	1.901	72.336						
11	0.644	1.694	74.031						
12	0.631	1.661	75.692						
13	0.607	1.598	77.290						
14	0.595	1.566	78.856						
15	0.559	1.470	80.326						
16	0.527	1.388	81.714						
17	0.520	1.368	83.082						
18	0.490	1.291	84.373						
19	0.487	1.283	85.655						
20	0.466	1.227	86.882						
21	0.440	1.158	88.040						
22	0.400	1.054	89.094						
23	0.386	1.015	90.109						
24	0.360	0.947	91.056						
25	0.350	0.920	91.977						
26	0.329	0.866	92.842						
27	0.322	0.848	93.690						
28	0.298	0.783	94.474						

续表

成分	初始特征值			提取载荷平方和			旋转载荷平方和		
	总计	方差百分比/%	累积/%	总计	方差百分比/%	累积/%	总计	方差百分比/%	累积/%
29	0.278	0.732	95.205						
30	0.266	0.701	95.906						
31	0.238	0.625	96.532						
32	0.222	0.583	97.115						
33	0.205	0.541	97.656						
34	0.200	0.526	98.182						
35	0.192	0.504	98.687						
36	0.180	0.474	99.161						
37	0.167	0.438	99.599						
38	0.152	0.401	100.000						

表5-57 量表的探索性因子分析矩阵

指标	成分						
	1	2	3	4	5	6	7
GC6	0.791						
GC4	0.776						
GC3	0.773						
GC2	0.723						
GC1	0.721						
GC5	0.649						
OP5		0.785					
OP4		0.758					
OP2		0.696					
OP3		0.693					
OP1		0.690					
OP6		0.674					

指标	成分						
	1	2	3	4	5	6	7
SS5			0.762				
SS3			0.756				
SS6			0.732				
SS2			0.716				
SS4			0.697				
SS1			0.680				
SR3				0.811			
SR2				0.806			
SR1				0.795			
SR5				0.779			
SR4				0.705			
GR2					0.811		
GR3					0.801		
GR5					0.740		
GR4					0.714		
GR1					0.698		
PR3						0.779	
PR4						0.740	
PR5						0.740	
PR2						0.711	
PR1						0.698	
DR3							0.794
DR1							0.721
DR2							0.715
DR5							0.71
DR4							0.686

提取方法：主成分分析法。提取了7个因子。

（2）验证性因子分析

结构方程模型可以同时处理多个指标与变量之间的关系，涵盖测量模型和结构模型。本书采用 AMOS 24.0 对各个潜变量进行验证性因子分析，采用测量模型对变量间的拟合情况进行分析，同时根据 CR 和 AVE 的值判断测度题项的收敛效度。判断规则为各指标测量题项的负荷值应大于 0.5 且小于 0.95、CR 值大于 0.7、AVE 值大于 0.5。对于验证性因子分析，我们需要构建 CFA 模型，并得到相关的拟合指标值及回归参数，进一步判断量表的收敛效度情况。模型收敛效度的相关指标及其参考值如图 5-7 所示。

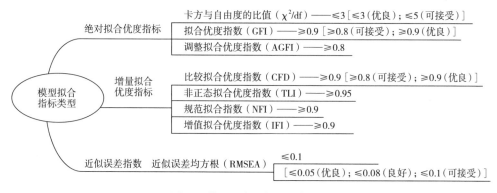

图5-7　模型拟合指标及其参考值

①社会责任的收敛效度分析。

对于社会责任的度量，本书从政治责任、治理责任、服务责任、发展责任四个维度进行测量。进行 CFA 分析后，具体的拟合指标如表 5-58 所示，对比图 5-7 给出的参考值，从该结果可以看出，各拟合指标的数值均符合拟合标准的要求。

表5-58　CFA 模型拟合指标——社会责任

指标	χ^2/df	GFI	AGFI	CFI	TLI	NFI	IFI	RMSEA
检验结果	1.458	0.909	0.884	0.964	0.958	0.894	0.964	0.045

如图 5-8、表 5-59 所示，检验结果表明社会责任各维度的测量指标均具有较好的收敛效度，因而可保留社会责任的各维度测量题项以备后续分析。

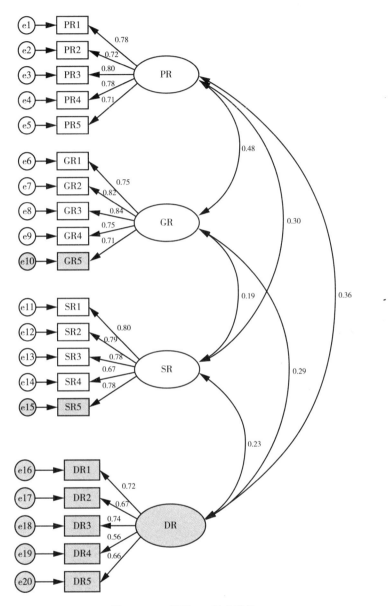

图5-8　CFA模型——社会责任

表5-59　CFA 结果——社会责任

路径			Estimate	S.E.	C.R.（t-value）	P	CR	AVE
PR1	<---	PR	0.776				0.870 6	0.574 2
PR2	<---	PR	0.722	0.096	10.892	***		

续表

路径			Estimate	S.E.	C.R.（t-value）	P	CR	AVE
PR3	<---	PR	0.796	0.089	12.131	***		
PR4	<---	PR	0.779	0.092	11.85	***	0.870 6	0.574 2
PR5	<---	PR	0.712	0.093	10.722	***		
GR1	<---	GR	0.752					
GR2	<---	GR	0.817	0.11	12.236	***		
GR3	<---	GR	0.84	0.108	12.573	***	0.882 4	0.601
GR4	<---	GR	0.746	0.115	11.114	***		
GR5	<---	GR	0.714	0.108	10.599	***		
SR1	<---	SR	0.8					
SR2	<---	SR	0.789	0.08	12.47	***		
SR3	<---	SR	0.775	0.08	12.228	***	0.875 7	0.585 8
SR4	<---	SR	0.674	0.084	10.367	***		
SR5	<---	SR	0.782	0.084	12.346	***		
DR1	<---	DR	0.743	0.139	7.504	***		
DR2	<---	DR	0.674	0.14	7.13	***		
DR3	<---	DR	0.717	0.126	7.375	***	0.804 2	0.5
DR4	<---	DR	0.556					
DR5	<---	DR	0.661	0.132	7.051	***		

注："+""*""**""***"分别表示在10%、5%、1%、1‰水平下显著，下同。

②体育社团组织绩效的收敛效度分析。

体育社团组织绩效共有 6 个测量题项，进行 CFA 分析后，具体的拟合指标如表 5-60 所示，对比图 5-9 给出的参考值。检验结果表明各拟合指标的数值均符合拟合标准的要求。

表5-60　CFA模型拟合指标——体育社团组织绩效

指标	χ^2/df	GFI	AGFI	CFI	TLI	NFI	IFI	RMSEA
检验结果	2.568	0.966	0.921	0.982	0.97	0.971	0.982	0.083

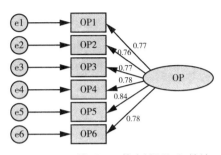

图 5-9　CFA 模型——体育社团组织绩效

如表 5-61 所示，检验结果表明体育社团组织绩效的测量指标均具有较好的收敛效度，因而可保留体育社团组织绩效的测量题项以备后续分析。

表5-61　CFA 结果——体育社团组织绩效

			Estimate	S.E.	C.R.	P	CR	AVE
OP5	<---	OP	0.836					
OP4	<---	OP	0.781	0.075	13.479	***		
OP3	<---	OP	0.773	0.076	13.279	***	0.905	0.613 7
OP2	<---	OP	0.756	0.072	12.883	***		
OP1	<---	OP	0.772	0.065	13.266	***		
OP6	<---	OP	0.78	0.074	13.45	***		

③利益相关者满意与政府培育的收敛效度分析。

本书将利益相关者满意与政府培育指标进行 CFA 分析后，具体的拟合指标如表 5-62 所示，可以看出各拟合指标的数值均符合拟合标准的要求。

表5-62　CFA 模型拟合指标——利益相关者满意与政府培育

指标	χ^2/df	GFI	AGFI	CFI	TLI	NFI	IFI	RMSEA
检验结果	1.72	0.938	0.909	0.972	0.965	0.936	0.972	0.056

如表 5-63、图 5-10 所示，检验结果表明利益相关者满意与政府培育的测量指标均具有较高的收敛效度，因此可保留测量题项以备后续分析。

表5-63　CFA结果——利益相关者满意与政府培育

			Estimate	S.E.	C.R.	P	CR	AVE
SS6	<---	SS	0.823					
SS5	<---	SS	0.806	0.079	13.502	***		
SS4	<---	SS	0.697	0.08	11.189	***		
SS3	<---	SS	0.753	0.078	12.367	***	0.883 8	0.560 2
SS2	<---	SS	0.691	0.081	11.069	***		
SS1	<---	SS	0.710	0.066	11.461	***		
GC6	<---	GC	0.778					
GC5	<---	GC	0.687	0.085	10.489	***		
GC4	<---	GC	0.759	0.086	11.762	***		
GC3	<---	GC	0.783	0.093	12.185	***	0.889 5	0.573 4
GC2	<---	GC	0.779	0.087	12.13	***		
GC1	<---	GC	0.753	0.083	11.649	***		

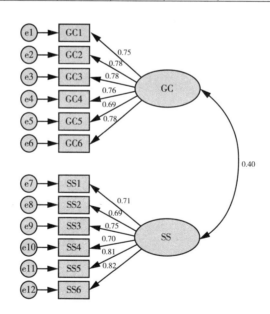

图5-10　CFA模型——利益相关者满意与政府培育

第三节　结构方程模型分析

通过对本研究量表进行信度和效度检验后可以发现，调查数据具有良好的可靠性和有效性，适合开展下面的实证分析。本研究通过运用结构方程模型并结合 AMOS 24.0 软件，对社会责任和体育社团组织绩效的中介作用效应进行分析。在以上论述中，图 5-12 已给出各拟合指标的参考数值情况，后续将对比该表来判断模型的拟合结果是否符合要求。在实证分析过程中，我们会得到初始模型以及修正后满足拟合指标的最终模型，修正的原理是观察各测量题项的残差，根据修正指标（M.I.）数值的大小，在充分考虑现实意义的情况下，给出修正后的最终结构方程模型以及模型相关参数。

根据温忠麟等对中介效应的分析思路，为了探析社会责任、利益相关者满意、政府培育、体育社团组织绩效之间的关系，结合图 5-11 的中介变量示意图（其中 X、Y 分别为自变量和因变量，M 为中介变量），基于以下三个条件对中介作用进行判断。

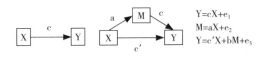

$$Y=cX+e_1$$
$$M=aX+e_2$$
$$Y=c'X+bM+e_3$$

图5-11　中介变量示意图

通过对文献进行分析，结构方程模型的拟合指标值的详细解读如图 5-12。该图能够为后续的指标解读做好理论准备。

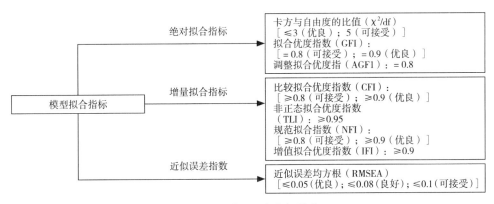

图5-12　模型拟合指标说明

（一）"社会责任—体育社团组织绩效"关系验证

"社会责任—体育社团组织绩效"关系的结构方程模型拟合指标见表5-64，从表中可见各拟合指标优良，均处于可接受的范围。

表5-64　社会责任对体育社团组织绩效的影响关系模型拟合指标

指标	χ^2/df	GFI	AGFI	CFI	TLI	NFI	IFI	RMSEA
检验结果	1.494	0.875	0.849	0.953	0.947	0.871	0.953	0.047

从表5-65中可知："社会责任—体育社团组织绩效"的测度模型中，C.R.值保持在大于1.96的标准，标准误均大于0。因此，该结果基本上满足拟合标准的需要。如图5-13所示，社会责任不同维度与体育社团组织绩效的标准化路径系数分别为0.314、0.233、0.301、0.169，并且显著，这表明履行政治责任、治理责任、服务责任对体育社团组织绩效都产生了显著的正向影响。假设H1、H1a、H1b、H1c、H1d得到验证。然而，发展责任的估值系数相对较低，表明体育社团对发展责任的认识与履行力度不够，导致体育社团的高质量发展缓慢。

表5-65　测度模型中潜变量的估计参数（社会责任—体育社团组织绩效）

			Estimate	S.E.	C.R.	P
OP	<---	PR	0.314	0.076	4.201	***
OP	<---	SR	0.233	0.052	3.738	***
OP	<---	GR	0.301	0.087	4.276	***
OP	<---	DR	0.169	0.066	2.482	0.013
PR1	<---	PR	0.784			
PR2	<---	PR	0.727	0.094	11.13	***
PR3	<---	PR	0.794	0.087	12.308	***
PR4	<---	PR	0.778	0.09	12.031	***
PR5	<---	PR	0.699	0.091	10.652	***
GR1	<---	GR	0.751			
GR2	<---	GR	0.818	0.11	12.241	***
GR3	<---	GR	0.838	0.108	12.555	***
GR4	<---	GR	0.747	0.115	11.126	***
SR1	<---	SR	0.803			

续表

			Estimate	S.E.	C.R.	P
SR2	<---	SR	0.782	0.079	12.424	***
SR3	<---	SR	0.777	0.079	12.329	***
SR4	<---	SR	0.676	0.083	10.461	***
DR4	<---	DR	0.549			
DR3	<---	DR	0.733	0.142	7.373	***
DR2	<---	DR	0.679	0.144	7.09	***
DR1	<---	DR	0.725	0.13	7.338	***
DR5	<---	DR	0.664	0.135	6.999	***
GR5	<---	GR	0.716	0.108	10.639	***
OP1	<---	OP	0.774			
OP2	<---	OP	0.757	0.09	11.93	***
OP3	<---	OP	0.779	0.094	12.333	***
OP4	<---	OP	0.774	0.094	12.245	***
OP5	<---	OP	0.831	0.086	13.33	***
SR5	<---	SR	0.782	0.083	12.44	***
OP6	<---	OP	0.785	0.092	12.449	***

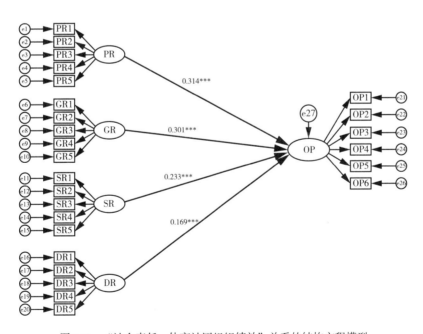

图5-13 "社会责任—体育社团组织绩效"关系的结构方程模型

（二）利益相关者满意与政府培育的中介作用验证

1.利益相关者满意的中介作用验证

（1）社会责任对利益相关者满意的影响

"社会责任—利益相关者满意"关系的结构方程模型拟合指标见表5-66，可见各指标值拟合程度良好，均处于可接受的范围。

表5-66　社会责任对利益相关者满意的影响关系模型拟合指标

指标	χ^2/df	GFI	AGFI	CFI	TLI	NFI	IFI	RMSEA
检验结果	1.412	0.886	0.861	0.958	0.953	0.871	0.959	0.043

从表5-67可知："社会责任—利益相关者满意"模型的估计参数中，标准误均大于0。该分析结果基本上满足拟合标准的需要。

表5-67　测度模型中潜变量的估计参数（社会责任—利益相关者满意）

			Estimate	S.E.	C.R.	P
SS	<---	PR	0.221	0.073	2.861	0.004
SS	<---	SR	0.314	0.053	4.589	***
SS	<---	GR	0.282	0.083	3.806	***
SS	<---	DR	0.164	0.063	2.294	0.022
PR1	<---	PR	0.777			
PR2	<---	PR	0.725	0.096	10.97	***
PR3	<---	PR	0.792	0.089	12.108	***
PR4	<---	PR	0.783	0.092	11.949	***
PR5	<---	PR	0.708	0.093	10.695	***
GR1	<---	GR	0.755			
GR2	<---	GR	0.819	0.108	12.347	***
GR3	<---	GR	0.834	0.107	12.585	***
GR4	<---	GR	0.748	0.114	11.205	***
SR1	<---	SR	0.799			
SR2	<---	SR	0.786	0.08	12.456	***
SR3	<---	SR	0.772	0.08	12.192	***
SR4	<---	SR	0.675	0.084	10.406	***
DR4	<---	DR	0.557			
DR3	<---	DR	0.743	0.139	7.526	***

续表

			Estimate	S.E.	C.R.	P
DR2	<---	DR	0.673	0.139	7.143	***
DR1	<---	DR	0.713	0.125	7.375	***
DR5	<---	DR	0.667	0.132	7.111	***
GR5	<---	GR	0.715	0.107	10.675	***
SS1	<---	SS	0.716			
SS2	<---	SS	0.693	0.118	9.871	***
SS3	<---	SS	0.75	0.118	10.674	***
SS4	<---	SS	0.693	0.117	9.875	***
SS5	<---	SS	0.808	0.121	11.474	***
SS6	<---	SS	0.821	0.112	11.649	***
SR5	<---	SR	0.787	0.084	12.476	***

如图 5-14 所示，社会责任的不同维度与利益相关者满意的标准化路径系数分别是
0.221、0.282、0.314、0.164，并且显著。结果表明：履行政治责任、治理责任、服务责任、
发展责任对利益相关者满意产生了正向影响，假设 H2、H2a、H2b、H2c、H2d 得到了验证。

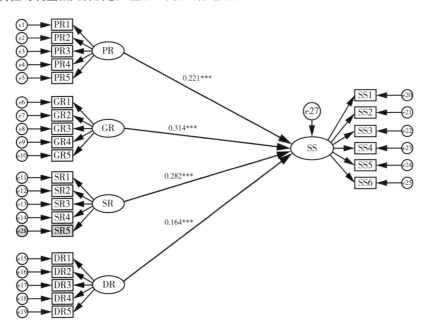

图5-14　"社会责任—利益相关者满意"关系的结构方程模型

（2）利益相关者满意对体育社团组织绩效的影响

"利益相关者满意—体育社团组织绩效"关系的结构方程模型拟合指标见表5-68，可见各指标值拟合程度良好，均在可接受的范围内。

表5-68　利益相关者满意对体育社团组织绩效的影响关系模型拟合指标

指标	χ^2/df	GFI	AGFI	CFI	TLI	NFI	IFI	RMSEA
检验结果	1.565	0.945	0.919	0.98	0.975	0.947	0.98	0.05

从表5-69可知：在"利益相关者满意—体育社团组织绩效"模型的估计参数中，C.R. 的值满足大于1.96的标准，其标准误均大于0。因此，该分析结果基本上满足拟合标准的要求。

表5-69　测度模型中潜变量的估计参数（利益相关者满意—体育社团组织绩效）

			Estimate	S.E.	C.R.	P
OP	<---	SS	0.588	0.063	7.832	***
SS6	<---	SS	0.823			
SS5	<---	SS	0.810	0.078	13.659	***
SS4	<---	SS	0.696	0.08	11.226	***
SS3	<---	SS	0.748	0.078	12.302	***
SS2	<---	SS	0.691	0.081	11.115	***
SS1	<---	SS	0.711	0.066	11.534	***
OP1	<---	OP	0.774			
OP2	<---	OP	0.756	0.09	11.864	***
OP3	<---	OP	0.776	0.095	12.237	***
OP4	<---	OP	0.783	0.094	12.371	***
OP5	<---	OP	0.83	0.086	13.244	***
OP6	<---	OP	0.781	0.093	12.329	***

如图5-15所示，利益相关者满意（SS）与体育社团组织绩效（OP）的标准化路径系数为0.588，并且显著。该结果表明：利益相关者满意对体育社团组织绩效产生了正向影响，假设H6得到验证。

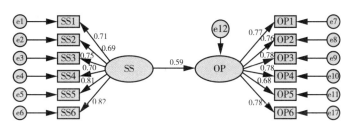

图5-15 "利益相关者满意—体育社团组织绩效"关系的结构方程模型

（3）利益相关者满意在"社会责任—体育社团组织绩效"关系中的中介作用模型

遵循上述中介检验的三个步骤，在此逐步分析利益相关者满意在"社会责任—利益相关者满意—体育社团组织绩效"关系中的中介作用（表5-70）。

表5-70 "社会责任—利益相关者满意—体育社团组织绩效"关系的结构方程模型拟合指标

指标	$\chi^2/d.f$	GFI	AGFI	CFI	TLI	NFI	IFI	RMSEA
检验结果	1.324	0.868	0.844	0.962	0.958	0.863	0.963	0.038

首先，检验各自变量对因变量的总效果c。如图5-16所示，社会责任不同维度与体育社团组织绩效的标准化路径系数分别为0.33、0.31、0.23、0.17，即为总效果c。

其次，检验间接效果a。根据图5-17可知：间接效果a是指自变量对中介变量的回归系数。从表5-71和图5-17中可知：社会责任各维度对利益相关者满意的标准化路径系数分别为0.229、0.309、0.275、0.165，即为间接效果a。

表5-71 "社会责任—利益相关者满意—体育社团组织绩效"模型的估计参数

			Estimate	S.E.	C.R.	P
SS	<---	PR	0.229	0.072	2.969	0.003
SS	<---	SR	0.309	0.052	4.518	***
SS	<---	GR	0.275	0.083	3.728	***
SS	<---	DR	0.165	0.064	2.297	0.022
OP	<---	PR	0.276	0.077	3.697	***
OP	<---	GR	0.247	0.089	3.463	***
OP	<---	SR	0.164	0.055	2.485	0.013
OP	<---	DR	0.155	0.067	2.28	0.023

续表

			Estimate	S.E.	C.R.	P
OP	<---	SS	0.189	0.09	2.313	0.021
PR1	<---	PR	0.784			
PR2	<---	PR	0.728	0.094	11.16	***
PR3	<---	PR	0.792	0.087	12.283	***
PR4	<---	PR	0.781	0.089	12.095	***
PR5	<---	PR	0.697	0.091	10.622	***
GR1	<---	GR	0.756			
GR2	<---	GR	0.813	0.107	12.338	***
GR3	<---	GR	0.838	0.106	12.733	***
GR4	<---	GR	0.748	0.113	11.279	***
SR1	<---	SR	0.817			
SR2	<---	SR	0.792	0.077	12.699	***
SR3	<---	SR	0.781	0.077	12.51	***
SR4	<---	SR	0.635	0.083	9.63	***
DR4	<---	DR	0.55			
DR3	<---	DR	0.733	0.141	7.405	***
DR2	<---	DR	0.678	0.142	7.109	***
DR1	<---	DR	0.721	0.129	7.345	***
DR5	<---	DR	0.668	0.135	7.053	***
GR5	<---	GR	0.728	0.106	11.08	***
SS1	<---	SS	0.716			
SS2	<---	SS	0.693	0.118	9.875	***
SS3	<---	SS	0.749	0.118	10.66	***
SS4	<---	SS	0.695	0.117	9.907	***
SS5	<---	SS	0.808	0.121	11.475	***
SS6	<---	SS	0.822	0.112	11.662	***
OP1	<---	OP	0.782			
OP2	<---	OP	0.768	0.088	12.217	***
OP3	<---	OP	0.785	0.092	12.545	***

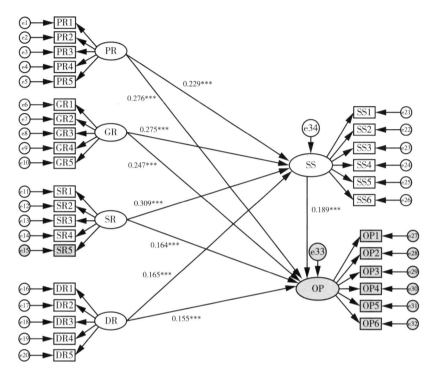

图5-16　"社会责任—利益相关者满意—体育社团组织绩效"关系的结构方程模型

最后，检验 b 和 c'。利益相关者满意在"社会责任—体育社团组织绩效"中的结构方程模型的拟合指标见表 5-71 和图 5-17，SS（利益相关者满意）→ OP（体育社团组织绩效）的标准化路径系数为 0.19（即为 b）。由表 5-71 可知：各指标拟合程度均可接受，在可接受的范围内。从表 5-71 和图 5-16 中可知：在中介路径中社会责任各维度对体育社团组织绩效的标准化路径系数分别为 0.276、0.247、0.164、0.155（即为中介效果 c'）。由此可见，社会责任各维度的总效果（c）大于其中介效果（c'），表明利益相关者满意在社会责任与组织绩效的影响机理中起到一定中介作用。通过图 5-14、图 5-17 的对比，结合上述中介作用的三个判别条件可知，假设 H4、H4a、H4b、H4c、H4d 得到了支持。

2. 政府培育的中介作用验证

（1）社会责任对政府培育的影响

"社会责任—政府培育"关系的结构方程模型拟合指标见表 5-72，可见各指标值拟合程度良好，均在可接受的范围内。

表5-72　社会责任对政府培育的影响关系模型拟合指标

指标	χ^2/df	GFI	AGFI	CFI	TLI	NFI	IFI	RMSEA
检验结果	1.429	0.886	0.861	0.957	0.952	0.872	0.958	0.043

从表 5-73 与图 5-17 可知：在"社会责任—政府培育"关系模型的估计参数中，其标准误均大于 0。因此，该分析结果基本上满足拟合标准的要求。社会责任的不同维度与政府培育的标准化路径系数分别为 0.312、0.183、0.273、0.121。社会责任的不同维度对政府培育都有显著的正向影响，假设 H3、H3a、H3b、H3c、H3d 得到了支持。

表 5-73　测度模型中潜变量的估计参数（社会责任—政府培育）

			Estimate	S.E.	C.R.	P
GC	<---	PR	0.312	0.086	3.853	***
GC	<---	SR	0.183	0.058	2.726	0.006
GC	<---	GR	0.273	0.096	3.604	***
GC	<---	DR	0.121	0.073	1.667	0.096
PR1	<---	PR	0.78			
PR2	<---	PR	0.714	0.095	10.861	***
PR3	<---	PR	0.789	0.087	12.218	***
PR4	<---	PR	0.786	0.09	12.094	***
PR5	<---	PR	0.712	0.092	10.82	***
GR1	<---	GR	0.756			
GR2	<---	GR	0.814	0.108	12.29	***
GR3	<---	GR	0.835	0.106	12.615	***
GR4	<---	GR	0.753	0.113	11.294	***
SR1	<---	SR	0.815			
SR2	<---	SR	0.801	0.078	12.787	***
SR3	<---	SR	0.783	0.078	12.459	***
SR4	<---	SR	0.63	0.084	9.518	***
DR4	<---	DR	0.551			
DR3	<---	DR	0.739	0.141	7.423	***

续表

			Estimate	S.E.	C.R.	P
DR2	<---	DR	0.676	0.142	7.089	***
DR1	<---	DR	0.724	0.129	7.353	***
DR5	<---	DR	0.659	0.134	6.99	***
GR5	<---	GR	0.712	0.107	10.641	***
GC1	<---	GC	0.757			
GC2	<---	GC	0.785	0.091	11.931	***
GC3	<---	GC	0.775	0.098	11.762	***
GC4	<---	GC	0.757	0.09	11.464	***
GC5	<---	GC	0.688	0.088	10.321	***
GC6	<---	GC	0.77	0.085	11.752	***
SR5	<---	SR	0.746	0.083	11.714	***

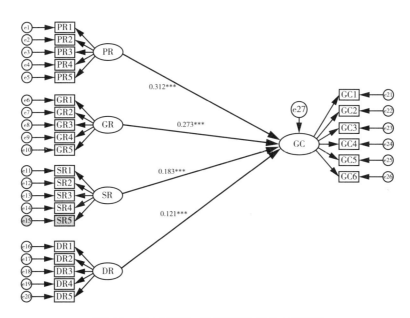

图5-17 "社会责任—政府培育"结构方程模型

（2）政府培育对体育社团组织绩效的影响

"政府培育—体育社团组织绩效"关系的结构方程模型拟合指标见表5-74，可见各指标值拟合程度良好，均在可接受的范围内。

表5-74　政府培育对体育社团组织绩效的影响关系模型拟合指标

指标	χ^2/df	GFI	AGFI	CFI	TLI	NFI	IFI	RMSEA
检验结果	2.072	0.926	0.891	0.963	0.954	0.932	0.964	0.069

从表 5-75 可知：在"政府培育—体育社团组织绩效"关系模型的估计参数中，其标准误均大于 0。因此，该分析结果基本上满足拟合标准的要求。

表 5-75　测度模型中潜变量的估计参数（政府培育—体育社团组织绩效）

			Estimate	S.E.	C.R.	P
OP	<---	GC	0.592	0.074	7.679	***
GC6	<---	GC	0.772			
GC5	<---	GC	0.696	0.086	10.61	***
GC4	<---	GC	0.754	0.087	11.617	***
GC3	<---	GC	0.781	0.095	12.086	***
GC2	<---	GC	0.786	0.088	12.181	***
GC1	<---	GC	0.751	0.085	11.552	***
OP1	<---	OP	0.779			
OP2	<---	OP	0.762	0.089	12.055	***
OP3	<---	OP	0.774	0.093	12.289	***
OP4	<---	OP	0.771	0.093	12.236	***
OP5	<---	OP	0.826	0.085	13.287	***
OP6	<---	OP	0.789	0.091	12.573	***

如图 5-18 所示，政府培育与体育社团组织绩效关系模型的标准化路径系数为 0.592，并且显著，表明假设 H7 得到了支持。

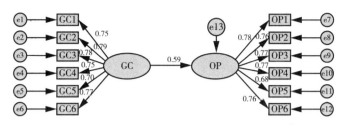

图5-18　"政府培育—体育社团组织绩效"结构方程模型

（3）政府培育在"社会责任—体育社团组织绩效"关系的中介作用模型

按照上述提到的中介检验三个步骤，在此逐步分析政府培育在"社会责任—体育社团组织绩效"关系中的中介作用。

首先，检验各自变量对因变量的总效果 c。如图 5-13 所示，社会责任不同维度与体育社团组织绩效的标准化路径系数分别为 0.33、0.31、0.23、0.17，二者之间的作用显著，即为每个自变量对因变量的总效果 c。

其次，检验间接效果 a。根据图 5-12，间接效果 a 是指自变量对中介变量的回归系数。从表 5-76、表 5-77 和图 5-19 可知：社会责任与政府培育的标准化路径系数分别为 0.292、0.184、0.295、0.123，即为间接效果 a。

表 5-76　"社会责任—政府培育—体育社团组织绩效"关系的结构方程模型拟合指标

指标	χ^2/df	GFI	AGFI	CFI	TLI	NFI	IFI	RMSEA
检验结果	1.412	0.862	0.836	0.953	0.947	0.857	0.954	0.043

表 5-77　"社会责任—政府培育—体育社团组织绩效"关系模型的估计参数

			Estimate	S.E.	C.R.	P
GC	<---	PR	0.292	0.085	3.594	***
GC	<---	SR	0.184	0.057	2.748	0.006
GC	<---	GR	0.295	0.096	3.881	***
GC	<---	DR	0.123	0.073	1.69	0.091
OP	<---	PR	0.275	0.078	3.667	***
OP	<---	SR	0.189	0.05	3.181	0.001
OP	<---	DR	0.11	0.063	1.748	0.08

续表

			Estimate	S.E.	C.R.	P
OP	<---	GC	0.259	0.086	3.774	***
OP	<---	GR	0.233	0.073	3.151	0.002
PR1	<---	PR	0.784			
PR2	<---	PR	0.72	0.093	11.095	***
PR3	<---	PR	0.788	0.086	12.317	***
PR4	<---	PR	0.78	0.089	12.18	***
PR5	<---	PR	0.713	0.091	10.92	***
GR1	<---	GR	0.759			
GR2	<---	GR	0.809	0.107	12.344	***
GR3	<---	GR	0.837	0.105	12.803	***
GR4	<---	GR	0.75	0.112	11.364	***
SR1	<---	SR	0.815			
SR2	<---	SR	0.791	0.078	12.661	***
SR3	<---	SR	0.786	0.077	12.56	***
SR4	<---	SR	0.638	0.083	9.679	***
DR4	<---	DR	0.546			
DR3	<---	DR	0.732	0.143	7.333	***
DR2	<---	DR	0.678	0.145	7.049	***
DR1	<---	DR	0.731	0.132	7.328	***
DR5	<---	DR	0.662	0.136	6.958	***
GR5	<---	GR	0.729	0.105	11.147	***
GC1	<---	GC	0.756			
GC2	<---	GC	0.788	0.091	11.967	***
GC3	<---	GC	0.777	0.098	11.779	***
GC4	<---	GC	0.754	0.09	11.401	***
GC5	<---	GC	0.695	0.088	10.434	***
GC6	<---	GC	0.77	0.087	11.666	***
OP1	<---	OP	0.789			
OP2	<---	OP	0.772	0.086	12.46	***
OP3	<---	OP	0.784	0.09	12.694	***
OP4	<---	OP	0.735	0.092	11.65	***

最后，检验 b 和 c′。从表5-76可知，政府培育在"社会责任—体育社团组织绩效"关系的结构方程模型的拟合指标值为0.22，即为 b 值。从表5-77与图5-19可知，"社会责任—体育社团组织绩效"关系模型的标准化路径系数分别为0.275、0.259、0.189、0.110，即为中介效果 c′。因此，该分析结果基本满足拟合标准的要求。

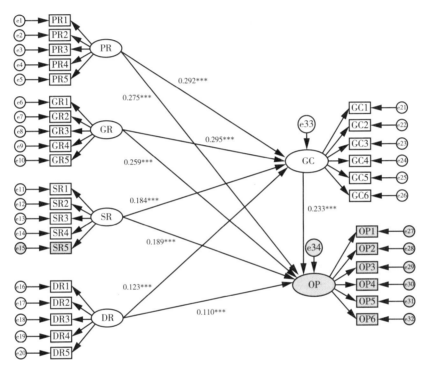

图5-19　"社会责任—政府培育—体育社团组织绩效"结构方程模型

由表5-76、表5-77和图5-19、图5-13可知，政府培育对体育社团组织绩效的标准化路径系数为0.22（即为 b），并且显著。社会责任各维度对体育社团组织绩效的标准化路径系数分别为0.275、0.259、0.189、0.110（即为 c′），表明社会责任各维度的直接效果（c′）小于其总效果（c）。根据上述中介作用的三个判别条件可知，政府培育在社会责任体育社团组织绩效的影响机理中均起到一定中介作用。假设 H5、H5a、H5b、H5c、H5d 得到了支持。

（三）社会责任、利益相关者满意、政府培育和体育社团组织绩效之间关系的整体结构方程模型

前文已对"社会责任—利益相关者满意—体育社团组织绩效""社会责任—政府培育—体育社团组织绩效"等关系的结构方程模型进行了验证，分别探讨了利益相关者满意、政府培育在"社会责任—体育社团组织绩效"的中介作用。我们进一步对"社会责任—利益相关者满意/政府培育—体育社团组织绩效"进行整体结构方程模型检验。由表5-78可知，各拟合指标结果都在可接受范围内，拟合程度较好。

表5-78 整体结构方程模型拟合指标

指标	χ^2/df	GFI	AGFI	CFI	TLI	NFI	IFI	RMSEA
检验结果	1.470	0.831	0.806	0.935	0.929	0.824	0.936	0.046

如表5-78、表5-79和图5-20所示，社会责任、利益相关者满意与政府培育都对组织绩效产生了正向影响。在模型中利益相关者满意（SS）对组织绩效（OP）之间的标准化路径系数为0.21，p值为0.01，表明利益相关者满意（SS）对组织绩效（OP）有显著的正向影响。政府培育（GC）对组织绩效（OP）之间的标准化路径系数为0.23，p值为0.002，表明政府培育（GC）对组织绩效（OP）有显著的正向影响。因此，政府培育与利益相关者满意的中介作用得到了证实。整个模型的各变量之间的关系得到了较好验证，明确了社会责任在体育社团运行中的重要作用与地位；履行社会责任不仅能直接提高体育社团组织绩效，而且能得到政府培育与利益相关者满意，进而间接提升组织绩效。这三条路径对体育社团的创新性发展有较好的指导作用。

表5-79 整体结构方程模型的估计参数

			Estimate	S.E.	C.R.	P
SS	<---	PR	0.22	0.072	2.854	0.004
SS	<---	SR	0.313	0.053	4.574	***
SS	<---	GR	0.282	0.083	3.805	***
SS	<---	DR	0.163	0.064	2.274	0.023
GC	<---	PR	0.296	0.085	3.642	***

			Estimate	S.E.	C.R.	P
GC	<---	GR	0.282	0.096	3.704	***
GC	<---	SR	0.18	0.058	2.68	0.007
GC	<---	DR	0.123	0.073	1.679	0.093
OP	<---	PR	0.201	0.087	2.696	0.007
OP	<---	GR	0.177	0.101	2.479	0.013
OP	<---	SR	0.127	0.063	1.957	0.05
OP	<---	DR	0.11	0.073	1.68	0.093
OP	<---	SS	0.201	0.099	2.548	0.011
OP	<---	GC	0.233	0.083	3.152	0.002
PR1	<---	PR	0.785			
PR2	<---	PR	0.726	0.093	11.157	***
PR3	<---	PR	0.788	0.086	12.237	***
PR4	<---	PR	0.783	0.089	12.158	***
PR5	<---	PR	0.702	0.091	10.721	***
GR1	<---	GR	0.757			
GR2	<---	GR	0.816	0.108	12.369	***
GR3	<---	GR	0.831	0.106	12.604	***
GR4	<---	GR	0.753	0.113	11.331	***
SR1	<---	SR	0.803			
SR2	<---	SR	0.784	0.079	12.492	***
SR3	<---	SR	0.773	0.079	12.29	***
SR4	<---	SR	0.677	0.083	10.479	***
DR4	<---	DR	0.548			
DR3	<---	DR	0.732	0.142	7.369	***
DR2	<---	DR	0.678	0.144	7.081	***
DR1	<---	DR	0.724	0.13	7.33	***
DR5	<---	DR	0.668	0.136	7.021	***
GR5	<---	GR	0.715	0.106	10.715	***
SS1	<---	SS	0.716			
SS2	<---	SS	0.692	0.118	9.871	***
SS3	<---	SS	0.748	0.118	10.658	***

续表

			Estimate	S.E.	C.R.	P
SS4	<---	SS	0.695	0.117	9.909	***
SS5	<---	SS	0.808	0.121	11.487	***
SS6	<---	SS	0.822	0.112	11.667	***
GC1	<---	GC	0.755			
GC2	<---	GC	0.788	0.092	11.934	***
GC3	<---	GC	0.776	0.099	11.74	***
GC4	<---	GC	0.755	0.09	11.387	***
GC5	<---	GC	0.695	0.089	10.412	***
GC6	<---	GC	0.771	0.087	11.65	***
SR5	<---	SR	0.785	0.083	12.505	***
OP6	<---	OP	0.789			

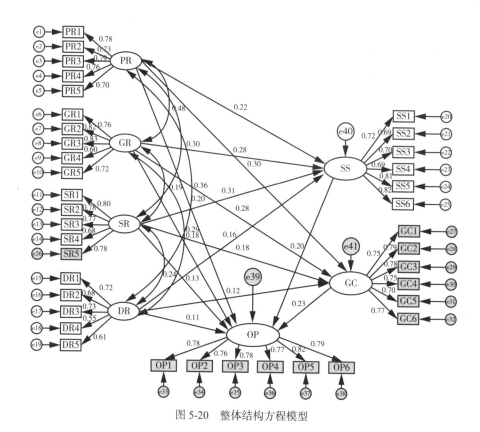

图 5-20　整体结构方程模型

第四节　实证研究结果讨论

我们运用结构方程模型对模型中涉及中介作用的相关变量进行分析并验证假设，验证假设结果见表5-80。

表5-80　研究假设验证结果汇总

假设编号	内容	验证结果
1	H1：社会责任对提升体育社团组织绩效具有正向影响	通过
2	H1a：治理责任对提升体育社团组织绩效具有正向影响	通过
3	H1b：服务责任对提升体育社团组织绩效具有正向影响	通过
4	H1c：发展责任对提升体育社团组织绩效具有正向影响	通过
5	H1d：政治责任对提升体育社团组织绩效具有正向影响	通过
6	H2：体育社团履行社会责任对利益相关者满意有正向影响	通过
7	H2a：体育社团履行政治责任对利益相关者满意有正向影响	通过
8	H2b：体育社团履行治理责任对利益相关者满意有正向影响	通过
9	H2c：体育社团履行发展责任对利益相关者满意有正向影响	通过
10	H2d：体育社团履行服务责任对利益相关者满意有正向影响	通过
11	H3：体育社团履行社会责任对政府培育有正向影响	通过
12	H3a：体育社团履行政治责任对政府培育有正向影响	通过
13	H3b：体育社团履行治理责任对政府培育有正向影响	通过
14	H3c：体育社团履行发展责任对政府培育有正向影响	通过
15	H3d：体育社团履行服务责任对政府培育有正向影响	通过
16	H4：利益相关者满意在体育社团履行社会责任提升组织绩效的过程中起到中介作用	通过
17	H4a：利益相关者满意在体育社团履行政治责任提升组织绩效的过程中起到中介作用	通过
18	H4b：利益相关者满意在体育社团履行治理责任提升组织绩效的过程中起到中介作用	通过
19	H4c：利益相关者满意在体育社团履行发展责任提升组织绩效的过程中起到中介作用	通过
20	H4d：利益相关者满意在体育社团履行服务责任提升组织绩效的过程中起到中介作用	通过

续表

假设编号	内容	验证结果
21	H5：政府培育在体育社团履行社会责任提升组织绩效的过程中起到中介作用	通过
22	H5a：政府培育在体育社团履行政治责任提升组织绩效的过程中起到中介作用	通过
23	H5b：政府培育在体育社团履行治理责任提升组织绩效的过程中起到中介作用	通过
24	H5c：政府培育在体育社团履行发展责任提升组织绩效的过程中起到中介作用	通过
25	H5d：政府培育在体育社团履行服务责任提升组织绩效的过程中起到中介作用	通过
26	H6：利益相关者满意对提升体育社团组织绩效有正向影响	通过
27	H7：政府培育对提升体育社团组织绩效有正向影响	通过

讨论一：履行社会责任能够提高体育社团的组织绩效

结构方程模型的验证结果证实了体育社团履行社会责任能够对提高组织绩效产生直接影响。在结构方程模型中，社会责任的四个维度对组织绩效的影响系数分别是0.314（政治责任—组织绩效）、0.301（治理责任—组织绩效）、0.233（服务责任—组织绩效）、0.169（发展责任—组织绩效），并且都通过了检验，相对来说，政治责任与治理责任的影响系数最高，这符合我国体育社团的发展现状。

我们通过分析发现，体育社团社会责任的四个维度之间互相影响且影响系数较高。因此，体育社团在履行社会责任时需要全面考虑每一个维度。针对以往文献中关于社会责任与体育社团关系的研究结论出现不一致和含糊不清等情况，本书的实证研究结果明确了社会责任对体育社团组织绩效的促进作用，回答了有关体育社团是否应该履行社会责任的问题。

这一研究结果表明，在现阶段重视和履行社会责任对促进社会组织的发展的确具有重要作用。体育社团作为一类特定的社会组织，必定要适应国家发展的战略目标，满足经济和社会的全面进步产生的需求和要求。比如，尽管体育社团需要履行社会责任的内容会随着时代的变化而变化，但治理责任与组织责任依然对提高组织绩效产生了直接影响。体育社团履行治理责任不但能够激发内部活力，而且能够顺利对接外部事务，理顺各方面关系，从而提高组织绩效。体育社团履行服务责任与发展责任能够使其得到更多发展所需要的社会资源。当然，在理论上政治责任应在体育社团的发展中居于引导地位，但本书的实证研究发现：在社会责任的四个维度中，政治责任影响组织绩效的系数最高，这个与政治责任的重要性相匹配。但是在访谈过程中，体育社团履行政治责任相对于履行其他责任履行可能较积极与主动，而且政治责任涉及面广，许多研究样本对政治责任的把握有待加强。当然，从体育社团的生存与发展现状来看，只有坚强的政治引领才能促进体育社团充分地服务政府的体育需求，服务群众的体育需求。

讨论二：履行社会责任直接影响政府培育、利益相关者满意

结构方程模型显示，社会责任对政府培育的影响系数分别为0.296（政治责任—政府培育）、0.282（治理责任—政府培育）、0.183（服务责任—政府培育）、0.122（发展责任—政府培育）；治理责任、政治责任与政府培育的影响系数较高，表明认真履行治理责任与政治责任的体育社团很容易得到政府的培育。体育社团要在政府领导下提升服务内容质量，做好利益协调，做好组织协作和健全制度等，积极履行社会责任更容易得到政府的认可。

社会责任对利益相关者满意的影响系数分别为0.221（政治责任—利益相关者满意）、0.282（治理责任—利益相关者满意）、0.314（服务责任—利益相关者满意）、0.164（发展责任—利益相关者满意）；治理责任、服务责任与利益相关者满意的相关性较强，表明体育社团的发展要与政府的需要、利益相关者的需求一致，只有认真服务利益相关者并得到他们的认可，才能使他们的满意。因此，体育社团必须在日后的运行中加强自身发展与利益相关者的需求一致，主动满足群众的体育需求才能够提升组织绩效。刘丽与周延风等已经验证了非营利组织的社会责任和利益相关者满足都能显著地正向提升组织绩效。

讨论三：政府培育能够直接提高组织绩效

结构方程模型检验结果显示，政府培育对组织绩效有直接影响（路径系数为0.592）。这表明政府培育行为不受体育社团实际拥有资源羁绊，更看重体育社团履行社会责任的主动性与实际效果。政府掌握和支配着大量资源，得到政府的培育意味着能获得更多的

优质资源，政府务必要积极做好引领、策划、监督，推进社会责任工作的具体开展与落实。在政府培育下，体育社团的组织绩效逐渐提升。政府培育与利益相关者满意呈正相关，进一步形成提升体育社团组织绩效的重要力量。在体育社团履行社会责任的过程中，政府培育可对体育社团产生直接与间接的约束。这不仅有助于体育社团的规模扩大以获得规模效益，而且有助于体育社团降低运行成本、扩大服务规模、提升组织绩效。

讨论四：利益相关者满意能够直接提升体育社团组织绩效

结构方程模型检验结果显示，利益相关者满意对组织绩效也存在直接影响（路径系数为 0.588）。这表明由于利益相关者满意在体育社团组织绩效中的特殊地位，体育社团要进行内部治理，还要把利益相关者的体育权益落到实处。

这一研究结果表明，作为一类特定的社会组织，体育社团在发展过程中应该把履行对利益相关者的社会责任当作一种自身发展战略，增强认同感和社会参与度，提高利益相关者满意度才能在承担社会责任时产生有利于自身发展的组织绩效。在现实生活中，利益相关者的种类繁多且占有较多的社会资源，体育社团在运营时首先要认清利益相关者，并知道利益相关者对体育社团发展的重要性；其次是履行社会责任时希望能够得到利益相关者的认可，特别是主要利益相关者对体育社团履行社会责任的行为感到满意，能够使利益相关者主动提供部分社会资源，进而弥补体育社团在发展过程中的资源需求，提升组织的绩效。

讨论五：政府培育和利益相关者满意具有一定程度的中介作用

经过结构方程模型的验证我们发现，政府培育和利益相关者满意在体育社团履行社会责任与提高组织绩效的关系中具有中介作用。在"社会责任—政府培育—组织绩效"路径下，政府培育有部分中介作用；在"社会责任—利益相关者满意—组织绩效"路径下有中介作用，各个社会责任各维度的回归系数都较明显。

在以往的研究中，缺少政府培育是否在体育社团"履行社会责任—提高组织绩效"中存在中介作用的分析。在相关研究中，宋贵伦提出政府在资源的分配上具有举足轻重的作用，能在不同发展阶段为社会组织提供充足的发展资源，是提高组织绩效的重要途径之一。周杨梦莹认为政府必须成为社会组织履行社会责任的主导，善用信息披露与绩效评估等方式对社会责任的承担与履行进行制度上的保障，确保完善履行社会责任的体系与达到提升组织绩效的效果，政府培育起到中介作用。本研究得出的结果和这些研究的结论基本一致。利益相关者满意在体育社团"履行社会责任—提高组织绩效"中发挥中介作用，这一结果和以往的一些研究也是相互印证的。比如，约翰逊的研究证实了对利益相关者满意进行识别与规范，非营利组织承担社会责任对组织绩效的提升有重要中介作用。履行社会责任对组织自身的发展有重要作用，利益相关者满意构成了评价组织绩效的中介。另外，利益相关者满意能够形成沉默螺旋，间接提高组织绩效。

第六章　推进体育社团履行社会责任以提升组织绩效的实现机制

研究表明，我国体育社团履行社会责任的实践仍存在诸多困境，严重滞后的社会责任认知、空泛无力的社会责任实践、屡见不鲜的社会责任缺失等导致体育社团绩效低下。鉴于此，本章将从治理视角提出体育社团履行社会责任以提升组织绩效的实现机理，分别从社团内部治理、外部治理、利益相关者参与、多元主体协同等方面分析体育社团在履行社会责任的过程中，驱动该行为的内外部因素以及完成该行为的具体过程。

第一节　建立以社会责任为导向的体育社团内部治理机理

从体育社团的长远发展来看，社会责任必须融入社团的发展战略、决策过程、运行实践。

一、树立责任意识，做好战略规划

意识是行为的先导。首先，坚持以人民为中心的责任意识，向社会提供优质的体育公共服务产品，解决人民日益增长的美好生活需要和不平衡不充分的发展之间的矛盾。其次，体育社团必须认识到承担与履行社会责任并不会过多消耗内部资源，阻碍社团的发展，反而能提升体育社团的社会形象与社会声誉，能够直接提高组织绩效，间接提升社团同行竞争力。然后，体育社团要做好社会责任战略规划，社团负责人要具备高度的政治敏感性，有较高的政治站位，将履行社会责任纳入体育社团的运行过程中与规章制度中，把提高组织绩效和社团治理结合在一起，通过制订适合本社团发展实际的社会责任战略规划，提升社团的治理层次和水平。

二、评估责任现状，落实责任行动

体育社团要结合社会责任的政治责任、治理责任、服务责任、发展责任等，明确和梳理自身的现状，找出责任缺失，制订相关措施，实施责任行动。首先，履行政治责任。体育社团要通过建立"党建＋社会服务""党建＋社团活动""互联网＋党建＋社会责任"等方式，把党建工作与体育社团的业务紧密结合，引领体育社团的社会主义发展道路和方向，保障人民群众的体育权益，服务各类社团群体。其次，履行治理责任。通过构建内部治理规范体系、完善责任制度设计、建立责任委员会、开展责任考核和评价、实施责任绩效监控等，将社会责任行为嵌入社团内部治理的各个环节，有效地组织治理工作。然后，履行服务责任。通过改变传统的等、靠、要的体育社团运行理念，提高社会责任认知与公益服务理念，打破履行社会责任过程中存在的各种认知障碍，顺利对接利益相关者的合理需求，对责任信息实施透明化处理以获得更多的政策、资金与人才支持，更好地履行服务责任。最后，体育社团承担着发展责任。持续发展是目标，社会责任是路径，二者形成不可分割的联系。我们要对社会责任是否融入体育社团决策、治理的全过程加以落实，落实过程坚持协调、统一、健康，提供负责任的行动计划和行为准则，积极传播体育文化，制订制度框架，提升服务产品的数量与质量，满足人民不断增长的体育需求。

三、培养责任文化，形成激励制度

责任文化是把对社会负责作为一种理念和信念，一种氛围和习惯。体育社团要崇尚责任意识，倡导责任行为，推崇责任精神；明确履行社会责任的内涵、范围和行为方式，营造社会责任的文化氛围。同时，要加强与服务对象的责任文化交流，通过文化浸润让体育社团及利益相关者充分意识到履行社会责任业已成为体育社团的日常运营工作与行为方式。激励社团管理者与员工不以追求经济效益的最大化为目标，而应立足于体育社团的社会责任与公益性质，重视开展不以营利为目标的群众体育公益活动，积极推广普及体育运动项目，推进地区体育项目发展，增加各类会员的数量，提升体育社团社会影响力。只有这样，体育社团才能得到政府的积极培育，提升利益相关者的满意度和支持力，才能更广泛、更有效地持续获取各类资源，达到经济效益与社会效益的双赢，增进内部凝心聚力。

总之，体育社团要建立社会责任的内容是多维度、多层次的，体育社团履行社会责任的内部治理机制是一个努力将政治责任、治理责任、服务责任、发展责任等融入体育社团的认知、评估、策划到实施的过程。

第二节　建立体育社团社会责任的外部治理机制

政府培育在体育社团"社会责任—组织绩效"关系中存在中介作用。因此，政府培育能够发挥政府的行政职能，为体育社团履行社会责任提供正式制度供给体系，是社会责任实施过程中最重要的制度保障。从正式制度供给层面来看，政府相关部门主要需要做好以下四个方面的工作。

一、政府要建立体育社团履行社会责任的推进机制

政府作为社会责任的推动主导者，可以与工商、税务、体育、市政等相关部门组成协同机构，加快法律法规和政策的制度建设，对体育社团承担社会责任进行联合督导。除了常规的考核方式，要优先发展那些能更好地为政府解决群众体育需求问题、积极主动开展社会体育活动、服务于社会体育治理的体育社团。对较好地履行社会责任的体育社团进行税收、年检等政策方面的调整，扩大政府采购社会服务的比例，为体育社团履行社会责

任提供组织与政策保障。社会责任推进各部门按照部门联动与多方参与的方式。

二、政府要引入体育社团竞争激励机制，鼓励其履行社会责任

利用社会责任理念建立竞争机制有助于提高政府的培育效率。首先，政府在培育体育社团的过程中要注意发挥市场与政府的协同作用，防止形成行政垄断或市场垄断。单一的行政培育容易形成行政垄断，造成体育社团自我造血功能不足。因此，要引进竞争机制，消除行政垄断产生的弊端，打破传统的政府培育供给模式，利用社会责任的内涵与内容构建标准化管理、政府购买服务、合同外包服务、特许经营模式、用者付费等多种活动形式，形成公平、公开、公正的竞争模式。竞争体系在引入时除了注意根据政府培育的具体培育目标、培育方式与培育内容，慎重选择竞争方式，还要重点加强社会责任维度与指标、培育目标与内容的融入，具体、清晰、简洁地列出社会责任的重要内容。关注竞争带来的经济效益与社会公益的平衡问题，以社会效益优先，防止过度追求市场利益与组织绩效而损害体育社团的非营利本质。鼓励体育社团开展体育服务需求调研，细致了解群众的体育需求动态，创新服务内容与形式，提供个性化公共体育服务内容。

在推进竞争机制的过程中，要加强对体育社团相关法律法规的学习，特别是体育社团成立的必要条件、年审与合理合法竞争的相关法律法规的学习，同时注意学习著作权等法律法规，避免在履行社会责任的过程中发生侵权行为，避免违法违规行为。对法律法规的学习能够保障体育社团之间进行科学合理的竞争。

三、政府要完善社会责任的评价与监督机制

政府对体育社团社会责任的推进离不开社会责任评价。根据本研究的实证结果，体育社团社会责任的指标体系包括政治责任、治理责任、服务责任、发展责任四个维度与22个指标。评价可采取社团自我评价、利益相关方评价和政府评价相结合的方式。自我评价可以社会责任年度报告等形式呈现。利益相关者评价主要关注体育社团在落实社会责任时与利益相关方的互动、合作是否充分，达成的结果是否得到利益相关者的认同。政府评价主要关注体育社团为群众体育需求带来的综合性社会价值。作为体育普及与普惠的重

要助手，政府可以从群众需要、社会需求与国家战略三个层面出发为体育社团制订责任清单，规定体育社团的权利与义务，以清单方式向社会大众公布相关内容并接受其监督，依据清单设立准入门槛，对责任认识不到位、责任落实不情愿、责任管理跟不上，特别是对某些"专门营利"的社团进行监管，禁止准入。

四、政府要整合各类资源，优化培育机制，主动促进体育社团履行社会责任

政府需要整合各类资源，拆开治理藩篱，打破资源共享的壁垒，提升体育社团在不同领域间的流动性和开放性。特别是加强政府、体育社团、利益相关者等的信息资源共享力度，着力解决信息不对称问题。重视科技知识普及，利用大数据、互联网等建立信息共享平台，加强政府、新兴体育社会组织和群众的联系，满足人们日益变化的体育需求。要从政策制定、人才支撑、宣传报道等方面对较好地履行社会责任的体育社团进行专项培育，给予其定点项目孵化、人才对口帮扶、定点采购服务、合同外包服务、特许经营模式、用者付费等政策保障，提升政府对组织的培育效果，让组织将政府视为履行社会责任的正面典型。

第三节　完善利益相关者的参与合作机制，敦促履行社会责任

完善利益相关者参与合作机制是指体育社团创造与一个或多个利益相关方的对话机会而形成互动的过程，目标是提升社团决策和活动的有效性等，促进双方合作，推动组织绩效持续改进。

一、鼓励利益相关者参与体育社团履行社会责任的全过程

首先，提供利益诉求表达机制，识别利益相关方的需求，优化利益相关者参与决策的范围，充分发挥利益相关者的主动性、创造性、积极性，推动体育社团的行动部署。然

后，在尊重利益相关者意愿的基础上，加强沟通、协调矛盾、处理冲突、明晰权责。特别是在体育社团与利益相关者产生分歧时，应启动沟通参与机制，动态调整参与策略，充分给予其参与机会，确保社会责任的实施。最后，提供公共产品，推进互利合作，形成伙伴关系。公共产品一般是公益性产品。公益性最大化是体育社团的目标，是与利益相关者合作的基础，也是利益相关者参与体育社团履行社会责任的动力。

二、多维度拓宽利益相关者的参与渠道，创新参与形式

由于参与渠道不顺畅，缺少决策咨询、信息沟通、监督反馈渠道，大多数利益相关者的社会责任意识淡漠，对体育公共事务"高高挂起"，沦为"看客"或是"尾随者"，而不是"积极的参与者"。鉴于此，体育社团可根据不同利益相关者的参与习惯、参与内容，确定和采用最合适的形式，保障体育社团履行责任的针对性和时效性。因此，可建立咨询委员会，召开听证会、网络论坛，进行集体谈判等，让利益相关者方便参与公共体育服务治理。另外，可通过微信、QQ 等媒介发布健身、健康等信息，对参与群众进行引导，形成全程参与的利益相关者群体。

三、加强宣传与推广，激发利益相关者的主动性

通过官方媒体的宣传调动利益相关者参与体育活动。官方媒体在宣传过程中必须减少中间环节，降低信息损耗量，提高体育信息承载量，做到体育有效信息能够准确宣传，精准到位。一方面，成立各级体育宣传专委会，定期举办全民健身好新闻评选活动，组织媒体深入基层采访报道，特别是及时推广成功的经验，警惕腐败行为，同时积极开展全民健身信息服务推送，采用多种宣传方式扩大体育锻炼的社会影响。另一方面，建立多元化的宣传渠道，通过线上与线下等传统与现代相结合的宣传方式，对体育的功能进行宣传，既要形式多样又要内容丰富。在推送消息时要根据不同利益相关者的具体特征设置不同的宣传策略与方案。

四、利用利益相关者满意构建非正式制度供给，鼓励体育社团履行社会责任

非正式制度是指风俗文化、社会意识、伦理道德等不成文的行为规范，是体育社团履行社会责任、提升组织绩效的重要保障。非正式制度作为一种非正式的约束力，能够影响人们的思想和行为，促进习惯、习俗的正向变迁，是正式制度的有益补充。一方面，利用利益相关者满意提升体育社团的责任意识，扩大体育社团的影响。现阶段，我国体育公共服务市场已成为消费者市场，体育公共服务产品的竞争越来越激烈，体育公共服务产品的质量或效用能否吸引利益相关者，很大程度上决定了此项体育公共服务被购买的数量和范围。体育社团开展活动的数量与参与活动人数可以反映体育社团的影响力，也影响利益相关者对体育社团发展的判断与评价。体育社团如果缺乏社会责任意识，则会让利益相关者与社会公众对体育社团的总体评价不满意，不利于体育社团的高质量发展。另一方面，利用利益相关者满意维护体育社团与社会的和谐关系。通过履行社会责任，提高利益相关者满意度是构建体育社团与社会和谐关系的基础，体育社团只有履行社会责任才能避免不符合群众、市场与政府需求的公共服务产品，只有不为了"营利"去迎合低俗的社会需求或开展非法活动等，才能与政府、社区、参与群众保持和谐关系。

第四节　构建多元主体协同的内外部共治机制

体育社团履行社会责任是对社会期望的回应，是维护与社会和谐关系和自身可持续发展的选择。因此，体育社团、政府、利益相关者共同构成了推动体育社团社会责任发展的多元主体。本研究验证了社会责任、利益相关者满意、政府培育对提升体育社团组织绩效的正向影响，也表明了体育社团社会责任的履行是社团、政府、利益相关者互动的结果。目前，我国学者对体育社团社会责任的解读还不够深入，体育社团社会责任的理念还不深入人心。因此，首先要深化社会责任的多元主体认同机制。政府要实施行政行为等推动相关机构对社会责任进行培育、宣传与监督；利益相关者要利用自身层次的丰富性，通

过参与锻炼与市场反馈发挥激励与约束机制，为体育社团履行社会责任提供持久的发展动力，为提升组织绩效打下社会资源基础。通过履行社会责任把体育社团、政府、利益相关者进行有机衔接，使其成为组织治理中不可或缺的一部分，把社会责任共同内化成组织愿景、宗旨，实现责任目标的统一。其次，我国当前尚未构建起完备的体育社团社会责任制度，体育社团运行过程中如果依托单一主体则很难解决体育社团履行社会责任的现实问题，体育社团社会责任的内部治理需要建立自身的社会责任战略体系，外部治理需要政府的引导与培育、利益相关者的监督与资助，只有耦合社会责任，提高组织绩效的直接效应与中介效应的内外部关联，将体育社团、政府、利益相关者有机融合，形成多元主体之间诚信合作、相互监督、互惠互利的联动关系，才可能把履行社会责任、提高组织绩效的任务落到实处。

体育社团积极履行社会责任是政府与社会的期望，也是利益相关者的共同利益诉求。履行社会责任能够让政府与利益相关者感到满意，并能给予体育社团资助性培育和社会资源帮助，让体育社团得到利益相关者的认可、与政府达成互补协议、获得发展所需的社会资源这三个有效"回报"。在付出与回报成正比的基础上，才能构建起体育社团社会责任与组织绩效提升的实现机理，把社团、政府、利益相关者、社区有机融合在一起，形成四者之间诚信合作、相互监督、互惠互利的联动关系，大大推动体育社团履行社会责任。要求体育社团制订社会责任战略，从制度层面固化社团的社会责任，保障其与政府、核心利益相关者、社区之间的互利协作行为的有效实施，同时保证利益相关者对社会责任行为的激励和约束感到满意，在道德层面巩固体育社团履行社会责任的行为。总之，社会责任的履行是一个长期的、复杂的、系统的过程。体育社团是社会责任的决策者与执行者，政府是体育社团履行社会责任的引导者、培育者、保障者，利益相关者满意是履行社会责任的推动器，只有相互结合才能形成多主体协同的共治模式，才能更有效地提升体育社团的组织绩效，保障体育社团的可持续发展。

第七章　研究结论与展望

第一节　研究结论

在"体育强国"建设的大背景下，研究我国体育社团的社会责任问题具有重要意义。履行社会责任不仅能为体育社团的改革发展助力，更重要的是能够满足群众日益增长的体育需求，加快体育强国的建设步伐。基于此，本书通过文献研究和实际调研，紧紧围绕"履行社会责任如何影响体育社团组织绩效"这一核心问题，采用理论探讨、探索性案例分析和实证分析相结合的方法，构建了体育社团社会责任的维度及测量指标体系，结合大规模问卷调查的数据，并运用结构方程模型对得到的数据进行分析，验证所提出的研究假设，深入探究了体育社团积极履行社会责任影响组织绩效提升的作用机理，得到了一些有意义的结论。

结论一：体育社团社会责任是体现体育社团的政治方向、治理方式、服务形式与发展进程的综合体系。

体育社团社会责任是一个新兴的研究领域，现有文献中尚未发现系统的维度划分与测量指标体系。通过查阅文献、问卷调查与实地走访，本书采用数理统计方法，构建了包含政治责任、治理责任、发展责任、服务责任的体育社团社会责任框架，共计 20 个测量指标。与国内学者提出的体育社团社会责任的维度相比，本书的研究更微观、具体、系统，并与体育社团的实际工作紧密相关。相较国外非营利组织/非政府组织，政治责任是我国体育社团中具有特色的责任维度，这也体现了我国的体育社团从建立之初就将服务于国家发展战略和中国特色社会主义建设目标作为根本理念。

结论二：履行社会责任对提升体育社团组织绩效有直接的正向影响。治理责任对组织绩效影响较大，政治责任对组织绩效的直接影响相对较小。

体育社团认真全面地履行治理责任、服务责任、发展责任与政治责任，能够有效增强体育社团的竞争力，直接提升组织绩效。这一结论不仅对我国体育社团组织绩效的提升具有指导性意义，也丰富了体育社团社会责任的研究内容。本书采用结构方程模型对我国体育社团社会责任对其组织绩效的影响效应进行了验证。结果表明，社会责任的不同维度对体育社团提高组织绩效具有重要价值，但影响程度略有区别。影响系数分别为 0.314（政治责任—组织绩效）、0.301（治理责任—组织绩效）、0.233（服务责任—组织绩效）、0.169（发展责任—组织绩效），政治责任的影响系数最高。这在一定程度上说明了我国体育社团应大力加强组织和管理力度，积极响应国家号召，认真服务国家体育发展战略，提高体育社团的政策执行能力与政策响应能力。

结论三：政府培育、利益相关者满意在社会责任影响体育社团组织绩效的过程中起中介作用；社会责任各维度在发挥中介作用路径中的影响不同。

图 5-20 表明：除了体育社团履行社会责任对组织绩效产生直接影响，政府培育、利益相关者满意在社会责任影响体育社团组织绩效提升的过程中起中介作用。在"社会责任—政府培育—组织绩效"的路径下，中介作用较显著，但发展责任对组织绩效的影响系数为 0.11，效果不明显，表明发展责任对组织绩效的提升作用相对较弱。从发展责任维度的相关指标可以看出，体育社团要履行社会责任首先要进行公益性服务，开展志愿服务。但是部分体育社团在实际履行社会责任时脱离了政府要求与群众需求，或者因为要付出额外的经费与服务而不履行发展责任的相关义务，从而导致在政府培育的中介路径下，发展责任对组织绩效的作用不明显。在中介路径中治理责任与政治责任与政府培育的影响系数较高，表明认真履行政治责任与治理责任能够为体育社团带来更多的培育机会，能进一步

提升体育社团的组织绩效。

在"社会责任—利益相关者满意—组织绩效"的路径下，发展责任与组织绩效之间的影响系数较小；治理责任与服务责任对利益相关者满意的影响系数较高，表明在该路径下如果要让利益相关者满意，体育社团必须认真提升治理责任意识与服务责任意识，才能获得较多资助，更快地提升组织绩效。

结论四：体育社团履行社会责任对政府培育与提高利益相关者满意有正向影响。

图 5-20 表明：体育社团履行社会责任能够得到政府培育，其影响系数分别为 0.296（政治责任—政府培育）、0.282（治理责任—政府培育）、0.180（服务责任—政府培育）、0.123（发展责任—政府培育），治理责任与政治责任对政府培育的影响较大，因此体育社团进行良好的治理并把握好政治方向能够顺利地得到政府培育。

体育社团履行社会责任能够提高利益相关者满意度，社会责任对利益相关者满意的影响系数分别为 0.220（政治责任—组织绩效）、0.313（治理责任—组织绩效）、0.282（服务责任—组织绩效）、0.163（发展责任—组织绩效）；治理责任与服务责任对利益相关者满意的影响较大，因此对体育社团进行良好的治理并履行好服务责任能够提高利益相关者的满意度。

结论五：政府培育引领体育社团的发展方向，利益相关者满意为体育社团发展提供资金与人力保障，政府培育与利益相关者满意之间相互促进、相互影响。

政府培育具有引领作用。政府从政策、资金与人才三个层面对体育社团进行培育。政府要着重培育和扶持较好地履行社会责任、影响力大与群众接受度高的体育社团。体育社团积极履行社会责任，满足利益相关者的多层次、多元化需求，让利益相关者满意，进而获得社会资源，为体育社团高质量发展奠定资金与人力资源基础。政府培育与利益相关者满意之间存在较强的影响关系。得到政府培育能够让利益相关者更加满意，利益相关者更加满意也能得到政府培育。

结论六：体育社团履行社会责任是涉及体育社团、政府、利益相关者等多元主体共同推动的自组织、自进化、自发展的内外部治理过程。

体育社团积极履行社会责任是政府与社会的期望，也是利益相关者的共同利益诉求。

但在现有条件下，体育社团与社会责任的运行体系还不健全，因此需要政府对其进行引导与培育，需要利益相关者对其进行监督与资助，需要建立相关机制，保障体育社团自觉履行社会责任。因此，政府培育是体育社团开展社会责任的引导者与培育者，利益相关者是社会责任的推动者，体育社团是社会责任的决策者与执行者。在解决社会主要矛盾的共同目标下，以政府培育为导向、利益相关者满意为动力、体育社团自身为执行主体，建立社会责任与组织绩效提升的协同共治机制，促进利益相关者、政府、社会对体育社团的良性互助，实现协同共治发展、有效提升体育社团的组织绩效。

第二节 研究局限及展望

一、研究局限

本研究完成了预设的研究步骤，达到了研究目的，得出的结果具有一定的理论意义和实践指导价值。然而，体育社团社会责任是一个较新的研究领域，目前可借鉴的成果不多，同时存在研究范围的广泛性、研究对象的复杂性等问题，这给本研究在样本的选取与问卷的收集带来了一定的负面影响。本研究的局限与不足主要包括：

首先，体育社团社会责任的概念与维度划分还需完善。本书在探讨体育概念过程中，尽管参照了相关研究、《社会责任指南》和《社会责任报告编写指南》，并针对我国体育社团的特殊性质与本身职责，以国家标准为出发点进行了界定，但由于社会责任概念源于企业管理研究，其在体育社团的适用性和内容边界还需要进一步探究。在体育社团社会责任维度划分问题上，尽管本研究采取文献借鉴、专家访谈与社团负责人访谈等方法，识别出政治责任、治理责任、服务责任和发展责任四个维度，但由于社会责任概念在体育社团中的表现复杂，维度划分的合理性和完备性仍需要加强，所划分的维度之间也可能存在内在关联性。由于不同类型的体育社团在履行社会责任时具有一定差异，本研究在量化分析时出于考虑，按照同一标准进行测量，而对各类体育社团在社会责任表现上的动态问题考虑不足。

其次，本研究选择的样本还存在一定局限。我国体育社团在地理位置、类型、规模等方面的差异，导致了其在社会责任方面的表现也存在较大差异，这对研究样本的广泛性、代表性、数量等提出了较高要求。从回收的问卷来看，大部分问卷来自我国中东部地区，我国西部地区特别是新疆、西藏、青海与内蒙古等地区的问卷偏少，这对实证研究结论的外部效度产生了一定影响。同时，受时间、能力等条件限制，我们在发放问卷时并没有完全覆盖我国全部类型的省级体育社团，回收了546份问卷，其中有效问卷228份，虽然根据问卷调查的基本要求，这些数据能够支撑本研究的数据分析，但在一定程度上影响了研究结论的准确性。另外，我国高校数量多、分布范围广、校内社团较多，本次研究的对象不包括高校的体育社团。

本研究尚未充分考虑体育社团由于类别不同所导致的研究差异性。在我国，同一层级的体育社团按照体育项目一般分为奥运项目社团、非奥运项目社团、其他综合性社团，这些社团在履行社会责任的过程中存在一定差异。比如，奥运项目社团不仅要承担提高运动竞技水平、夺得奖牌的任务，还要履行普及运动项目、提升群众基础的社会责任。高普及率的奥运项目与小众奥运项目的社会责任也有区别。显然，不同类型的体育社团在社会责任的具体指标上存在不同，但本研究尚未对此进行系统讨论。

最后，推动体育社团履行社会责任、提升组织绩效的机理是一个复杂的系统，本研究提出的机理不能完全涵盖这一系统，难免存在疏漏，但所提出的相关机理能有效促进体育社团履行社会责任、提升组织绩效。本研究的不足之处将在后续的研究中得到完善。

二、研究展望

在体育强国建设的大背景下，关于体育社团社会责任及其影响的研究具有重要的理论和现实意义。针对本研究存在的局限和不足，我们未来的研究可以从以下方面进行完善：

首先，采用更加科学、客观的方法对体育社团的社会责任进行探讨。在不同的研究视角上，对维度与指标进行精确地划分，构建更完善的社会责任指标体系。

其次，我国幅员辽阔，体育社团种类繁多，后续研究可以更大范围地发放调查问卷，更大的样本量能使分析更加准确。

最后，本书对体育社团履行社会责任、提升组织绩效的机理研究虽有进展，但还需充实与完善。随着时代的变化，体育社团与组织绩效也在发生变化，对二者机理的研究也应该与时俱进，中介变量的选择仍然有待完善和拓展。为了更好地揭示社会责任与组织绩效之间的关联性，后续研究可以考虑加入体育社团声誉、组织承诺、信任、组织认同等更多中介变量，更清晰地揭示社会责任对组织绩效关系的影响机理。

参考文献

［1］彭昕.对全国单项体育协会社会责任的法理思考［J］.军事体育学报，2016，35
（1）：108-115.

［2］张森.我国职业体育俱乐部社会责任理论与实践研究［J］.体育科学，2013，33
（8）：14-20.

［3］胡娟，杨靖三，陈刚，等.江苏公共体育服务体系示范区创建：指标体系的设计与
实现［J］.体育与科学，2015，36（5）：28-38.

［4］马德浩.我国人口结构的转变及其对体育发展战略的影响［J］.体育科学，2015，
35（12）：3-11.

［5］卢元镇.论中国体育社团［J］.北京体育大学学报，1996，19（1）：1-7.

［6］周祖城.走出企业社会责任定义的丛林［J］.伦理学研究，2011（3）：52-58.

［7］韩炜，荣思军.职业体育组织社会责任：概念、特点与承载内容［J］.山东体育学
院学报，2018，34（4）：12-17.

［8］冯维胜.推进我国职业体育俱乐部的社会责任建设［J］.广州体育学院学报，
2010，30（1）：23-28.

［9］庞徐薇，陈锡尧.我国职业体育社会责任的主客体及其责任内容［J］.体育科研，
2012，33（4）：40-43.

［10］黄健，刘铮，郝凤霞.和谐社会背景下我国职业体育俱乐部社会责任探究［J］.

成都体育学院学报，2012，38（6）：41-43.

[11] 周爱光，闫成栋.职业体育俱乐部社会责任的特征与内容［J］.北京体育大学学报，2012，35（10）：6-9.

[12] 赵燕，黄海峰.试论我国职业体育赛事社会责任［J］.广州体育学院学报，2015，35（2）：4-6.

[13] 李莉，舒菲.中国非营利组织的社会责任失范及其培育［J］.学会，2013（1）：9-16.

[14] 王端旭，潘奇.企业慈善捐赠带来价值回报吗：以利益相关者满足程度为调节变量的上市公司实证研究［J］.中国工业经济，2011（7）：118-128.

[15] 贾晓慧，符正平.组织文化、高管价值观和社会性管制对企业社会绩效的影响：一个实证研究［J］.南方经济，2010（5）：46-59.

[16] 李中生.政府购买公共服务亟待法治支撑［J］.人民论坛，2017（12）:108-109.

[17] 唐代盛，李敏，边慧敏.中国社会组织人力资源管理的现实困境与制度策略［J］.中国行政管理，2015（1）：62-67.

[18] 王凯珍，汪流，黄亚玲，等.全国性体育社团改革与发展研究：基于学理层面的思考［J］.天津体育学院学报，2010，25（1）：6-9.

[19] 周进国，周爱光.发达国家体育社团发展的经验与启示［J］.广州体育学院学报，2017，37（1）：8-11.

[20] 孟欢欢，李健，张伟.政府培育社会体育组织的实践与反思：以上海为例［J］.沈阳体育学院学报，2018，37（2）：16-22.

[21] 李霞，袁宏.高校体育社团在构建群众性多元化服务体系中的功能［J］.山东体育科技，2004，26（4）：71-73.

[22] 尹海立，王留璞.论民间体育社团的社会福利功能［J］.山东体育学院学报，2017，33（6）：43-47.

[23] 宛丽，罗林.体育社团的合法性分类及发展对策［J］.北京体育大学学报，2001，24（2）：155-157.

［24］王广虎，胡艳.论我国体育社团改革的基础构建［J］.成都体育学院学报，2005，31（2）：2-16.

［25］孙国友，李江，张玉秀.我国非营利体育组织的发展路径之研究［J］.南京体育学院学报（社会科学版），2006，20（4）：16-18.

［26］刘玉.我国体育公共服务发展中体育非营利组织参与困境与对策研究［J］.山东体育学院学报，2010，26（9）:12-16.

［27］张义峰，李文辉."合作主义"公共体育服务模式探析：基于非营利性体育组织发展视角［J］.吉林体育学院学报，2011，27（1）：25-26.

［28］柳鸣毅，孙义良.公共服务视角下英国单项体育组织运作模式研究：以英国柔道协会为例［J］.中国体育科技，2011，47（5）：108-115.

［29］刘凤，傅利平，孙兆辉.重心下移如何提升治理效能：基于城市基层治理结构调适的多案例研究［J］.公共管理学报，2019，16（4）：24-35.

［30］李伟阳，肖红军.企业社会责任概念探究［J］.经济管理，2008，30（21）：177-185.

［31］易文婷，第五昭婷，王楠.2015中国企业500强社会责任报告调查［J］.WTO经济导刊，2016（2）：36-37.

［32］韩淑艳.企业社会责任国际认证标准对职工体育的影响［J］.体育文化导刊，2004（9）：43-44.

［33］唐云.我国社区体育健身俱乐部社会责任研究［J］.山东体育学院学报，2015，31（2）：16-21.

［34］郝亮.政府职能转变背景下社区体育社会组织的社会责任探析［J］.中国学校体育（高等教育），2014，1（2）：12-15.

［35］邓国胜.构建我国非营利组织的问责机制［J］.中国行政管理，2003（3）：28-29.

［36］邓泽宏.国外非政府组织与企业社会责任监管：以美国、欧盟的NGO为考察对象［J］.求索，2011（11）：51-53.

[37] 蔡宁，江伶俐.利益相关者视角的非营利组织信息披露研究 [J]．财会通讯
（下），2014（1）：90-92.

[38] 程晶晶，冯晓丽.体育社团组织特征与治理机制研究：基于利益相关者理论的视角
[J]．辽宁体育科技，2016，38（4）：1-5.